唐诗中的成语

Tangshi Zhong de Chengyu

单昌学 —— 著

清华大学出版社

北京

内 容 简 介

以源于唐诗的成语引出诗歌创作背后的故事,用诗作铺展出诗人各自的人生轨迹,在创作者的命运沉浮中重现大唐绚丽画卷和变幻风云。全书共选取 72 位诗人创造的 143 个成语,涉及 500 余首唐诗(主要参引自中华书局 1999 年版《全唐诗》)。其中,既有历史事件的挖掘,又有传奇故事的点缀;既有对名诗佳句的赏析,又有对唐朝文人圈的透视。寓文学常识和历史文化于亲切通俗的叙述之中,好懂易记且妙趣横生,适合各阶层唐诗爱好者阅读品鉴。

图书在版编目(CIP)数据

唐诗中的成语 / 单昌学著. — 北京:清华大学出版社,2019(2022.12重印)
ISBN 978-7-302-51675-0

Ⅰ.①唐… Ⅱ.①单… Ⅲ.①汉语-成语-通俗读物 Ⅳ.①H136.31-49

中国版本图书馆 CIP 数据核字(2018)第 256833 号

责任编辑:刘 洋
封面设计:徐 超
版式设计:方加青
责任校对:王凤芝
责任印制:沈 露

出版发行:清华大学出版社
  网 址:http://www.tup.com.cn,http://www.wqbook.com
  地 址:北京清华大学学研大厦 A 座 邮 编:100084
  社 总 机:010-83470000 邮 购:010-62786544
  投稿与读者服务:010-62776969,c-service@tup.tsinghua.edu.cn
  质 量 反 馈:010-62772015,zhiliang@tup.tsinghua.edu.cn
印 装 者:大厂回族自治县彩虹印刷有限公司
经 销:全国新华书店
开 本:170mm×240mm 印 张:21.25 字 数:344 千字
版 次:2019 年 3 月第 1 版 印 次:2022 年 12 月第 7 次印刷
定 价:69.00 元

产品编号:080852-02

前言

　　2017年上半年的某天，在一个网络文学论坛里，看到有人推荐"简书"，说这款APP操作简单，界面干净，使用起来非常方便。随后，我就用手机下载了"简书"APP，并将之前写的一首小诗编写并上传上去。

　　不久，暑假到了。一直以来以读书码字为乐的我，准备利用假期写些唐诗赏析之类的文章，积累的材料也可以用来编写新学期校本课的教材。在查阅相关资料的过程中，我发现关于唐诗赏析之类的书籍文献很多，要想再写出新意真的不是件易事。

　　偶然间，我在翻阅成语词典时，看到许多成语都是源自于唐诗，如"青梅竹马"和"两小无猜"两个成语是从李白的《长干行》一诗中得来："郎骑竹马来，绕床弄青梅，同居长干里，两小无嫌猜。"成语"寸草春晖"出自于孟郊的《游子吟》中的"谁言寸草心，报得三春晖"。如李白、杜甫、王维、李贺、白居易、柳宗元、刘禹锡、杜牧等诗人，不仅创作了大量的优秀诗歌，而且每人都创造出十多个甚至几十个成语。

　　这些源于唐诗的成语给我带来新的创作构想：让成语回归原诗，再联系诗人生平或相关经历还原诗歌创作背景，并在行文中，有针对性地将诗人的其他重要诗作串联起来，进而展现出诗人一生的心路历程。

　　如果跟某个诗人相关的成语较多，诗人一生经历也比较丰富，那就选取成语中可以演绎成文的，分专题进行写作，比如在写白居易时，就以"居大不易"来写他在为官的岁月中如何一步步解决自己的住房问题，以"比翼连枝"来写他与一位乡女的爱情故事，以"司马青衫"来写他的宦海沉浮，以"肺腑之言"写他与元稹的亲密关系，以"彩云易散"写他与关盼盼之间的是是非非。还有些诗人，仅给后世留下寥寥几首诗（甚至只有一首诗），其生平在史料中也只是粗略提及，比如崔郊只存诗《赠去婢》，却创造了"侯门似海"这个成语，那在写他的故事时，就要合理地多增添一些虚构的成分了。

有了新的切入点，我开始了创作。

编写了一二十篇之后，2017 年 9 月 24 日，我在简书上发表了《唐诗中的成语》系列文章的第一篇：《王勃之"天涯比邻"：那么远，那么近》，之后坚持一两天更新一篇。10 月 12 日，我收到一封简信，了解到自己所发的十多篇文章，受到了简书版权中心刘庆余老师的关注，在刘老师的推荐和帮助下，10 月 24 日，我成为简书的签约作者。

在《唐诗中的成语》一书策划出版的过程中，简书版权中心的刘庆余老师和武新华老师多次给予指导，清华大学出版社的刘洋老师和宋亚敏老师也先后多次提出修改意见。简书写作一年来，得到了念远怀人、井中女娃、楚桥、占芳、Obsession_29d0、亭玉子、读书人九月飞飞、随心的夏天、湘西小木鱼等简友的持续关注和点评鼓励，也得到了周围同事和朋友的支持和肯定。在此，一并表示深深地感谢！

本书共有文章 99 篇，写了 72 位诗人的 143 个成语，涉及唐诗 500 余首。一卷在手，便可让你在对历史的回望和诗歌的品读中，纵览唐代诗坛全貌，感受唐代诗人们的豪情和才思。书中各篇以平易活泼的表述方式，尽可能多地提供有价值的唐诗及诗人的信息，非常适合唐诗爱好者特别是学生阅读收藏。

因水平有限，错误疏漏之处在所难免，敬请读者朋友批评指正。

作　者
2018 年 10 月

目录

王绩之"斗酒学士"：
三仕三隐，酒来酒去

自古以来，诗与酒好像一直有缘，诗坛几乎离不开酒坛。对于中国人来说，有几个不知道"李白斗酒诗百篇"这句话呢？

唐初，也有一个以酒量大而出名的文人，他还因此赢得了"斗酒学士"的称号。

这个人名叫王绩。

可能你对王绩这个名字比较陌生，但你一定知道"初唐四杰"之一的王勃。王勃的爷爷叫王通，王通是王绩的亲哥哥。因此，王绩就是王勃的叔爷爷。

王绩出生时，还是隋朝，王家当时也算得上是当地的名门望族——向上连续六代人都是当大官的。王绩继承了家族的优良基因，从小便聪明好学。十来岁时，他第一次从家乡绛州龙门来到长安游学，便获得了"神仙童子"的赞誉。

既然来自仕宦世家，那长大后他也打算继续走从政这条路。

隋炀帝大业元年（605年），十六岁的王绩通过举孝廉（被推荐做官）这个渠道，当上了秘书省正字。

对于这样一个低微的官职，王绩是看不上眼的。不满意，干脆就不去上班。

或许在这段时间，王绩学会了喝酒。

在家读书、喝酒，也许是闷了，王绩又要求到地方任职，结果就被派到了六合县丞的任上。

当上了县丞，王绩酗酒依然，有人看不惯他的做派，就开始弹劾他。王绩正巧也不想再在这个位子上受罪了，便托病辞了官。眼见隋朝大势已去，天下乱作一团，王绩禁不住感叹："我现在已经陷入了天罗地网，哪里才是我的安身之处啊！"

没办法，王绩又辗转回到了家乡龙门，在山野之地隐居起来。

隐下来也并不是不想复出，王绩还是希望有机会东山再起的。

暂无用武之地，那就怅然独处好了。在隐居地东皋，他常常站在高处远望田园风景，写下了《野望》这首诗。

野望

东皋薄暮望，徙倚欲何依。

树树皆秋色，山山唯落晖。

牧人驱犊返，猎马带禽归。

相顾无相识，长歌怀采薇。

——日暮时分，站在东皋纵目远望，内心充满彷徨，不知该归依何方。满山的树木，都染上秋天的色彩，一道道山岭，都被落日的余晖笼罩着。牧人驱赶着牛羊，慢慢返回家园，猎人骑着马，带着猎物满载而归。与他们相见，彼此陌生，无言以对，我只有长啸高歌，从此隐居在这山冈。

时序更替，江山易主，唐朝取代了隋朝。

新朝建立，王绩入仕的念头又升起来了，他很希望在这崭新的李家王朝能有一番作为。山野里的那种田园牧歌式的生活，虽然简单自由，但自己的人生价值却难以实现。

唐高祖武德四年，王绩的旧友薛收衣锦还乡时，专程去看望了尚在隐居的王绩。两人见面，王绩大发感慨："你现在是借风而飞的鸟，而我则是一条车辙沟里的鱼！"。

薛收听懂了王绩的心声，回朝就推荐了他。王绩因此得以二次出山，来到京城。

没想到，新朝廷虽把王绩召来了，却并没有给他实职，只让他仍以前朝官职的身份，在门下省等待安排。

遇坎聊知止，逢风或未归。

孤根何处断，轻叶强能飞。

（《建德破后入长安咏秋蓬示辛学士》）

就如随风而飘的飞蓬一样，满怀希望而来的王绩，一下子又找不到感觉了。

好在，在这等待安排的日子里，还是有美酒供应的，标准是每天三升。其间有人问王绩："又不给你什么新职务，你天天待在这里还有啥意思？"

王绩回答："我贪恋的是每日三升的好酒啊！"

侍中陈叔达听闻这话，就说："三升的量怎么能留住王先生这样的人才呢？得加量！"

于是陈叔达就把王绩的供酒量增加到一斗，王绩也因此获得了"斗酒学士"的名号。

到了贞观初年，王绩再次辞官。

几年后，王绩第三次被召回朝。这次他当上了太乐丞，而提携他的那个名叫焦革的上级，还出身于酿酒世家，这样王绩虽然没有实现直取卿相的抱负，好在还可以继续享用美酒。等到焦革死后，焦革妻还不断给王绩送酒。一年后，焦革的妻子也死了，"焦家酒"断供了，王绩因此叹道："这是老天爷不想让我畅饮美酒了哦！"

没有美酒喝，王绩又不想做官了。贞观之治怎样，大唐盛世又如何？不玩了，喝酒去了。

阮籍醒时少，陶潜醉日多。
百年何足度，乘兴且长歌。
（《醉后》）

王绩回到家乡，像陶渊明那样饮酒作诗去了。

因隐居地为东皋，王绩就自称"东皋子"。他一生未娶，在隐居的地方种植了很多黍谷，用来在春秋时节酿酒。他还养了好多野鸭，从山上移植了一些药草，日子过得倒也自在无忧。

他模仿陶渊明的《五柳先生传》，写出了《五斗先生传》。除此之外，他还写了《醉乡记》《酒赋》《独酌》《醉后》等"酒气冲天"的诗文，以及《酒经》《酒谱》等"专著"。

最后，我们不妨读几首王绩的"酒诗"吧：

春来日渐长，醉客喜年光。
稍觉池亭好，偏宜酒瓮香。
（《初春》）
昨夜瓶始尽，今朝瓮即开。
梦中占梦罢，还向酒家来。
（《题酒店壁》）
野觞浮郑酌，山酒漉陶巾。
但令千日醉，何惜两三春。
（《尝春酒》）
浮生知几日，无状逐空名。
不如多酿酒，时向竹林倾。
（《独酌》）
六月调神曲，正朝汲美泉。
从来作春酒，未省不经年。
（《看酿酒》）

如此嗜酒，王绩被称作"斗酒学士"，也真是名副其实了。

诗人卡片
王绩（约589—644），字无功，号东皋子，绛州龙门（今山西省万荣县）人。隋末唐初诗人、隐士，王勃的祖叔。曾任秘书省正字、扬州六合丞等职。性傲而嗜酒，有"斗酒学士"之称，爱写"酒诗""酒文"。其田园诗《野望》最为有名。

苏味道之"火树银花"：
模棱宰相留下的大唐烟火

【成语1】火树银花

【释义】火树：火红的树，指树上挂满灯彩；银花：银白色的花，指灯光雪亮。形容张灯结彩或大放焰火的灿烂夜景。

【出处】唐·苏味道《正月十五夜》诗："火树银花合，星桥铁锁开。"

【成语2】模棱两可

【释义】模棱：含糊，不明确；两可：可以这样，也可以那样。指不表示明确的态度，或没有明确的主张。

【出处】《旧唐书·苏味道传》："处事不欲决断明白，若有错误，必贻咎谴。但模棱以持两端可矣。"

唐懿宗咸通年间的某个夜晚，一个年过半百的潦倒诗人又喝醉了。他穿着一件破旧的白衫，跟跟跄跄地走在扬州城的大街上。

除他之外，街面上再无人影。

向前走没多远，一抬头，但见前面街角处过来几个人。

"站住，你是谁，为何大半夜还在街上转悠，难道不知道朝廷的禁夜规定吗？"一人厉声喝道。

诗人晕乎乎的，斜眼看了看面前那个模糊的身影，吞吞吐吐地应道："什么禁夜！你们又是谁？凭什么拦我？真不知天高地厚！"说完，欲从兵卒一侧强行绕过。

一兵卒嗅到了一股浓烈的酒气。

"哪儿来的酒鬼！"那兵卒伸手抓住了诗人的衣领，大喝一声。

诗人正要反抗，又过来一兵卒，两人联手，将他劈头盖脸地痛打了一顿。本来又老又丑的脸，破相了，本来已不坚固的牙齿，也被打掉两颗。

挨打的诗人名叫温庭筠。

他挨打是自找的，因为他"犯夜"了。

所谓犯夜，就是在禁夜的日子，违规出来夜行了。

禁夜，是唐朝的硬性规定。夜晚来临，报时的鼓声一响，各个城门就会关闭。城外的人进不来，城内的人出不去，也不能到街上随意走动，只能老实待在各自的屋里或坊间，直到早晨开禁的钟声响起。

一年三百六十五日，只有三天是例外的："惟正月十五夜敕许驰禁前后各一日，谓之放夜。"

可以想象，在大唐城市居民的心目中，上元节（正月十五）期间的这三天该是多么重要，多么令人期待！

当那令人期待的美好时刻到来之时，繁华的街道上，灯火璀璨，人流如织，人们观灯赏月，彻夜狂欢。

就有这样的一个唐朝的夜晚，被一位诗人用一首精彩的诗记录了下来。

那还是在初唐时期的神龙元年（公元705年），温庭筠在扬州挨打的一百六十多年前，一位诗人在神都洛阳，亲眼见证了正月十五夜"火树银花"的热闹景象：

正月十五夜

火树银花合，星桥铁锁开。
暗尘随马去，明月逐人来。
游伎皆秾李，行歌尽落梅。
金吾不禁夜，玉漏莫相催。

——放眼望去，到处张灯结彩，四方城门大开；人如流水马如龙，高天之上圆月明；歌女们浓妆现身，边走边唱；

没人再会拿禁夜说事，听到打更的声音也不用在乎了。

又过了八年，也就是先天二年（公元713年），唐玄宗即位后的第二个年头，京城长安的"上元之夜"又狠狠地"火"了一把。

那三夜，在皇城门外，树起了一个高达二十丈的灯轮，上面以闪亮的金玉和绸缎作装饰。灯轮上点着五万盏灯笼，灯光下面有一千多位艳装少女在载歌载舞。其情其景让人叹为观止。

将近三百年的大唐岁月，这样的夜晚加起来还不到九百天。

就让我们从"火树银花"这个成语中，展开想象的翅膀，用心去回望那些灿烂的"不夜天"吧。

写出《正月十五夜》这首诗的诗人叫苏味道。虽取名为味道，但他本人对"味道"并没有多少研究，倒是他的一位后人，不仅爱美味，而且发明了许多美食。

你猜对了，苏味道的这位后人，就是北宋大文学家苏轼。

其实作为初唐的一位文人，苏味道也是很厉害的，他和当时的李峤、崔融和杜审言被合称为"文章四友"。

相比之下，苏味道似乎更适合做官。在武则天当政时，他一度登上相位。其间，他还跟人分享自己的"从政经验"："处事不欲决断明白，若有错误，必贻咎谴，但模棱以持两端可矣。"意思是说，遇事不要明确表态,含含糊糊就行了。

因为世故圆滑,所以苏味道就被人讽为"模棱宰相"。模棱两可,也就成了他留给后世的另一个成语。

📎 **诗人卡片**

苏味道(648—705),赵州栾城(今河北省石家庄栾城区)人,唐初大臣,武则天时期曾官至宰相。擅写文章,与李峤、崔融、杜审言合称"文章四友"。北宋"三苏"(苏洵、苏轼、苏辙)为其后裔。

杜审言之"衙官屈宋"：
除了我，还有谁？

【成语1】衙官屈宋

【释义】官：军府的属官；屈：屈原；宋：宋玉。要以屈原、宋玉为属官。原为自夸文章好，后也用以称赞别人的文采。

【出处】《新唐书·杜审言传》："吾文章当得屈、宋作衙官，吾笔当得王羲之北面。"

【成语2】造化小儿

【释义】造化：指命运；小儿：小子，轻蔑的称呼。这是对于命运的一种风趣说法。

【出处】《新唐书·杜审言传》："审言病甚，宋之问、武平一等省候如何。答曰：'甚为造化小儿相苦，尚何言？'"

杜审言，初唐诗人。

他有才吗？当然。要不然他不会和李峤、崔融和苏味道一起被称为初唐"文章四友"。

他是名门之后吗？是。他的先祖是西晋名将杜预。

你也许还会问：我怎么就不知道他？

这很正常啊，因为唐朝是个诗人泛滥的时代，跟那些熠熠生辉的诗坛巨星相比，杜审言当然显得暗淡多了。

不过，他有个孙子挺厉害的，且不是一般的厉害。

他有四个儿子、五个女儿，大儿子名字叫杜闲，杜闲有个儿子，名叫杜甫。

杜甫厉害不？当然厉害！

今天我们不说杜甫，只说杜审言。

杜审言大约生于贞观十九年（公元645年），字必简，祖籍湖北襄阳，因他父亲杜依艺生前曾在河南巩县当县令，所以全家就迁到了巩县。

杜审言在唐高宗咸亨元年（公元670年）就进士及第了，从此步入仕途，先后当过隰（xí）城尉、洛阳丞、吉州司户参军、著作佐郎、膳部员外郎、国子监主簿、修文馆直学士等。

杜审言当过的官，级别都不高，均在五品以卜。

他的诗也大多是应制、唱和之作，也有部分抒写仕途失意情绪的诗作，比如下面这首《登襄阳城》，就是在流放峰州（今越南境内）的途中写的。

> 旅客三秋至，层城四望开。
> 楚山横地出，汉水接天回。
> 冠盖非新里，章华即旧台。
> 习池风景异，归路满尘埃。

这是他第二次被贬，时值唐中宗上台不久。因他和宋之问等人曾与张易之兄弟有过交往，张易之完了，他也被安排到一边凉快去了。

第一次贬官是在武则天当政时期。

当时杜审言在吏部任校考史，他有一项工作任务，就是对地方官每年递交给吏部的工作总结进行评判，写出判词。有一次，他刚把该写的判词写完，就冷笑一声对身旁的人说："这次，苏味道死定了！"

苏味道当时的官职是天官侍郎（即吏部侍郎），比校考史的级别高多了，也就是说，杜审言写好的判词是要经苏味道过目的。

别人一听杜审言莫名下了"苏味道死定了"这样的结论，忙惊问其故。

结果杜审言就说出了下面一番让人瞠目结舌的话："我的文章要比苏味道的好啊，他自愧不如，那还不得羞愧而死啊？我敢说，就是和屈原、宋玉比文章，他俩也只有给我当属下的份儿，我的书法也是一流的，那个王羲之也只配

给我当学生！"

想想看，如此傲慢，在文人扎堆的官场，还能有好人缘？

果然，没在官场待多长时间，杜审言就因言惹事了，因事获罪，受到了惩罚：被降职为吉州（现江西吉安）司户参军。

后来，武则天又把他召回，准备重新起用他。

杜审言奉命作的《欢喜诗》，很让武后满意，于是他就被授予著作佐郎一职。

杜审言想必非常感谢武则天的知遇之恩，以致他把女皇的男宠张易之兄弟也当成了好朋友。这就为他第二次被贬埋下了祸根。

流放峰州之后不久，杜审言又被唐中宗召回。

虽然已经有了两次被贬的经历，但杜审言傲慢依然。

这年，杜审言已是修文馆直学士了。从那个蛮荒之地峰州回来之后，年过半百的他身体就一日不如一日了，最后终于病倒。

在他病重的时候，好友宋之问和武平一去看望他。他看到两友到来，不仅没对人家的关心探问表达谢意，一张口又出惊人之语：

"我落到今天这地步，这都是造化小儿作的祸，怪只怪我命苦，我没啥可抱怨的！再说，只要我活着，你们就没

有出头之日。眼见我要死了，至今还没有一个文章能赶上我的，找不到能接我班的人，这可算是我唯一的遗憾了！"

就这样，杜审言带着"无人能超越的遗憾"闭上了眼睛，结束了他狂傲的一生。

诗人卡片

　　杜审言（约 645—约 708），字必简，襄州襄阳（今湖北襄阳）人，后迁河南巩县（今河南巩义）。初唐"文章四友"之一，杜甫的祖父。曾任隰城尉、洛阳丞、修文馆直学士等官职，恃才傲世。

陈子昂之"怆然涕下"：
男人哭吧不是罪！

【成语1】前无古人，后无来者

【释义】指空前绝后。

【成语2】怆然涕下

【释义】怆然：伤感的样子。伤感得涕泪流洒。

【出处】唐·陈子昂《登幽州古台》诗："前不见古人，后不见来者，念天地之悠悠，独怆然而涕下。"

唐军再次与契丹军对阵厮杀，唐军又失败了，败得很惨。

时为武周万岁登封元年（公元696年），三十六岁的陈子昂第二次随军北征。

此次北征的指挥官是武则天的侄子——建安王武攸宜。十年前那次北征的指挥官是武三思，武三思在战斗中指挥无方，大败而归。就因为兵败，武则天才把武三思换下来，让武攸宜顶上，并让陈子昂替换下崔融，来到幽州（今北京一带）之地，担任幕下参谋。

而这武攸宜同样不懂军事，他的本事好像就是让自己的军队继续一次次吃败仗。

一天，几个士兵在营帐中偶然间捉到一只小白鼠，武攸宜惊奇之余，就让陈子昂拿这白鼠做文章，给武则天写篇《奏白鼠表》，称那白鼠为"孽胡之象，穿窃为盗""今圣威远振，白鼠投营：休兆同符，实如灵契"……

陈子昂写完这篇近乎扯淡的"白鼠表"，心下叹曰：这哪儿跟哪儿啊，这不是瞎胡闹吗，捉到了一只白鼠就预示着离胜利不远了？

活捉了白鼠，也上了表，可唐军兵败依旧。

陈子昂坐不住了，他觉得这样的出征实在是太窝囊了，看武攸宜在那儿瞎指挥，他心里那个着急啊，恨不得自己亲自上阵。一天，他忍不住对武攸宜说：

"主帅，能否将你麾下的士兵分一万人出来，由我带领他们打前锋，保证能一举击溃契丹的军队。"

武攸宜一听，心想：好个陈子昂，让你随军当个参谋，你倒当出将帅的感觉了！你去领兵，还保证取胜，什么意思？嫌我无能，还是想给我难堪？

"住嘴！领兵打仗是这么简单的事吗？你写你的文章，用不着你瞎操心！"武攸宜断然否决了陈子昂的建议。

一向耿直的陈子昂没有就此罢休，此后几天，他依然坚持己见，并当面抨击了武攸宜的带兵策略。

武攸宜终于被激怒了，他一气之下，把陈子昂降为军曹——不让你当参谋了，一边儿当兵蛋子去吧！

这一招够狠，让陈子昂措手不及。

这一日，满心郁闷的陈子昂登上了幽州的蓟北楼，想到古时燕昭王为了招贤纳士才筑起这黄金台，如今有才华又有抱负的自己却落得如此下场！二十三岁进士及第后，武则天倒是对他一直不薄，尽管出身低微，说话直白，但武则天还是封了一个"麟台正字"（相当于秘书省校书郎，职责是校对典籍）的官给他，而老武家的侄子们怎么就如此跟他过不去呢？这样下去，自己的满腹才华和一腔热血又有何用？悠悠天地，谁知我心？

前不见古人，后不见来者。
念天地之悠悠，独怆然而涕下。

陈子昂高声吟出这首《登幽州台歌》，不觉眼眶竟真的湿润了。

从此，他开始灰心丧气，不再过问军事，只专心写自己的诗歌。

北征结束，从幽州回来后没多久，陈子昂又听到一个令他万分气愤和震惊的消息：好友乔知之被武则天的另一个侄子武承嗣活活打死了！

事情的经过是：身为左司郎中的乔知之有个爱妾叫窈娘，被武承嗣看中并强行霸占了去。后来，窈娘读到乔知之密送给她的《绿珠篇》一诗，痛心又羞愧，于是投了井。武承嗣弄清原委，就把怒火烧到乔知之身上，找个罪名，把乔知之杀了。

陈子昂听到这一消息，愤怒但又无能为力，下定决心不再为武家人当笔杆子了，于是他以父亲病重为由，向武则天提出了辞官的要求。武则天准了，还意外地为他保留了官职和薪俸。

回家没多久，陈子昂的父亲就病故了。服丧期间，武三思指使射洪县令段简陷害陈子昂，通过罗织罪名将他关进大牢。在牢狱里，陈子昂受尽酷刑，本来就病得不轻的身体哪承受住如此折磨，他再也站不起来了。

暗无天日，呼叫无门，最后，刚过四十岁的陈子昂惨死在牢中。

"岁华尽摇落，芳意竟何成？"孤独的陈子昂生前曾这样问道。

没有答案。

诗人卡片

陈子昂（659—702），字伯玉，梓州射洪（今四川省遂宁市射洪县）人，初唐诗文革新人物之一，有"诗骨"之称。因曾任右拾遗，世称陈拾遗。代表作有《感遇》38首、《登幽州台歌》等。

宋之问之"近乡情怯"：
口臭臭眼前，名臭臭千年

【成语1】近乡情怯

【释义】指远离家乡多年，不通音信，一旦返回，离家乡越近，心情越不平静，唯恐家乡发生了什么不幸的事。用以形容游子归乡时的复杂心情。

【出处】唐·宋之问《渡汉江》诗："近乡情更怯，不敢问来人。"

【成语2】桂子飘香

【释义】指中秋前后桂花开放，散发馨香。

【出处】唐·宋之问《灵隐寺》诗："桂子月中落，天香云外飘。"

宋之问没想到武则天会如此突然地被逼退位，当然也想不到张易之、张昌宗兄弟会落到被诛杀的下场。

背靠的大树倒了，宋之问的脚跟自然站不稳了。

中宗李显上位，宋之问随即挪位：到泷州（今广东罗定市）任参军。

太大的落差！

宋之问身在远离京城的贬所，想起曾经的风光，想起曾经的得意，想起曾经的宴乐优游、形骸两忘，一幕幕恍然如昨。

想起自己在幼时承父亲的"文辞之绝"，加上自己的勤奋好学，二十岁时便进士及第。不久，便被武后召进宫内，与"四杰"中的杨炯一同分派在习艺馆，成为女皇眼皮底下的文字工作者。从此，文名渐显。

想起那次龙门赛诗的情景，宋之问内心依然会激动不已。

那天上午风和日丽，武后带着群臣去龙门游赏。到了景区，武后让随从的文臣当场赋诗，谁的诗最好，谁就将获得一件锦袍的奖赏。众臣闻言，皆全身心投入诗歌创作之中。结果左史东方虬最先交稿，武后阅毕，觉得不错，就将锦袍赐给了他。很快，宋之问也献上了诗作，武后一读，呀，比东方虬那首强多了！于是，她毫不犹豫地命人将那锦袍从东方虬手中夺下来，又亲自交到宋之问手里。

那一刻，宋之问感受到了无与伦比的荣耀。作为一个出身普通的书生，能走到今天，又得到如此恩宠，那还不是因为武后眼里有你？跟着武后混，那前途还不像那锦袍一样闪闪发光？

龙门诗赛后，宋之问在宫中表现得更为活跃了，他一边与权要显贵吃喝宴游，一边得意忘形地写着那些华美虚夸的应制之诗。

在担任奉辰院供奉期间，他还与沈佺期等人毫无节操地去攀附武则天的男宠张易之、张昌宗兄弟，心甘情愿地为张易之当枪手，甚至还曾为张提过尿壶。

宋之问私下觉得自己身材高大，相貌英俊，又有满腹才华，完全也可以像张易之那样，与女皇在床榻上共享鱼水之欢的。他想了，也开始尝试去做了——他写了一首暧昧的情诗——《明河篇》献上去，诗的最后几句是：

明河可望不可亲，愿得乘槎一问津。
更将织女支机石，还访成都卖卜人。

宋之问的表白很明显：我们俩就如牛郎织女，只可恨中间有道难越的天河，我多么希望能乘坐飞船去到你身边。可惜没有船。那我就找到织女织布用的那块石头，再到成都找那个会占卜的人，让他给我算算织女到底在哪，怎么才能接近。

诗是好诗，武则天也首肯了，可是亲近的事，没戏！

原因是他有口臭呀！武则天在他不在的时候，曾对别人说："宋之问的确是个难得之才，可他有口臭，这就不好玩了。"

宋之问过后知道武后嫌弃他的这个原因，就开始有些自卑了，再面见武后时，他便含着那种名叫鸡香的"口香糖"以掩口气。

以后的日子里，宋之问在写诗、编书之余，专心做的就是权力梦，不再做春梦了。

可武则天作为宋之问依靠的一棵大树，她就要走到生命的终点了，她老了，且病得很重。然后就发生了宫廷兵变，武后退位，二张被杀，武周时代宣告结束。

唐中宗神龙元年（705 年），宋之问被贬往泷州。

不能就这样算了，要回去，重新寻找机会！到泷州后的宋之问这样对自己说。然后，他真的就往北逃了。

这天，宋之问来到汉江边。过了汉江，对面不远就是故乡——山西汾州。想到自从被贬到岭南之地，已有大半年时间没跟家人联系了，如果在近乡之地遇到乡亲，该怎么向他们述说自己的经历，而家人又是不是都安然无恙？

过了汉江后的当天晚上，在　家小旅店里，宋之问心情矛盾地写下了《渡汉江》：

岭外音书断，经冬复历春。
近乡情更怯，不敢问来人。

宋之问一路风尘跑到洛阳，然后躲在好友张仲之家。一天晚上，宋之问不经意间听到张仲之与人密谋，要杀害武则天的侄子武三思，他当时就在心里合计：这武则天虽然已经死了，但武家的势力依然很强，我若把这信息透露给武三思，说不定能有意外收获。想到此，他就叫侄子宋昊去密告武三思。结果，张仲之全家被杀，宋之问因告密立功，不仅被赦免从贬所逃回之罪，而且还升了官，先是任鸿胪主簿，后又改任考功员外郎。

正当宋之问觉得又一个仕途上的春天到来的时候，他却被一个女子迎面绊了一脚——太平公主见他倾附安乐公主，和自己不一派，于是就到中宗那儿告他受贿。

结果，宋之问又被挪了个窝：到南方的越州任长史。

经过两次挫折，宋之问的心态平和了许多，在越州上任后，他准备安心为政，真正为老百姓做些实事。其间，他还为杭州的灵隐寺写了一首诗：

鹫岭郁岧峣，龙宫锁寂寥。

楼观沧海日，门对浙江潮。
桂子月中落，天香云外飘。
扪萝登塔远，刳木取泉遥。
霜薄花更发，冰轻叶未凋。
夙龄尚遐异，搜对涤烦嚣。
待入天台路，看余度石桥。

（鹫，读jiù；岧峣，读tiáo yáo；刳，读kū）

寺外山高景美，寺内桂子飘香，陶醉于佛门净地，也是不错的。

可身在官场，你的前途命运可是与朝廷紧紧相连的啊。唐中宗景龙四年（公元710年）六月，皇宫又出大事了：临淄王李隆基和太平公主联手灭了韦后和安乐公主，唐睿宗李旦开始主政。

新环境下，宋之问的旧账被再次清算——因曾依附张易之兄弟和武三思，他被流放到钦州，后又改桂州（桂林）。唐睿宗太极元年（712年）8月，刚即位不久的李隆基不再让宋之问继续挪窝了，新皇上给这位劣迹斑斑的才子作了了断：赐死。

宋之问死了。不知道咽下最后一口气之前，他会不会问一下自己：我到底算是个人才，还是个人渣？

宋之问死了，也给后世人留下个谜团：因欲把那"年年岁岁花相似，岁岁

年年人不同"的诗句据为己有,他真的
亲手将自己的亲外甥刘希夷杀害了?

照宋之问的人品来看,这样的混账
事他也不是做不出来。

宋大才子,口臭臭眼前,名臭臭千
年。唉!

诗人卡片

宋之问(约656—约712),字延清,名少连,汾州隰城(今山西汾阳市)人,初
唐诗人,与沈佺期并称"沈宋"。律诗奠基人之一,代表作有《灵隐寺》《度大庾岭》
《渡汉江》等。

张九龄之"弋者何慕"：
初心不改，成就"曲江风度"

【成语】弋者何慕

【释义】弋者：射鸟的人。射手对高飞的鸟束手无策。旧喻贤者隐居，免落入暴乱者之手。

【出处】唐·张九龄《感遇十二首》诗其四："今我游冥冥，弋者何所慕。"

能成为开元时期的一代名相，张九龄至少要感谢三个人。

一要感谢广州刺史王方庆。

张九龄出身于韶州曲江（今广州韶关）的官宦之家。正如其名"九龄"所示，他年方九岁即能下笔成文，十来岁时即能写出令人叫绝的文章了。

他十三岁那年，一个地方大员——广州刺史王方庆看到了他的文章，给他下了这样的评语："此子必能致远。"意思是这孩子是个可造之才，前途无可限量。

可想而知，王刺史的这句话对年少的张九龄起到了怎样的激励作用。

果然，到了武则天长安二年（公元702年），张九龄即进士及第。这一年，他二十五岁。

张九龄第二个要感谢的，应是诗人沈佺期。

沈佺期是初唐时期的律诗开创者，与宋之问并称"沈宋"。张九龄考进士时，沈佺期正在考功员外郎的位置上，也是主考官。沈佺期对张九龄的文才"尤为激扬"，这样，张九龄及第后，就被朝廷授予秘书省校书郎一职。

玄宗先天元年（公元712年），张九龄又参加皇上亲自主持的"道侔伊吕科"考试，最后以显著优势胜出，并升为左拾遗。

张九龄第三个要感谢的人是张说（yuè）。

开元十年（722年），张九龄为司勋员外郎。当年4月，因已登上相位的张说与张九龄同姓，张说便开始查家谱，结果查出两人同出一门，是货真价实的本家，从此，张说就特别信任和器重张九龄。次年，张九龄就成了皇上的秘书，坐上了中书舍人之位。

虽然沾了张说的光，但张说罢相后，张九龄也跟着倒了霉——被贬为负责祭祀的太常少卿。那次奉命祭南岳、南海，归来后，他的官职又有了变动——冀州刺史，但他认为冀州离老家太远，不便照顾母亲，因此又被改作洪州（今南昌）刺史，第二年始任桂州都督兼岭南道按察使。

开元十八年（公元 730 年），张说病逝，张九龄又被玄宗召回，由秘书少监一路升职，直至官拜宰相，成为"自古南天第一人"。

所以说，王方庆、沈佺期和张说这三人，算是张九龄人生路上的"正能量"人物。

还有两个"负能量"人物，他们看不惯张九龄，也让张九龄在前行时屡屡受阻。

一个是姚崇。张九龄当上左拾遗后，可谓尽职尽责，无论是选拔人才还是考核官员，都努力做到公平公正。而当时的宰相正是姚崇。

作为朝中元老，姚崇在处理公务和待人用人方面，难免更多地考虑利害关系，有时会做出一些破坏原则的事。年轻的张九龄看在眼里，就要说话了，且是当面对姚崇说，劝其应该用人唯贤，不能任人唯亲。不仅如此，张九龄还给玄宗上书，直接指出地方吏治中的诸多不足之处。

这样一来，姚崇看张九龄就不是很顺眼了：你这个小字辈儿竟然对我说三道四，也不掂掂自个儿几斤几两。

渐渐地，两人的矛盾便越来越大。

开元四年（公元 716 年），张九龄身体不适，又想到与姚宰相不和，干脆借此机会辞官归养。这年秋天，张九龄回到了老家曲江。

在老家，张九龄一边养病，一边奉养着年迈的老母亲。因受大庾岭阻隔，曲江的交通条件很不好，人们出行、生产有诸多不便。张九龄看到这一情况，就给玄宗上书，请求开山修路。

玄宗同意后，张九龄亲临现场指挥，带领民众劈山开道，最后终于修成连通南山的大庾岭路。

开元六年（公元 718 年）春，张九龄被再次召回京城，任左补阙。两年后，升任司勋员外郎。

在司勋员外郎任上，张九龄得到宰相张说的赏识，算是"朝中有人"了，尽管之后也受到张说罢相的连累而离京，但最后还是于开元二十一年（公元 733 年）登上了相位。

在相位上，张九龄性情依旧，初心不改，还是能说则说，该谏就谏。

比如有一段时间，群臣为讨玄宗欢心，都争献带有"祥瑞"色彩的珍宝异物，而张九龄献的却是《事鉴》十章，劝诫玄宗不要沉迷于享乐，要以民生为重。

比如安禄山征讨奚、契丹失败，按

兵法应当处斩，且张九龄看出其面带逆相，有狼子野心，因此张九龄就奏请玄宗依法诛之。

张九龄人生路上的第二个负能量人物——李林甫。

李林甫是个口蜜腹剑的家伙，他靠耍弄权谋坐上吏部侍郎之位，并想进一步谋取相位。张九龄看出李林甫不是贤良之辈，便向玄宗进谏：不可任用李林甫为相，也不能把李的爪牙牛仙客提为尚书。

但这些意见玄宗都没有采纳。张九龄因此遭到了李林甫等奸邪之人的忌恨。此时，张九龄又拒绝帮助武惠妃立自己儿子瑁为太子的请求。这样，李林甫便与武惠妃勾结，屡次在玄宗面前说张九龄坏话，结果，耽于享乐的玄宗就听信了他们的谗言。

开元二十四年（公元736年），李林甫、牛仙客上台，次年被张九龄举荐的监察御史周子谅又触犯了玄宗，这种形势下，张九龄终于被罢相，贬为荆州刺史。

被奸人陷害并遭贬，张九龄怎能不感慨系之？在荆州，郁闷不平的他，连写了十二首《感遇》诗，一吐心中不快，抒写身世之感。下面是《感遇十二首·其一》：

> 兰叶春葳蕤，桂华秋皎洁。
> 欣欣此生意，自尔为佳节。

> 谁知林栖者，闻风坐相悦。
> 草木有本心，何求美人折！

——春天到了，兰草长得生机勃勃，而到了秋天，桂花就开得明亮洁净。它们都顺应季节，显现出各自的生命活力。隐居在山林间的高士，在风中闻到花木的芬芳就会满怀喜悦。而兰逢春而现生机，桂遇秋而皎洁，那是它们的本心使然，根本不是为了吸引美人来折取欣赏。

张九龄的意思是说：我一身正气，洁身自好，只是出于我的本心，并不是因此要得到别人的赏识，进而谋取高位，哪像李林甫之流，总是挖空心思来博取皇上的欢心。

再来看《感遇十二首·其四》：

> 孤鸿海上来，池潢不敢顾。
> 侧见双翠鸟，巢在三珠树。
> 矫矫珍木巅，得无金丸惧？
> 美服患人指，高明逼神恶。
> 今我游冥冥，弋者何所慕！

在这首诗中，张九龄把自己比作来自海上的"孤鸿"，把李林甫和牛仙客比作栖息在三珠宝树的两只翠鸟。爬到树顶，难道不怕猎人用金弹丸来猎取？美好的品德犹如华美的衣服，终会遭人嫉妒，身居高位有时连神仙都会厌恶。而今我翱翔高空，那些射鸟的人又能把我怎么样呢？

离朝廷远了，想害我就不那么容易了。"弋者何所慕"，张九龄如是说，也算是一种自我安慰吧。

毕竟处于失意状态，贬谪之人心中怎能无怨？怎能没有对往事和故人的追思怀念？那一个不眠的月夜，张九龄披衣静坐，写下了《望月怀远》：

> 海上生明月，天涯共此时。
> 情人怨遥夜，竟夕起相思。
> 灭烛怜光满，披衣觉露滋。
> 不堪盈手赠，还寝梦佳期。

虽然能和远方的那个人共享一轮明月，但诗人还是无法把手中的一捧月光赠给对方，只好无奈睡下，期待梦中相见了。

开元二十八年（公元740年）春，张九龄回故乡扫墓，不久病逝。

盛唐时期的最后一位贤相走了。

张九龄去世后，玄宗日渐觉出这位宰相的好来，再有人向他推荐宰相人选，他总会问："风度得如九龄否？"

十多年后，张九龄曾预言"必反"的那个安禄山，果然反了！

诗人卡片

　　张九龄（678—740），字子寿，唐朝开元年间名相。韶州曲江（今广东省韶关市）人，故有"张曲江"之称。有胆识，性耿直。著有《曲江集》，代表诗作有《感遇》《望月怀远》等。

李峤之"文章宿老"：
为相三起三落，为人亦正亦邪

【成语】文章宿老

【释义】宿：年老的，长期从事的。指擅长文章的大师。

【出处】《新唐书·李峤传》："李峤富才思，然其仕前与王勃、杨盈川接，中与崔融、苏味道齐名，晚诸人没，而为文章宿老，一时学者取法焉。"

李峤最负盛名的作品，当属他的那首题为《风》的小诗了：

解落三秋叶，能开二月花。

过江千尺浪，入竹万竿斜。

此诗的高明之处在于：虽是写风，但通篇没有出现"风"字，而是通过四种自然物象的变化，表现风的作用和力量——能吹落秋天的落叶，能催开新春的花朵，经过江面能掀开千尺巨浪，吹入竹林能让万棵竹竿倾斜。

在李峤的眼中，大自然的风是富有威力的，也是富有魅力的，它能让世间万物茁壮成长或改变姿态和方向。

而作为一个沉浮在初唐宦海中的文人，李峤也是在不断变换立场和姿态的，因为他是一个见风使舵之人。

李峤是赵州（今河北赵县）赞皇人，少有文名，二十岁考中进士，之后跻身官场。

当时正值高宗李治执政，李峤在近二十年时间内，历任安定县尉、长安县尉、三原县尉、监察御史。等到天授元年（公元690年），武则天称帝后，李峤又升为给事中。

接下来，依次坐过凤阁舍人（中书舍人）、代理天官侍郎、麟台少监等位之后，圣历元年（公元698年），李峤终于登上了宰相之位。

之后，李峤经历了"三起三落"。

首次拜相两年后，因为外甥张锡也成了宰相，甥舅不宜居于同位，李峤因而被罢相，始任成均祭酒（即国子祭酒）。

三年后，李峤第二次拜相，在改任中书令后，因嫌政务过重，数次请辞。

长安四年（公元 704 年）十一月，李峤被免去宰相职务，始任地官尚书（户部尚书）。

中宗神龙二年（公元 706 年），李峤第三次拜相。四年后，李隆基发动政变，睿宗李旦上台，李峤被贬，遭遇第三"落"。

说李峤见风使舵，主要是因为他在武则天当政时，身为宰相却去依附张易之、张昌宗兄弟，成了这两位面首门下的附庸，缺少文人应有的风骨。

中宗上台、张氏兄弟被杀后，李峤立即被贬为通州刺史。好在这次"贬"得不狠，几月后，他便得以回朝。

在李峤第三次拜相后，附马都尉王同皎计划杀掉武则天的侄子武三思，谁知还未行动，武三思就得到了消息，结果王同皎就以谋反罪被捕入狱。

当时负责审理此案的就是李峤。虽然武则天已退位，但武三思却更加得宠，因为他与中宗既是姑表兄弟，又是儿女亲家，这也是他更加骄横狂妄的原因。

也正是怯于武三思的权与威，李峤只好顺着风向走，在审案中没敢主持公道，最终导致王同皎含冤而死。

而此时，另一宰相宗楚客却野心勃勃，他先是主动投靠武三思，图谋不轨。当武三思在景龙政变中被杀后，宗楚客又继续勾结韦皇后和太平公主。

景龙四年（公元 710 年），中宗去世，韦皇后秘不发表，连夜召集李峤、宗楚客等十九人入禁中，商议温王李重茂即位、韦后临朝执政、相王李旦辅政等事宜。宗楚客等人还找借口建议削去李旦的辅政之责。

韦皇后、宗楚客等人的不臣之心如此赤裸裸地暴露出来，但李峤在现场却没说半个不字。当韦后的阴谋得逞后，李峤还私下里劝她不要将李旦的儿子李成器、李隆基等人留在京城，以尽量避免麻烦。

不料当年六月，李隆基就有了回应的行动：发动政变，诛杀韦后及其追随者，拥立李旦称帝。

睿宗李旦一上台，李峤的宰相就算做到头了，他被贬为怀州（今河南焦作、济源一带）刺史。当时李峤已年过花甲，便以年老为由退休了，没去上任。

先天元年（公元 712 年），李隆基即位，又宣告李峤为朝中大臣。到了公元 714 年，监察御史郭震旧事重提，要追究李峤在韦后之乱中"身为宰相，不能匡正"的罪责，结果李峤虽已退休，还是被再次贬官——先是滁州别驾，不久改为庐州别驾。

当年，七十岁的李峤就病逝于庐州别驾任上。

李峤虽然是个见风使舵的角色，但他也为自己的选择付出了代价。在那样残酷的宫廷斗争中，他若逆风而上，结局很可能会更惨。

而在李峤的整个仕途中，有时他也

会表现出勇敢或刚正不阿的一面。

比如调露元年（公元 679 年），高宗发兵征讨岭南邕州、岩州（今广西境内）时，李峤以监军身份随军远征，且能亲入獠洞宣谕圣旨，最后成功招降叛军。

再如长寿元年（公元 692 年），狄仁杰等大臣被来俊臣诬陷入狱，李峤受武则天之命复核此案，发现罪名不成立后，他便替狄仁杰等人辩护申冤，结果导致自己被贬为润州司马。

政治斗争，总是风云不定的。这儿安定，彼处可能正在动荡；此时无事，或许转眼就是暴风骤雨。对此，李峤应该是深有感触的吧。他曾写有《中秋月二首》，其中一首是这样的：

圆魄上寒空，皆言四海同。
安知千里外，不有雨兼风？

——都说天下人都在共享天上那轮明月，可此地月朗天晴，谁能保证千里外不是风雨交加呢？

李峤与当时的苏味道、杜审言、崔融合称"文章四友"，后来其他三友都死了，只剩他一人，因此他就成了人们眼中的"文章宿老"了。

其实和唐朝后来的那些诗人相比，李峤的诗文要逊色好多，但在初唐，他也算得上是佼佼者。

据说唐玄宗晚年时，曾在一个夜晚于勤政楼听梨园弟子唱曲。其间，伶人唱了一首李峤的《汾阴行》，当听到"山川满目泪沾衣，富贵荣华能几时？不见只今汾水上，唯有年年秋雁飞"这几句时，玄宗禁不句泪盈双眼，连声叹道："李峤真才子也！"

才子李峤，在人品上还有一个值得称道的地方：虽官至宰相，但不贪恋荣华富贵，一生都保持着清贫的本色。

诗人卡片

李峤（645—714），字巨山，赵州（今河北赵县）赞皇人，唐朝武则天和中宗时期宰相。初唐"文章四友"之一，代表诗作有《风》《中秋月二首》等。

刘希夷之“岁岁年年”：
他大舅，他二舅，都是他舅

【成语1】岁岁年年

【释义】每年

【出处】唐·刘希夷《代悲白头翁》诗："年年岁岁花相似，岁岁年年人不同。"

【成语2】宛转蛾眉

【释义】宛转：轻而柔的起落。蛾眉：细而长的眉毛，指美丽的眼睛。漂亮的眼眉轻轻扬起。常用作美人的代称。

【出处】唐·刘希夷《代悲白头翁》诗："宛转蛾眉能几时，须臾鹤发乱如丝。"

一首诗，让刘希夷后世留名，也正是这首诗，让他丢了小命。

诗的名字叫《代悲白头翁》，也可以叫作《代悲白头吟》。

他为何要写这样一首诗？这首诗为何能断送了他的性命？

那还得从他小时候说起。

刘希夷是初唐汝州（今河南汝州市）人，生于唐高祖永徽二年（公元651年）。他出身寒微，幼年丧父，童年和少年时期都是跟着母亲在外婆家寄居的。

虽家门不幸，但刘希夷一表人才，天赋也高，在外婆家长身体的同时，也通过读书学艺长着本事，后来就长成了一个精通音律、落笔成诗、能歌会唱的小伙子了。

没有属于自己的那个温暖的家，刘希夷常常会有孤独和惆怅之感。

二十岁时，他又回到了汝州老家，开始为科举考试做准备。

二十四岁那一年，刘希夷进士及第。也许是官场不容他，也许是他对官场根本就没兴趣，虽然仕途已经在他面前铺开，他却转身离开京城，去巴蜀、三峡、扬州等地游山玩水去了。

漫游，让刘希夷见识了那些秀美的山山水水，也让他的诗情不断得到触发。

一个年轻人，走在丰富多彩的人世间，怎能无动于衷？有时，刘希夷的心中会升起一种豪情，继而生发出为国建功立业的冲动：

平生怀仗剑，慷慨即投笔。

南登汉月孤，北走代云密。
近取韩彭计，早知孙吴术。
丈夫清万里，谁能扫一室。
（《从军行》）

但敏感的刘希夷又常常陷入无奈的思绪中。人在旅途，他总有时光易逝、容颜易老之感慨，并因此黯然神伤。

在《洛川怀古》中，他发出这样的感慨："岁月移今古，山河更盛衰""昔时歌舞台，今成狐兔穴。人事互消亡，世路多悲伤。"

在《巫山怀古》中，他感叹于"摇落殊未已，荣华倏徂（cú）迁"。

在《春女行》中，他说那些荣华富贵都只不过是过眼云烟："容华委西山，光阴不可还。桑林变东海，富贵今何在。"

而对于人世间的那些别离和相思，刘希夷则给予更多的理解和同情：

佳人眠洞房，回首见垂杨。
寒尽鸳鸯被，春生玳瑁床。
庭阴幕青霭，帘影散红芳。
寄语同心伴，迎春且薄妆。
（《晚春》）

这首诗讲的是一个新婚不久的女子独守洞房，室外的杨树和树荫，窗上的帘子和室内的床、被，似乎每一个物件都能勾起她对身在外地的丈夫的思念。

《捣衣篇》中，那位"秦地佳人"

对心上人的思念，更是让人动容：

闻道还家未有期，
谁怜登陇不胜悲。
梦见形容亦旧日，
为许裁缝改昔时。
缄书远寄交河曲，
须及明年春草绿。
莫言衣上有斑斑，
只为思君泪相续。

忧郁和感伤让刘希夷陷入巨大的孤独之中。

"青青好颜色，落落任孤直。"《孤松篇》他就像寒山之上的那棵孤松，在冷月之下，听风声如琴，并一直带着"美人何时来，幽径委绿苔。"的遗憾（《孤松篇》）。

在江南漫游几年后，刘希夷北归，定居在东都洛阳。回来后的刘希夷依然被那种惆怅、伤感、无奈的情绪左右着，且表现得愈发强烈。他本来就爱喝酒，此时喝得就更加没有节制了。

但酒并不能为他彻底地消愁解忧，他只有继续写诗。于是，便有了这首《代悲白头翁》：

洛阳城东桃李花，
飞来飞去落谁家？
洛阳女儿惜颜色，
坐见落花长叹息。
今年花落颜色改，

明年花开复谁在？
已见松柏摧为薪，
更闻桑田变成海。
古人无复洛城东，
今人还对落花风。
年年岁岁花相似，
岁岁年年人不同。
寄言全盛红颜子，
应怜半死白头翁。
此翁白头真可怜，
伊昔红颜美少年。
公子王孙芳树下，
清歌妙舞落花前。
光禄池台文锦绣，
将军楼阁画神仙。
一朝卧病无相识，
三春行乐在谁边？
宛转蛾眉能几时？
须臾鹤发乱如丝。
但看古来歌舞地，
惟有黄昏鸟雀悲。

刘希夷在诗中悲时光易逝，悲红颜易老，悲人生无常，悲寂寞孤独。再风光得意的"红颜美少年"，终将变成"半死白头翁"，再漂亮的美人（宛转蛾眉），

也很快会"鹤发乱如丝"。

心情之悲，终于迎来了命运之悲。

不久，刘希夷就见到了他的舅舅宋之问。宋之问读了这首《代悲白头翁》，很是喜欢，尤其钟爱"年年岁岁花相似，岁岁年年人不同"这两句。两人喝酒过程中，当宋之问听说刘希夷还没有把此诗给别人看过，他就希望刘希夷把那两句诗转让给他。刘希夷当时一口答应，可过后却并没有真给，这让宋之问非常恼火。

再一次向刘希夷索诗被拒后，宋之问就找了个机会，派家丁将刘希夷用土袋子活活压死在一家客栈里。当然，这只是一个传说。

还有一种说法：刘希夷是被他二舅宋之逊害死的，凶器也是土袋子。可能是刘希夷在喝酒时出言不逊得罪了他。

无论凶手是哪一个，但被亲舅舅用如此残忍的手段杀害，这应该是刘希夷生前万万没想到的。可怜的刘希夷，死时才二十九岁。

"今年花落颜色改，明年花开复谁在？"从此以后，洛阳城的桃花，刘希夷再也看不到了。

诗人卡片

刘希夷（约651—约679），一名庭芝，字延之，汝州（今河南省汝州市）人。代表诗作有《从军行》《代悲白头翁》《洛川怀古》等，"年年岁岁花相似，岁岁年年人不同"为其名句传诵千古。

王勃之"天涯比邻"：
那么远，那么近

【成语】天涯比邻

【释义】 虽然相隔非常远，但还像邻居一样近。

【出处】唐·王勃《杜少府之任蜀州》诗："海内存知己，天涯若比邻。"

自从两人相识之后，王勃就一直称他为杜二哥。

一年前，杜二只身从老家来到长安，投靠在亲戚家，一边准备参加科考，一边在城里寻访那些可能帮到他的亲朋。

那日，他在大街上急急地走，想去拜访一位官员，走着走着竟然迷路了。

在沛王府前，刚巧遇到了王勃，杜二连忙走上前去问路。

王勃没有立即给他答案，而是盯着他的眼睛，笑问："听口音，你是绛州龙门人吧？"

他愣了一下，连忙点头回应："正是！止是！"

土勃脸上现出惊喜之色，道："我们是老乡呢！"

偶然相遇，两人熟识了。

攀谈中，王勃了解到面前的这位书生比他年长五岁，也是出身于诗书之家，姓杜，在家排行老二，来京是为求取功名的。

"杜二哥，既然我们是老乡，以后就常联系吧，我就在这沛王府里，平时也没有多少事。"临别前，王勃握了握杜二的手，又给他指明了去那位官员家的路线。

那之后，两人就常常互相走动，成了无话不谈的朋友。

一年后，杜二进士及第，且仕途也有了起点：到蜀州去当县尉。

虽然说十多年寒窗苦读功夫没有白费，但去那么远的地方，又是当一个小小的县尉，杜二心里还是有说不上来的郁闷。

然而上命难违，蜀州那个地方，总是要去的。

临行前，王勃约了杜二，两人在一家酒店里喝酒话别。

"本来，我是有留在京城的希望的，只是我投靠的人最近遇到些麻烦，人家也只能帮我到这里了。"杜二叹了口气道，"你看你多顺，十五岁就直接参加金殿对策，当上了朝散郎，很快又被沛王看中，到王府里陪太子读书，真令人羡慕！"

"其实也不全是你想的那样，在王府里，总有寄人篱下的感觉。依我看，还不如到外地去当差，那样或许更自由些。再说，你这毕竟还是刚起步，以后机遇多得是。"王勃呷了一口酒，轻声说道，"听说蜀州那儿的风景不错，我还真想到那里去游玩一段时间呢！"

杜二的心情似乎放松了一点，他笑着应道："等我上任后，你要是有时间，就去找我玩吧，到时我给你当向导，毕竟，在那里能找到像你这样的朋友，是不太容易的。"

走出酒馆，王勃一直把杜二送到城外的长亭。

就要分手了，杜二心里还是有抑制不住的伤感，他看着面前的王勃，眼圈红了。

王勃心里也是一阵怅然，他紧紧拉住杜二的手，强作笑脸道："相信我们会很快再见的，再说，既然我们是好朋友，那即使你走到天涯海角，我们的心也还是在一起的。振作起来，好运正在远方等着你！"

王勃陪着杜二慢慢走向城外，边走边在心中默默吟道：

城阙辅三秦，风烟望五津。
与君离别意，同是宦游人。
海内存知己，天涯若比邻。
无为在歧路，儿女共沾巾。

在分别的路口，王勃将这首《送杜少府之任蜀州》诵给杜二听。

"海内存知己，天涯若比邻"，杜二连声说"好"，然后用力握了握王勃的手，转身踏上了远去的大道。

直到杜二的背影消失在道路的转弯处，王勃才转身返回。在回王府的路上，王勃突然想到自己还有一篇重要的文章要写，而就是这篇文章，将使他的仕途发生出乎意料的重大逆转。

诗人卡片

王勃（约650—约676），字子安，绛州龙门（今山西省万荣县）人。与杨炯、卢照邻、骆宾王合称为"初唐四杰"，代表作有《送杜少府之任蜀州》《滕王阁序》等。

王勃之"命途多舛"：
宦海之外，还有南海

【成语】命途多舛

【释义】指一生坎坷，屡受挫折。舛：不顺，不幸。

【出处】唐·王勃《秋日登洪府滕王阁饯别序》："时运不齐，命途多舛。"

那日，王府间的斗鸡比赛如期进行，最终结果却令沛王大失所望：他的那只一向强悍的雄鸡，竟意外地惨败在弟弟英王的鸡嘴下。看着英王那副得意忘形的样子，沛王实在是咽不下这口气。

回到府中，沛王对王勃说："你尽快给我写一篇文章，题目就叫《檄英王鸡》，近日我一定要和英王再决高下。"

沛王前脚刚走，王勃拿笔就要写，杜二恰巧来访。

好友要到蜀州为官，王勃自然要亲自相送。

送走杜二，王勃匆匆返回住处，铺开稿纸，笔走龙蛇，没多长时间，一篇"讨鸡檄文"就新鲜出炉了。

"盖闻昴（mǎo）日，著名于列宿，

允为阳德之所钟……"写毕，王勃又把文章从头到尾读了一遍，自我感觉还不错。

沛王阅后，拍案叫绝，好像他这就赢了比赛一般。

檄文很快转到英王手中，英王看了，只是一笑置之。

往日，只要王勃有文问世，宫中人皆会争相传阅。这篇奇文自然也不例外。

终于，《檄英王鸡》摆在了皇上面前。

可这题目，让皇上感到十分刺眼。读到下面的内容，皇上的脸色变得越来越严肃："两雄不堪并立，一啄何敢自妄？"——两雄相斗那是一定要决出胜负的，一次斗鸡的胜利还值得自夸吗？

这话什么意思？这个王勃到底想干什么？

皇上想到了他父皇一手挑起的"玄武门之变"，想到了宫廷内斗的血腥和残酷，他太担心这样的事在自己儿子之间发生了。

皇上气呼呼地召见沛王，道："王

勃在王府无是生非，用文章挑拨离间，用心不纯，赶紧将他赶走，立刻，马上！"

沛王心里虽有不舍，但又不能抗旨不遵。

没有一点点防备，王勃就这样被无情地逐出王府。

孤零零地站在长安街头，王勃脑中一片混沌。六岁能写文，九岁便出书，十五岁入宫踏上仕途，原以为从此艳阳高照，路顺海平，没想到仅仅四年，就突然遭此挫折。

京城待不下去了，老家也不想回，王勃想到不久前和杜二说过要去蜀州出游的话，他动心了。

心动之后，马上有了行动。

王勃来到了巴蜀之地，开启了寄情山水的漫游生活。

在风光秀美的蜀州，他饱览美景，以文交友，倒也自由自在，但时日一久，寂寞和惆怅又袭上心头，流露行间：

长江悲已滞，万里念将归。
况属高风晚，山山黄叶飞。
（《山中》）

三年后，王勃回到长安，准备通过参加科选，为自己再谋一条新的生路。

也是机缘巧合，正在王勃全力备考之时，一个叫凌季友的朋友找到了他。

"别再考了，你不是在十来岁的时候跟名医曹道真学过医吗？我现在是虢

（guó）州司法，虢州那地儿到处都是药草，你若跟我去那里，我就推荐你个官差做，也能发挥你的医学特长。再考？虽然你的才学没问题，可谁知道结果会怎样？"凌季友诚恳地对王勃说。

王勃没多想，答应了凌季友。

没多久，王勃就坐上了虢州参军的位置。在这个不起眼的官位上，王勃整日忙忙碌碌的，虽没啥成就感，却也还算安稳。只是，他很看不惯周围那些官员的作为，更愿意和那些普通人交朋友。这朋友里，就有一个官奴，名叫曹达。

哪知这曹达竟会是他生命中的大灾星呢！

这日，曹达惊慌失措地跑到王勃的居处，声称自己犯了罪，上面正在缉拿他，想让王勃帮个忙，等风头过去，再想办法。

王勃心一软，让曹达藏了下来。几天后，王勃越想越不对劲，觉得这曹达实在是个大隐患，而眼下再把曹达交出去又为时已晚，不如干脆让他消失。

一天晚上，王勃故意灌醉曹达，用被子把他捂死了。

原以为事情做得神不知鬼不觉，谁知没几天，就有人告发了他。

窝藏罪犯，又故意杀人，王勃再次摊上大事。按大唐刑律，他的人头看来保不住了。

王勃被关进了大牢，等候问斩。他的父亲也受到牵连，被贬到遥远的南

方荒蛮之地交趾（今越南北部）当县令去了。

王勃追悔莫及，想到这些年来跌跌撞撞的人生，不禁悲从中来。

就在王勃死到临头的当口，巧了，赶上皇上大赦天下。

人头暂时保住了。走出监牢的王勃有些庆幸，又有些说不上来的后怕。

在虔州平复了几天心情，王勃打算去看望自己的父亲。

东去，再一路南下，九月初，王勃抵达洪州（今江西南昌）。在洪州，有故人热情招待了他，并邀请他参加九月九日当天的滕王阁宴会，王勃欣然应允。

宴会是洪州新任都督阎某召集举办的。宴会开始后，宾主把酒言欢，王勃现场创作了《秋日登洪府滕王阁饯别序》。大作一出，满座宾客无不叹服。

"落霞与孤鹜齐飞，秋水共长天一色"，绚丽的画面，开阔的境界，美不胜收。

"时运不济，命途多舛"，回望来路，内心的感慨有谁知道？

"穷且益坚，不坠青云之志"，失意失路，依然不愿消沉。

但，就是这"多舛"的人生之路，留给王勃的也所剩不多了。

离开洪州，继续南行。

终于到了交趾。父子相见，自是悲喜交加。一段时间后，王勃又不得不踏上北返的路程。

茫茫南海上，风急浪大。站在船头的王勃，正出神间，一个浪头打来。船身猛地一阵颠簸，王勃不慎落水……

同船的几人忙下水救人。王勃被打捞上船后，早已没有了呼吸。

时为高宗上元三年（公元676年）秋，王勃年仅二十七岁。

（除了"命途多舛"外，《滕王阁序》一文还首创和运用了以下成语：物华天宝、人杰地灵、胜友如云、高朋满座、虹销雨霁、天高地迥、兴尽悲来、白首之心、躬逢盛事、好景不长、萍水相逢、起凤腾蛟、穷途之哭、盛筵难再、水天一色、物换星移、钟鸣鼎食、东隅已逝、桑榆非晚、飞阁流丹、冯唐易老、桂殿兰宫、躬逢其盛、襟江带湖、时运不济、一介书生、雨帘云栋、逸兴遄飞）

杨炯之"耻居王后"：
路平，心不平

【成语】耻居王后

【释义】指在文名上耻于处在不及己者之后。

【出处】《新唐书·文艺传上·王勃》："勃与杨炯、卢照邻、骆宾王皆以文章齐名，天下称'王、杨、卢、骆'，号'四杰'。炯尝曰：'吾愧在卢前，耻居王后。'"

大家知道杨炯这个人，一开始的时候多不是因为他的作品，而是"初唐四杰"这一组合名称。他的脍炙人口的诗作几乎没有，如果非要找一首，就只能是这首《从军行》了：

> 烽火照西京，心中自不平。
> 牙璋辞凤阙，铁骑绕龙城。
> 雪暗凋旗画，风多杂鼓声。
> 宁为百夫长，胜作一书生。

这首诗大约写于公元680年前后。因为当时突厥部族入侵大唐西北固原、庆阳一带，朝廷就命礼部侍郎裴行俭出征讨伐。在此形势下，武将的作用便显得尤为突出。

当时的杨炯正处在校书郎的位子上，负责国家图书典籍的管理和校对，没啥实权，级别也低（正九品）。但就是这官位，也是他等了十几年才得到的：十岁时杨炯就通过了神童科考试，之后便窝在弘文馆里等待任用，直到二十六岁才当上校书郎。

杨炯对这一结果自然是不怎么满意的，再看看周围那些脑满肠肥、混天了日的大小官员，内心憋屈的他就很上火，很有怀才不遇之感。他总觉得那些官员就像是耍把戏时披着麒麟皮的驴一样，徒有表面风光，德能根本不配位。

边塞不安宁了，武将们开始得到重用，眼看着他们一个接一个奉命出征，杨炯的突出感觉就是"心中自不平"：当一个小军官，也比在宫里当一个可有可无的校书郎强——"宁为百夫长，胜作一书生"啊。

等了几年，终于有人出来提携杨炯了。大权在握的中书侍郎薛元超很欣赏杨炯的文才，他把杨炯推荐为崇文馆学士，很快又提拔为詹事司直，成了太子李显的跟班。

杨炯心中的"不平"刚刚回复"平静"，令他"不平"的事再次发生了：公元684年，武则天把刚即位不久的李显废了，转而立李旦为帝，她自己则开始专政。李显被废，杨炯本可依靠的一棵大树倒了。

接下来，徐敬业又在扬州举兵讨伐武则天，很快兵败自杀，没想到这也让杨炯受到了牵连。

原本徐敬业讨武压根不关杨炯的事，但作乱分子里有个人叫杨神让，这杨神让是杨炯从伯父杨德干的儿子，就因为这层堂兄弟关系，株连到了杨炯。株连的后果是：杨炯被贬到四川梓州任司法参军。

武则天没有善待杨炯，杨炯又能有什么办法？既然局面已被这个女人控制，那就顺着她好了。不是武将，不能帮她打仗，那就充分发挥文官的作用，写文章，唱赞歌啊。

武皇登基了，有人说天上出现预示祥瑞的老人星了，好运要降临人间了，杨炯抓住时机，立即写了篇《老人星赋》献上去。文章起了作用——他被调回洛阳，开始在习艺馆里教后宫佳丽们写写画画。

武则天登基三年后，一向崇佛的女皇在洛阳举行了盛大的盂兰盆会，杨炯见机行事，又写了一篇《盂兰盆赋》来应景。武则天看到文章，感觉很受用。杨炯便因此有了一个行政上的实职：到吴越之地的盈川县当县令。

这县令不是"百夫长"，是权力更大的"百姓长"了。杨炯在盈川县令这个位子上干得比较真，也充分展示了他性格脾气中的火暴一面，结果为当地人留下为官严酷的印象。

只可惜杨炯在盈川没干几年，就病死在了任上，年仅四十来岁。

一生没有太曲折的经历，大多数时间都是待在宫里，虽有不顺，但总体上风平浪静，这或许是杨炯诗作成就不高的原因吧。

"王杨卢骆"这样的排行榜刚一出炉时，杨炯很是不满，甚至觉得羞耻：凭什么王勃排在我的前面？

有"耻居王后"想法的杨炯当时还年轻，正处于"心中自不平"的时期，等王勃死后，他心中的不平开始变为赞美：在《王子安集序》中，他说王勃"每有一文，海内惊瞻"。

其实"不平"，就是没有平常心，时过境迁后，一切也就烟消云散了。

诗人卡片

杨炯（约650—约693），华州华阴（今属陕西省渭南市）人，"初唐四杰"之一。代表诗作《从军行》。

卢照邻之"桑田碧海"：
我不是无情的人，却把你伤得最深

【成语】桑田碧海

【释义】指大海变成桑田，桑田变成大海。比喻世事变化很大。

【出处】唐·卢照邻《长安古意》诗："节物风光不相待，桑田碧海须臾改。"

"初唐四杰"都是少以文显，王勃、杨炯、骆宾王都有神童之誉。在关于卢照邻的古代文献记载中，虽未出现"神童"二字，但他小时候才学过人、文章出色应该是没有疑义的。不然，十多岁跑到长安独自闯荡的他，是不会被邓王李元裕（李渊第十七子）看中的。

邓王看中的，当然是卢照邻的才华。卢天资聪明，又是大儒王义方的徒弟，且出身范阳卢氏大族，所以在京城谋个差事还是比较容易的。

卢照邻进了邓王府后，被授予典签一职，平日做的大多是写写抄抄的工作，更多的时间他都是在府里闲着。府里正好有很多藏书，那就趁机疯狂阅读，免费充电呗。时日一长，卢照邻的大脑就更充实，下笔也更出彩了，这使邓王觉得很受用，脸上也有了光。因此，那段日子，邓王总是自豪地对别人说："卢照邻就是我家的司马相如！"

卢照邻听到邓王这样夸他，心里自然也是美滋滋的，他对未来充满了美好的期待，写诗作文更是得心应手。

时光如流水。卢照邻跟着邓王，不觉过去了七八年。在长安，他见惯了王公贵族的奢华生活，也为这个欲望之都的癫狂堕落而迷乱。

公子王孙、歌姬舞女、冒险少年、紫色罗裙，这就是京城，这就是宫墙外的生活！有了真实的生活体验，卢照邻再次出手了——他拿出了一篇洋洋洒洒的、一扫往日萎蘼宫廷诗风的巨制——《长安古意》。

"玉辇纵横过主第，金鞭络绎向侯家"，是不是够气派？

"得成比目何辞死，愿作鸳鸯不羡仙"，是不是够大胆？

"娼家日暮紫罗裙，清歌一啭口氛氲"，是不是够刺激？

"意气由来排灌夫，专权判不容萧相"，是不是够无奈？

"节物风光不相待，桑田碧海须臾改"，是不是够哲理？

诗歌易写，世事却难料。卢照邻眼看就要到而立之年了，年纪轻轻的邓王却突然染上重病，死了。

卢照邻不得不另谋生路。他离开长安，开始到四川新都去当县尉。

在新环境里，干的又是吃力不讨好的差事，再想起以前在王府里的种种，卢照邻心里很是不爽。尽管他努力尝试去营造一种和谐的工作氛围，可就是不知哪个环节出了问题，不得不面对"智者不我邀，愚夫余不顾"（《赠益府群官》）的尴尬。

就在这样的孤独中，他遇到了那个郭姓女子。这女子颇有些姿色，人也温存贤淑。两人接触了几次之后，郭氏愿以身相许，卢照邻也表示要正式迎娶。

那一日，卢照邻因事要去洛阳，临行前与郭氏依依惜别，称回来便娶她。哪知他一到洛阳便得了病，病得很重，虽请遍了附近郎中，后又跑到长安找到药王孙思邈救治，但终无多大起色，以致最后行路都成了问题。其间，他的父亲又去世了。面对接连而来的打击，卢照邻痛苦万分，哭得撕心裂肺，呕吐不止，直至把服下的药汤药丸都吐了出来。

心灰意冷的卢照邻独自来到了河南新郑的具茨山下，买了一处院子和一些田地。人站不起来，手也不利索了，他便雇人来种地和照顾他的起居。他也让人提前为他挖好了坟墓。晴暖的日子，卢照邻就让人把他抬出庭院。他斜躺着，看日起日落，云来雾去，他想起小时苦读的情景，想起在邓王身边曾有的那些欢乐；他也会想起郭氏，想起在郭氏面前发过的那些誓言。誓言都还萦绕在耳畔，但现实却如此不堪。茫然中，他只有叹息和懊丧的份儿了。

病痛无情地折磨着他，他一天天一月月一年年地咬牙忍受着，在将近十年的时间里，他就这样苟延残喘地活着。

终于，他坚持不下去了。

这一日，他挣扎着爬到颍河边，把病残的身体交给了冰冷的流水。

"节物风光不相待，桑田碧海须臾改。"须臾间，一个生命就这样沉入了水底。

诗人卡片

卢照邻（约636—约680），字升之，自号幽忧子，幽州范阳（今河北省涿州）人，"初唐四杰"之一。代表诗作《长安古意》《十五夜观灯》。

骆宾王之"一生一代"：
郭氏、道士、福祸事，都在人世

【成语】一生一代

【释义】指一辈子。同"一生一世"。

【出处】唐·骆宾王《代女道士王灵妃赠道士李荣》诗："相怜相念倍相亲，一生一代一双人。"

骆宾王刚来到世间，时为博昌县令的父亲可是对他的未来寄予厚望的，为他取"宾王"为名，以"观光"为字，目的是希望能够如《易经·观卦》中所言："观国之光，利用宾于王"——长大后成为一个博学多识的人，从而能为帝王所用。

小时候的骆宾王也还真给他爹争面子，七岁就写出了那首《咏鹅》小诗。如果他爹能穿越到现代，听到连刚会说话的幼童都能流利地背诵"鹅鹅鹅，曲项向天歌。白毛浮绿水，红掌拨清波"，那他这个当父亲的还不得骄傲得飘到天上去？

骆宾王咏了鹅，他自己似乎也有了点鹅的脾气。长大后，在父亲已不在世

的情况下，还不太懂得人情世故，虽然也读了不少书，却不求上进，很被动地去参加科举考试，又不知去走关系，结果自然是榜上无名。后经人百般指点，才得到一个在道王李元庆府上做幕僚的机会。

在王府里，骆宾王还像鹅一样地"曲项向天"，自负到目空一切。

三年过去了，李元庆觉得骆宾王整天这样，说不定是肚里有才、心里有数，于是就准备提携提携他，让他写篇《自叙状》，以便量才使用。谁知，骆宾王却不领情，回说：要我自卖自夸，有没有搞错？我还要脸呢！

给个台阶都不上，那就别怪人家不客气了。结果，李元庆毫不犹豫地将骆宾王赶出了道王府。

一出王府，骆宾王才知外界的世界很无奈。得活着啊，不进入体制内，何以为生？过了一段狼狈的日子，骆宾王渐渐开始面对现实了。

他向那些能联系上的大小官员写文

自荐，遇到去基层巡视的官员，也尽可能主动去套个近乎，可是却一点效果也没有。

麟德元年（公元 664 年），高宗李治要去泰山封禅，骆宾王瞅准机会，立即写了一篇《请陪封禅表》献上。高宗看到这"表"，心被打动，便召其入朝对策，之后给了他一个奉礼郎的职位。

两年后，骆宾王跟随大将薛仁贵去征西，孰料薛打了败仗，骆宾王也没捞着半点"军功"。没过多长时间，他又跟随姚州行军总管李义去讨伐南诏。这仗打胜了，骆宾王心情不错，回来时经过蜀地，他便在那儿逗留了一段时间，看了些景，认了些人。

在新认识的人里，有两个女人，一个是郭氏，一个是王灵妃。两个女人听说他是京城来的官员，便各自先后来向他诉苦。郭氏说卢照邻在这儿当县尉的时候，欺骗她的感情，两人不但同居还生了个小孩；现在卢照邻掉转屁股跑洛阳去了，也不问她的死活，前些天，孩子也夭折了。女道士王灵妃说的也是相同性质的事情：一个叫李荣的道士玩弄她的感情，之后突然玩起了失踪，她一下子失去了主张。

骆宾王是认识卢照邻的，也知道卢照邻和李荣是朋友关系。听完两个倒霉女子的诉说，骆宾王气得不行，心中骂道：好啊，一个卢照邻，一个李荣，你们这样敢做不敢当，还算是男人吗？他

对郭氏和王灵妃说：你俩也别伤心了，事已至此，估计他们也是不准备回来了，我很同情你们的遭遇，别的忙我也帮不上，那就帮你们各写一首诗声讨他们吧，他们看到诗后，知道你们的处境，说不定能回心转意呢！

于是，骆宾王为郭氏写了《艳情代郭氏答卢照邻》：

> 迢迢芊路望芝田，眇眇函关恨蜀川。
> 归云已落涪江外，还雁应过洛水湄。
> ……

又为王灵妃写了《代女道士王灵妃赠道士李荣》。王灵妃是读过书的人，当她读到诗中写的那句"相怜相念倍相亲，一生一代一双人"时，不禁含泪长叹一声。对于她来说，哪有什么"一生一代"的相守？眼下只有"双枕孤眠"的哀伤。

骆宾王用诗帮两位怨女谴责了各自的无情郎之后不久，就回到了京城。他继续当他的官，由明堂县主簿到长安县主簿，又由地方主簿到侍御史。

侍御史是个容易得罪人的官职。性格耿直的骆宾王在此位上果然"不负众望"——被诬入狱了。狱中的他，不再"咏鹅"，开始"咏蝉"了：

> 西陆蝉声唱，南冠客思深。
> 不堪玄鬓影，来对白头吟。

露重飞难进，风多响易沉。

无人信高洁，谁为表予心？

一年后，骆宾王出狱。朝廷又让他去浙江临安当县丞。心灰意冷的他没干几日便辞了官。

已到晚年的骆宾王最终投到了徐敬业的幕下，徐要举兵反武则天，骆宾王便奋笔写下那篇著名的《讨武曌檄》：

伪临朝武氏者，性非和顺，地实寒微。昔充太宗下陈，曾以更衣入侍。洎乎晚节，秽乱春宫。潜隐先帝之私，阴图后庭之嬖。入门见嫉，蛾眉不肯让人；掩袖工谗，狐媚偏能惑主。……言犹在耳，忠岂忘心？一抔之土未干，六尺之孤安在？倘能转祸为福，送往事居，共立勤王之勋，无废旧君之命，凡诸爵赏，同指山河。若其眷恋穷城，徘徊歧路，坐昧先几之兆，必贻后至之诛。试看今日之域中，竟是谁家之天下！

武后则天可不是那么容易讨伐的。然后呢？然后骆宾王就没有然后了。

诗人卡片

骆宾王（约638—684），字观光，婺州义乌（今浙江义乌）人。曾为起兵讨伐武则天的徐敬业写《讨武曌檄》，徐兵败后，骆不知所终。"初唐四杰"之一，代表诗作《咏鹅》《于易水送人》等。

卢藏用之"终南捷径"：
终南，终南，谁会想到竟是终于岭南？

【成语】终南捷径

【释义】指求名利的最近便的门路。也比喻达到目的的便捷途径。

【出处】《新唐书·卢藏用传》："司马承祯曾召至阙下，将还山，藏用指终南曰：'此中大有嘉处。'承祯徐曰'以仆视之，仕宦之捷径耳。'藏用惭。"

在初盛唐时期，由于受道家思想影响，许多文人热衷于在山中隐居，其中有十个喜欢隐居的人，被称为"仙宗十友"，他们是：司马承祯、李白、孟浩然、王维、贺知章、卢藏用、王适、毕构、宋之问、陈子昂。

十个人里，有一心向道、以隐为乐的，比如司马承祯，也有以隐为显、伺机入仕的，比如卢藏用、李白、孟浩然等。

把隐居当成谋官手段，做得最明显的当数卢藏用了。

作为一位初唐诗人，卢藏用的名气没有"四杰""沈宋"和陈子昂的名气大，诗也没有他们写得好，但他走出了一条入仕的捷径，曾一度爬到了吏部侍郎的位置。

景云二年（公元711年），唐睿宗李旦派人将司马承祯从天台山请到宫中，许以要职高位，司马承祯不为所动，坚持回山隐居。出宫时，正巧遇到正在朝廷做官的卢藏用。卢藏用听说司马承祯要重回山里，就用手指着城南的终南山说："此中大有嘉处。"意即在终南山隐居，那是非常美妙的事情，会有意想不到的好处。

司马承祯和卢藏用不是一路人，但他知道卢藏用的话外之意，于是就半开玩笑地回道："在我看来，去终南山隐居，应该是通往仕途的一条捷径吧？"卢听了，知道司马承祯是在嘲讽他，当时就羞红了脸。

这"终南捷径"，卢藏用是如何一路走来，最终又走到一个怎样的尽头呢？

和其他大多数唐朝诗人一样，卢藏用也是个官二代、文二代。他大约生于唐高宗麟德元年（公元664年），叔祖卢承庆曾官至刑部尚书，父亲卢璥做过魏州司马。

小时候的卢藏用就以才学文辞而为人所知，长大后作文、书法、琴弈等才艺皆有所精。可是，当他进士及第后，却迟迟得不到朝廷任用，这让他心里很着急，很不是滋味。

一天天一年年很快过去，卢藏用等得实在不耐烦，干脆一扭屁股跑到长安城南的终南山里隐居去了。

在山里，卢藏用一边跟着道士们修炼道术，一边悄悄探听着朝廷那边的动静。他修道倒也修出了点门道，还苦练辟谷之术，且达到了一定境界，据说几天几夜不吃饭都可以。

他这样苦自己，是为了扬名，扬了名，皇帝才会知道他，才有可能用他啊！藏用，藏用，"藏"不就是为了"用"吗？

在终南山隐了没多长时间，当武则天移驾洛阳之后，卢藏用便又开始跑到嵩山隐居——隐，也要在皇上的眼皮子底下隐不是？

就这样，跑来跑去当了几年"随驾隐士"，卢藏用的良苦用心终于有了结果。长安年间，武则天将他请出了山，授以左拾遗一职，几年后就升到了吏部侍郎（相当于现在的组织部副部长）。

当官后，他的日子俨然是另一番景象了：

天游龙辇驻城闉，上苑迟光晚更新。
瑶台半入黄山路，玉槛傍临玄霸津。
梅香欲待歌前落，兰气先过酒上春。
幸预柏台称献寿，愿陪千亩及农晨。

（闉，读yīn）

出入宫禁，游宴颂圣，卢藏用似乎得其所愿了。可是，作为一个文人，他写像上面《奉和立春游苑迎春应制》之类的赞美诗还算是得心应手，而作为一个管人事的领导干部，他就有点力不从心了。

你想啊，在吏部，整日和卢藏用面对面打交道的是各级官员，而他又不是一个强势的人，所以在工作中很容易就被那些权要左右了，人家要买官卖官，你能不给开方便之门？时间不长，卢藏用就陷入官场泥潭，贪赃枉法之事也跟着做了不少。一次两次倒也罢了，你把弄权取官当成了工作常态，那人家会怎么评价你？于是，卢藏用的名声日渐败落下去，最后被调出吏部，担任黄门侍郎，接着又转任工部侍郎和尚书右丞。这期间，卢藏用曾主动依附太平公主，没少拍过人家的马屁。

李隆基上台后，太平公主因涉嫌谋反被赐死，卢藏用受到牵连，被流放到岭南。

开元初，朝廷又下诏让其担任黔州都督府长史，可没等到动身前往，他就一命归西了。

卢藏用的官途，就这样随着生命的终结，终止于遥远的岭南之地。

诗人卡片

卢藏用（约664—约713），字子潜，幽州范阳（今河北涿州市）人。武则天时期，曾为彰显名声而隐于终南山，系唐初"仙宗十友"之一。诗文多为唱和应制之作。

王之涣之"更上一层楼"：
看得远，更要看得开

【成语】更上一层楼

【释义】原意是要想看得更远，就要登得更高。后比喻在已取得成绩的基础上再提高一步。

【出处】唐·王之涣《登鹳雀楼》诗："白日依山尽，黄河入海流。欲穷千里目，更上一层楼。"

西施、王昭君、貂蝉、杨玉环是公认的中国四大美女，能顶上这个桂冠，不是因为她们真的在美色上天下无敌了，主要还是因为她们都是有故事的人，她们受到了文人的关注。这就像传说中的中国四大名楼一样，不是因为蓬莱阁、滕王阁、黄鹤楼、岳阳楼这四座楼阁，在建筑上多么巍峨雄伟，而是因为它们都是历代文人墨客登临歌咏的对象，它们的名气更多的是沾了文气的光。

还有一座楼阁，有时也被人们归入中国四大名楼之列，它就是山西永济的鹳雀楼。此楼沾了谁的光，恐怕连小孩子都能答出来——谁不会背那首著名的唐诗《登鹳雀楼》啊？

　　白日依山尽，黄河入海流。
　　欲穷千里目，更上一层楼。

如果王之涣生前没有去登鹳雀楼，或者登了楼却没有写《登鹳雀楼》这首诗，那现在知道鹳雀楼的人恐怕少之又少了吧？因为此楼建于北周时期，至元代毁于战争，明代之后连遗址都看不到了（现在能看到的那座鹳雀楼是1997年重建的）。

所以说，是唐朝诗人王之涣成就了鹳雀楼的千年美名。

鹳雀楼，因一种名为鹳雀的水鸟停于其上而得名。之所以有水鸟出没，是因为鹳雀楼位于蒲城以西的黄河东岸。

鹳雀楼共有三层，到了唐代，经常会有诗人登楼赋诗。这话是北宋大学者沈括说的."鹳雀楼三层，前瞻中条，下瞰大河，唐人留诗者甚多，唯李益、王之涣、畅当三篇，能状其景。"

李益大约要比王之涣小四十岁，畅当则是中唐诗人，所以说，他俩写鹳雀楼要比王之涣晚多了。

李益的那首诗是：

鹳雀楼西百尺墙，汀洲云树共茫茫。
汉家箫鼓随流水，魏国山河半夕阳。
事去千年犹恨速，愁来一日即知长。
风烟并在思归处，远目非春亦自伤。

畅当的是：

迥临飞鸟上，高出世尘间。
天势围平野，河流入断山。

两人的诗都有相当的水平，李益写出登高而望的苍茫感和惆怅情绪，由怀古而思乡，畅当写出了居高临下、一览无余的感觉，清高而奔放。

而两诗与王之涣的相比就少了那样一份胸怀和气势，少了那种煌煌大唐的气象。

"欲穷千里目，更上一层楼"，站得高，看得远，真的是那么容易的事吗？

王之涣，出身于名门望族，少时结交的也多是豪门子弟，他们整日一起或舞剑，或悲歌，或纵酒，或打猎。王之涣成年后立志读书作文，一年后，摇身一变，成了远近闻名的才子，他一有诗作问世就会有乐工拿去配曲，供歌女演唱。

一次，王之涣与好友王昌龄、高适在长安的一家酒楼相聚，喝酒时，有歌女过来唱曲儿。几人出主意说：这几个歌女不认得咱们几个，等会听她们唱，谁的诗被唱的次数最多，谁就是诗界老大！

然后歌女开始唱。第一个歌女唱的是王昌龄的一首绝句，王昌龄很是得意；第二个歌女唱的是高适的一首绝句，高适也微笑着点点头；第三个歌女唱的又是王昌龄的绝句，王昌龄就有点飘了；第四个登场的歌女最漂亮，也是唱功最棒的，三位诗人都希望她能选唱自己的诗。在静静的等待中，那位大美女开口唱了：

黄河远上白云间，
一片孤城万仞山。
羌笛何须怨杨柳，
春风不度玉门关。

接着又唱了一首，也是王之涣的。歌罢，王之涣笑望着王昌龄和高适两人，眼光里的意思是：结果还用问吗？

王昌龄和高适只有向王之涣拱手认输的份儿了。

这毕竟是一个传说，再说一篇诗作的优劣，不可一概而论的，所谓"山外有山，楼外有楼"。无论是创作水平还是欣赏水平，要想不断提升，都需要"更上一层楼"的实践和见识的。

王之涣创作的绝大多数诗歌都遗失了，这不能不说是个巨大的遗憾。不仅诗作，就连他的生平，史书记载的也少之又少：生于唐睿宗垂拱四年（公元688年），成名后不屑科考，当过冀州衡水主簿，但因才高气傲，为官场所不容，很快辞官，之后居家十五年（此间写了《登鹳雀楼》），天宝元年（公元742年）补文安县尉，当年死于官舍。

但王之涣凭仅存的六首诗歌，就让自己成为唐朝诗空上一颗闪耀的明星，这要是没有相当的实力，那是绝对办不到的。

诗人卡片

王之涣（688—742），字季凌，绛州（今山西新绛县）人。少有侠气，性格豪放。擅写绝句，为盛唐著名边塞诗人，常与高适、王昌龄等相唱和。现仅存诗6首，其《登鹳雀楼》《凉州词》脍炙人口。

崔颢之"杳如黄鹤"：
走了那么久，你变了没有？

【成语】杳如黄鹤

【释义】原指传说中仙人骑着黄鹤飞去，从此不再回来。现比喻无影无踪或下落不明。

【出处】唐·崔颢《黄鹤楼》诗："黄鹤一去不复返，白云千载空悠悠。"

迎面走来的，是一位貌美如花的少女，崔颢一见，自是不放过机会，立即笑嘻嘻地过去搭讪。

少女又羞又怕，想躲，躲不开。抬眼望——面前站着的，竟是一位看上去有点帅又有点可爱的少年郎。听到少年言语轻佻但并不粗俗，少女便也回了笑容。

汴州（开封）的大街上，十七岁的崔颢正匆匆赶往赌场，意外收获了份艳遇。

崔颢爱赌，爱美女，也爱读书。和小伙伴在一起玩耍时，大家伙儿往往会半真半假地对他说：你那么有才，诗写得那么好，为何不去考个功名呢？书中自有颜如玉，等做了官，还愁没有美女投怀送抱吗？

崔颢就想象了一下自己当官以后的情景，又想到父母也是屡屡劝他快去参加进士考试的，便自语道：考试算个什么事，先玩几年再说。

两年后的某天，崔颢的父亲一进门就满脸兴奋地对他说："李邕大人要去陈州当刺史了，前两天他来到了我们汴州，正巧从我的朋友口中听说了你的诗名，说想见见你，这可是个好机会啊！"

崔颢听了，脸上并没现出多少激动的表情。崔父便又说："李大人在京城可是很有名望的，他要是看中你的诗，还愁不引荐你吗？"

在父亲的极力鼓动下，崔颢带着几首新的诗作，去了李邕的住所。

面前的李邕四十多岁的样子，一脸严肃，但说起话来倒还客气。简单聊了几句后，李邕便让崔颢读首诗给他听听。

崔颢伸手从袖里拿出一页纸，展开，上面写的是自己最近创作的一首诗：

《王家少妇》。

"十五嫁王昌"，崔颢开口诵道。

"好，算了！"还没等崔颢读到下一句，李邕突然大声喊停。

崔颢一下愣住了，不明所以。

"什么十五嫁王昌？在以前所有的文章中，王昌的形象都是女子的意中人，都是'恨不嫁'，哪有'嫁王昌'之说？"李邕气呼呼道，"你这是篡改古典，懂吗？简直太无礼、太不严肃了！好了，你可以走了！"

崔颢愣了一下，转身离去。

在回去的路上，崔颢心中暗忖：什么名士，什么大人，一老顽固罢了！我根本就不稀罕你的引荐，不信我考个功名给你看。

第二年（开元十一年），崔颢果真去了长安，且一战成功，进士及第。

中举后的崔颢没有立即去为仕途奔走，而是忙起了自己的婚姻大事。

他先是看上了一个小家碧玉，成家后，嫌人家太闷，很快就离了。

不久又和一个胖乎乎的美女成了亲，婚后发现胖美人又懒又好吃，几月后即把人休了。

第三个妻子倒是比较完美，品貌都没说的，但没过多久，崔颢又想换人了。原因只是他又看上了第四个美女。

等崔颢再求仕进时，发现那些官员多数对他避而远之，有的甚至当面训斥他：你这样有才无行的人，只配坐冷板凳！

终于，崔颢和第四任妻子也各奔东西了。他又成了孤家寡人。

在京城待着无聊，也没心情再回汴州老家，崔颢纠结了几天后，便打定了去漫游的主意。

他先去了淮楚，两年后，又到了江夏（今武昌）。

在去江夏的船上，他曾听到一对青年男女在他身旁交谈，那对男女本来互不相识，家也离得很远，但住在同一条江边，所以彼此就觉得亲切了。

长干行（其二）

家临九江水，来去九江侧。
同是长干人，生小不相识。

崔颢心中的乡愁一下升了起来：唉，离家经年，也不知家人可好。

到了江夏，怎能不登黄鹤楼？在黄鹤楼上，看到眼前的万顷烟波和绿树芳草，联想到那仙人驾鹤从此经过的传说，崔颢顿生时光易逝之叹，乡愁也越来越难以排解。

发乎情，诗便水到渠成，如入化境，于是，一首千古名作在这楼上诞生了：

昔人已乘黄鹤去，此地空余黄鹤楼。
黄鹤一去不复返，白云千载空悠悠。
晴川历历汉阳树，芳草萋萋鹦鹉洲。
日暮乡关何处是？烟波江上使人愁。

崔颢当时怎么也不会想到，他的这首《黄鹤楼》竟会使晚来一步的李白生出"眼前有景道不得，崔颢题诗在上头"的感叹。

让诗仙叹服并搁笔，崔颢，这次牛大了！

游完江南，崔颢开始北上，先去了齐赵之地，之后又到了东北辽西。

经过近二十年的漫游，人到中年的崔颢一改年轻时的任性轻佻，走向了沉稳。见识了边塞的苦寒，他的诗歌也有了凛然之气：

> 仗剑出门去，孤城逢合围。
> 杀人辽水上，走马渔阳归。

崔颢完成了一个艰难的转身，也终于感到累了，于是他又回到了京城，从旅途转入仕途，坐上了司勋员外郎的位子，成了一名四平八稳的官员。

年轻的激情，才高的任性，都像那只传说中的黄鹤一般，一去不复返了。

诗人卡片

崔颢（704—754），唐朝汴州（今河南开封市）人。曾任太仆寺丞、司勋员外郎等职。代表诗作《黄鹤楼》。

孟浩然之"人事代谢"：
梦里花落知多少

【成语】人事代谢

【释义】代谢：更迭，交替。泛指人世间的事新旧交替。

【出处】唐·孟浩然《与诸子登岘山》诗："人事有代谢，往来成古今。"

说好的一起在这鹿门山隐居的，可张子容还是没耐得住这份寂寞，他要去京城应举考试了。孟浩然说："你去就去吧，我送你，但要记住，金榜题名后可不要忘了我哦。"

张子容这一去，竟考中了，之后，一切都改变了。

成了吃皇粮的人，摆在面前的便是一条闪光的仕途，乡亲再见到张子容的家人，眼光里尽是艳羡讨好，说话的语气里都带了诚惶诚恐的味道。

孟浩然心里起了小波澜，他在努力平复心情后，对自己说：我要等，我就不信没有识才的人。

等啊等，直等到鹿门山的花儿开了又谢了，谢了又开了，要等的人依然杳无踪影。

又是一个春天来了，眼见着花开了，又要谢了。夜晚，下起雨来，窗外的风雨声传进耳中，让人迟迟无法入睡。次日清晨出门一看，但见院中那几棵桃树下，落红满地。孟浩然心中怅然，不觉吟道：

> 春眠不觉晓，处处闻啼鸟。
> 夜来风雨声，花落知多少。
>
> （《春晓》）

读了满肚子诗书，在这山野之地却找不到可以交流的人，想进入文人圈子，那就得去京城，可京城里又没有亲朋。

"谁能为扬雄，一荐甘泉赋？"（《田园作》）孟浩然在诗中发问，但无人回应。

看来，要想有人引荐，还须先去求见啊。正巧，宰相张说被贬到了岳州当刺史，岳州离襄阳又不远，孟浩然心头一亮，即刻起程。

途中，孟浩然精心打磨了一首诗——

《望洞庭湖赠张丞相》，见到张说，表明身份后，立即献了诗：

> 八月湖水平，涵虚混太清。
> 气蒸云梦泽，波撼岳阳城。
> 欲济无舟楫，端居耻圣明。
> 坐观垂钓者，空有羡鱼情。

张说读完诗，连连点头，尤对"气蒸云梦泽，波撼岳阳城"一联赞赏有加，但点完赞，却没有打赏，因为身处逆境，既不能给面前这个年轻人"鱼钩"，也不能给他"鱼"。

孟浩然只得失望而归，在隐身之处，继续面对花开花落。

这一年，孟浩然已经三十七岁了。

一天，出蜀漫游的李白来到襄阳，和孟浩然相遇了。

当李白真实地站在这个年长自己十来岁的隐士面前，他很是激动，当场赠诗，表达对"偶像"的崇拜之情：

> 吾爱孟夫子，风流天下闻。
> 红颜弃轩冕，白首卧松云。
> 醉月频中圣，迷花不事君。
> 高山安可仰，徒此揖清芬。
>
> （《赠孟浩然》）

两人一见如故，同游同饮同赋诗，自是不在话下。襄阳一别，次年两人又在江夏（今武昌）相遇，李白在黄鹤楼边送孟浩然去扬州。在去扬州的船上，孟浩然默念完李白送他的那首《黄鹤楼送孟浩然之广陵》，又自语道：年轻就是资本啊，太白说我"迷花不事君"，那是我没有机会啊，我不能再这样被动等下去了。

开元十六年（公元728年），四十岁的孟浩然来到长安，他要通过考试给自己的命运一个说法。

考试结果是：落榜。

之后几日，孟浩然用一千个理由安慰自己，然后开始面对现实，尝试走进京城的文人圈。

他见到了王维，见到了王昌龄，还得到一个去秘书省参加联句赋诗活动的机会。那天，他的那句"微云淡河汉，疏雨滴梧桐"可真是大大出了彩！

他更没想到的是，自己竟会见到当今皇上。

那日，孟浩然应王维之邀去翰林院玩，没过多久，外面突报皇帝驾到。毫无思想准备的孟浩然，一慌就钻到床底下去了。王维不敢隐瞒，只能如实相告。好在玄宗素闻孟浩然之名，知其诗才，便让他出来献诗。慌乱之中，孟浩然背了不久前写的诗《岁末归南山》：

> 北阙休上书，南山归敝庐。
> 不才明主弃，多病故人疏。
> 白发催年老，青阳逼岁除。
> 永怀愁不寐，松月夜窗虚。

玄宗昕其中有"不才明主弃"之句，很不高兴，道："你之前又没来求过官，我如何能弃你？你这不是诬陷我吗？我看你还是回你的南山隐居去吧！"言毕，甩手而去。

一个大好的机会，就这样被孟浩然浪费掉了。

在皇帝面前出了这么大一个丑，孟浩然沮丧至极，他走出长安，东去南下，放逐山水。在吴越之间漫游了两三年，才回到襄阳老家。

想想还是不甘心，在家中待了两年后，孟浩然再次去了长安。

王维还是一如既往的热情，可他却不再支持孟浩然入仕了："还是回家去吧，置身田园，诗酒相伴，何必来蹚官场这汪浑水呢？"

连最好的朋友都这样说，孟浩然顿生无望之感。"当路谁相假，知音世所稀"（《留别王维》），梦，还没醒，但他必须再次原路返回了。

还有机会吗？有。

孟浩然四十七岁这一年，荆州刺史韩朝宗想推他入朝，可他却在约定同行的当天，因饮酒而失了约。机会，再次错过。

两年后，宰相张九龄被贬为荆州长史，孟浩然投奔他，做起了幕僚。久已习惯了寄情山水的生活，再入衙门，孟浩然心里总是感觉不得劲，不仅心里不得劲，连身体也不得劲了：不到一年，他的背部就长了个大疮。

病了，该回家了。在卧床养病的日子里，他想到那年从长安归来后，曾与几个朋友一起爬岘山，他轻声诵起当时写的那首《与诸子登岘山》：

人事有代谢，往来成古今。
江山留胜迹，我辈复登临。
水落鱼梁浅，天寒梦泽深。
羊公碑字在，读罢泪沾襟。

是啊，花开花又落，人事有代谢，这一切都是自然规律，个人又能改变多少呢？就是爬得再高，人最后还不得归于尘土？想到这些，孟浩然心下释然很多。

这是开元二十八年（公元740年）里的一天，遭贬后又遇赦北归的王昌龄突然到访，孤独已久的孟浩然惊喜万分，全然忘记了身体病痛，只管与好友笑谈古今，把酒言欢。不料，酒后病情加剧，不治而亡。

孟浩然走了，随他而逝的还有他的两个梦：一个隐士梦；一个入仕梦。

诗人卡片

孟浩然（689—740），名浩，字浩然，号孟山人，襄州襄阳（今湖北襄阳）人，世称"孟襄阳"。一生多隐于家乡鹿门山，是盛唐山水田园诗派的代表人物，与王维并称"王孟"。代表作品《过故人庄》《春晓》《宿建德江》《望洞庭湖赠张丞相》等。

王维之"红豆相思"：
思念是一种很玄的东西

【成语】红豆相思

【释义】红豆：植物名，又叫相思子，古人常用以象征爱情。比喻男女相思。

【出处】唐·王维《相思》诗："红豆生南国，春来发几枝，愿君多采撷，此物最相思。"

又要被派出去当差了。三年前是去大西北，现在又要远赴南国，王维内心不知是喜还是忧。反正自张九龄被罢相、李林甫上位之后，王维就隐隐感觉到唐朝的冬天要来临了，从而有了退隐的打算，他甚至希望李林甫将他排挤出朝廷。

但事情并不向设想的方向发展，王维还要继续升官。开元二十五年（公元737年）他出使河西的身份是监察御史，今年（公元740年）"知南选"的身份就成了殿中侍御史，他的官级连上了两个台阶。

岭南虽远，但能远离李林甫的小人集团，这也未尝不是一件幸事。

入冬，王维毅然踏上了南下之路。

出发前，王维就盘算着这次行程将经过襄阳，到地儿一定要找老友孟浩然痛饮一回。可到了襄阳一打听，孟浩然竟然已在不久前离开人世了。这消息对王维来说是个不小的打击，回想起与孟浩然初次在长安晤面的情景，想起两人那次见到玄宗皇帝的尴尬场面，王维禁不住黯然神伤。

凭吊完孟浩然之后，王维当晚就写下了《哭孟浩然》一诗：

> 故人不可见，
> 江水日东流。
> 借问襄阳老，
> 江山空蔡州。

到了郢（yǐng）州，王维依然心结未解，他在州刺史的亭子内画上了孟浩然的像，拜了几拜，方才继续上路。

到了岭南之后，因为任务不复杂，

王维只作了很短一段时间的停留。第二年春天，他就开始动身北返了。

没有按原路返回，走的是另一条路。

这日，王维来到了江阴的顾山，在游览完那座著名的"香山观音禅寺"时，他听到当地一个书生讲了一个带有传奇色彩的故事。

那个江阴书生告诉他，这座香山观音禅寺是南朝梁武帝在位时修建的，梁武帝信佛，在国内修建了数不清的寺庙。

"那寺内的文选楼，是不是为萧统编书而修的？"王维问。

那书生答："正是！当时萧统太子是代他父亲出家来这香山寺的，住到这里，一是为了避开宫廷里的残酷斗争，更重要的任务是编写《文选》，在这儿主持编书，多清净啊！"

萧统的《文选》，王维自然读过的，当时在这儿建一座"文选楼"也并不为奇。

"可是有一天，萧统太子到集市里来体察民情，偶然遇到了一个女子，结果就有故事了！"书生故弄玄虚地说。

"怎样的一个女子，又是怎样的一个故事，说来听听！"王维也来了兴致。

那书生便讲开了——

那个女子是个尼姑，年轻貌美，萧太子自是一见倾心，主动和她搭讪后，才知道对方法号慧如。谈及佛经禅理，慧如也能说得头头是道。萧太子就更加爱慕她了，还跟她去了她托身的草庵。

接触几次之后，慧如也深深地爱上了萧太子。可一个是太子，一个是尼姑，谈情说爱已不合常理，结为眷属那更是痴心妄想。为此慧如忧思成疾，终于病倒在床，最后满怀着对萧太子的一腔相思，凄然离世。太子闻讯，悲恸万分，就在慧如住过的草庵旁种下了两颗红豆，并为那草庵题名红豆庵。

王维被这个凄美的爱情故事深深打动了，他忙问书生："那树还在吗？"

"在的！"书生欣喜地说，"如果你愿意，我带你去看看，可惜现在只剩下一棵了。"

王维跟着书生找到了红豆庵，如愿看到了庵旁那棵高大繁茂的红豆树。

"等夏秋时节才能结出红果，现在是看不到红豆的。"书生对王维说。

没有看到红豆果，但王维心中已有红豆的样子了，那红是鲜艳得不带杂色的红，是相思的血和泪凝结而成的红。

"难怪红豆被称作'相思子'啊！"王维在心中感叹道。

> 红豆生南国，
> 春来发几枝。
> 愿君多采撷，
> 此物最相思。

回到长安，王维就把这首在路上写就的《相思》交给好友李龟年，让他谱曲并在宴会上演唱。

然后，王维就辞了官，在这一年的余下时间里，一直隐居在终南山。

十多年后，安史之乱爆发，李龟年流落到江南，在潭州举办的一个宴会上，风光不再的他为在场的人演唱了这首《相思》，又唱了王维的一首《伊川曲》后，突然昏倒，四日后离世。

王维之"柳绿桃红"：
辋川就是诗和远方

【成语】柳绿桃红

【释义】桃花嫣红，柳枝碧绿。形容花木繁盛、色彩鲜艳的春景。

【出处】唐·王维《田园》诗："桃红复含宿雨，柳绿更带春烟。"

王维"知南选"回来后，辞了官，想在终南山长期隐居下去，可到了次年春，朝廷又给他下达了政令：进京任左补阙一职。

王维心里有一万个不情愿，一想到在朝堂上每天要面对那个口蜜腹剑的李林甫，他就从心里感到恶心。

李林甫几乎将全部的心思都用在了铲除异己、笼络官员上。虽然他没对王维下手，但王维心里总是别扭，总是犯嘀咕。

就这样勉勉强强地进京上任了。李林甫还是那样一副笑面虎的模样，但王维能明显感到他那眼光里的骄横和傲慢。是啊，玄宗皇帝一头栽进美人杨玉环的怀里，已无暇顾及江山社稷了，他把一切政事都交给李林甫打理。

眼下，朝堂里里外外都是李林甫的心腹，大臣见面多说句话都得瞻前顾后。几乎一手遮天了，李林甫的感觉能不好吗？

王维在这样的官场环境中得过且过地应付着。虽然自己的主要职责是给皇上提意见，可现在提什么意见皇上能听进去？自从把杨玉环封为贵妃后，皇上甚至连早朝都懒得上了。

那日，在城南蓝田北面的山麓边，王维发现了一处风景绝佳的地方，那儿还有一处已显破旧的别墅。经打听这个居所原来的主人竟然是宋之问，现在宋大才子已不在了，那别墅就成闲置房了。

王维走到别墅上方的山冈上朝下看，只见清清辋水绕舍而行，远处有小小村落掩映在绿树红花之中，其间还有一个澄澈如眸的小湖。再看看身后的葱郁山林和身边的淙淙小溪，王维想：要是能拥有这样一处居所，该有多好啊，到时就可以把老母亲接过来，让她老人家在这里安心地吃斋念佛了，自己也可以在此隐居修禅。

回到宫里，王维就找到了玉真公主，说自己很喜欢那处辋川别墅。玉真公主说：喜欢就买下来，这事我帮你办。

在玉真公主的帮助下，王维如愿买下了辋川别墅。当第一次以主人身份走进别墅的那一刻，王维心里美得不行，竟当着书童的面唱了几句。

接下来的一段日子里，王维把修缮经营别墅当成了一项主要工作，忙得不亦乐乎。弟弟王缙有时也过来帮忙出个主意、给点赞助什么的。

别墅焕然一新后，王维喜不自胜地赶回老家，把母亲接了过来。

自此，王维在辋川别墅开始了半官半隐的生活。

几年后，王维刚刚步入五十岁的门槛，母亲突患急病，撒手离世。最爱自己的那个人走了，王维哭得死去活来，几天下来人就瘦得形销骨立。

此后三年的丁忧，王维整天待在辋川，随着心中哀伤渐渐减轻，他又开始像前几年一样，在这梦境一般的地方游赏、写诗、作画，有时也和一些志同道合的朋友来往唱和。

文杏馆、华子冈、斤竹岭、鹿柴、茱萸泮、竹里馆、宫槐陌、临湖亭、欹湖、柳浪、栾家濑、金屑泉、白石滩、木兰柴、辛夷坞、漆园、椒园……在这样一个移步换景的地方，王维品味到了桃源仙境一般的美妙，他为美景所陶醉，并歌之咏之。

鹿砦（zhài）让他体会到那种空静之美：

> 空山不见人，
> 但闻人语响。
> 返景入深林，
> 复照青苔上。

竹里馆让他在幽静的竹林里找回自我：

> 独坐幽篁里，弹琴复长啸。
> 深林人不知，明月来相照。

辛夷坞的那朵芙蓉花让他看到一种美艳的孤独：

> 木末芙蓉花，山中发红萼。
> 涧户寂无人，纷纷开且落。

这里是安身之处，是心灵的净地，是能够生长快乐的田园：

> 桃红复含宿雨，柳绿更带朝烟。
> 花落家童未扫，莺啼山客犹眠。
> （《田园乐（其六）》）

"桃红"是情感的美，"柳绿"是生命的真。一切都处于自然状态，花儿静静开谢，鸟儿处处啼鸣。

好友裴迪来了，王维心无羁绊，得意忘形间成诗一首：

> 寒山转苍翠，秋水日潺湲。
> 倚杖柴门外，临风听暮蝉。
> 渡头余落日，墟里上孤烟。
> 复值接舆醉，狂歌五柳前。
> （《辋川闲居赠裴秀才迪》）

从四十五岁到五十五岁，住在辋川别墅里的王维好像活在梦中一般。

可到了公元 756 年 6 月，安禄山的队伍来了。

王维成了安禄山的俘虏，被押解到洛阳。

一代田园诗人的辋川梦，从此破碎。

王维之"科头箕踞"：
正经，但没正形

【成语】科头箕踞

【释义】科头：不戴帽子；箕踞：两腿分开而坐。不戴帽子，席地而坐。比喻舒适的隐居生活。

【出处】唐·王维《与卢员外象过崔处士兴宗林亭》诗："科头箕踞长松下，白眼看他世上人。"

王维初次见崔兴宗，还是和崔氏刚认识的时候。

那时兴宗尚是一个十几岁的少年，人聪明，也爱读书，可就是有点不拘礼节。崔家父母每每会对兴宗生气，怪他不循规蹈矩，仕进之心不强。

王维和崔氏成亲后，崔兴宗也跟着到了长安。和王维在一起时，兴宗总爱问一些佛道方面的问题，听说终南山是个隐居的好地方，他竟也有了隐居的念头。

内弟有隐居之意，王维颇能理解。想自己自十七岁时开始在终南山隐居，那样的生活虽然清苦了些，但毕竟逍遥自在，心无挂碍。

有了姐夫的默认，没过多长时间，崔兴宗就一头扎进了终南山。

崔兴宗在一处山林边盖了一间茅屋，又建了一个亭子，从此隐居下来。

在京城为官的王维一有空就会去山里看望他，有时也会带着朋友去赏景、喝酒、作画、吟诗、弹琴，一起享受远离尘俗的山水之乐。

那一日，王维还特意为兴宗画了一幅写真。写真上的兴宗把酒临风，逸兴云飞。

在王维的引荐下，崔兴宗先后结识了王缙、卢象、裴迪、丘为等多位文朋诗友，俨然一个复活了的陶渊明。

他更不注意自己的外表了，整日蓬头垢面，趿拉着一双破旧的草鞋，粗茶淡饭，放浪度日。

开元十九年（公元731年），崔氏因病去世，王维和崔兴宗在此后很长一段时间内，都处于失去亲人的巨大悲痛之中。

因名声在外，崔兴宗于开元二十二年被请进了宫。有了官衔，还跟着玄宗皇帝去了洛阳，赴洛阳前，王维前来送行并写了《送崔兴宗》一诗：

> 已恨亲皆远，谁怜友复稀。
> 君王未西顾，游宦尽东归。
> 塞迥山河净，天长云树微。
> 方同菊花节，相待洛阳扉。

崔兴宗无心当官，也不善当官，一接触官场他就觉得浑身不自在，那种虚情假意的客套和逢迎拍马的游戏，实在不是他能做出来的。没过多长时间，他就请辞，重新回到了终南山。

那个夏日，王维又来看他了，一同来的还有王缙、卢象、裴迪。

崔兴宗正在一棵松树下的大石头上坐着，伸着长腿，仰着脸。看到几个朋友来了，崔兴宗也不起身，只抬手指了下身旁的那个凉亭，道："几位坐，屋内有茶水。"

都知道主人性格，所以几人就说说笑笑地在亭子里坐下了，作画的开始作画，吟诗的开始吟诗，长啸的开始长啸。

过了一会儿，裴迪提议以《过崔处士兴宗林亭》为题，各作一首七言绝句。

大家都说好。

王缙先来：

> 身名不问十年馀，老大谁能更读书。

> 林中独酌邻家酒，门外时闻长者车。

卢象接着：

> 映竹时闻转辘轳，当窗只见网蜘蛛。
> 主人非病常高卧，环堵蒙笼一老儒。

众人鼓掌叫好，然后裴迪起身吟道：

> 乔柯门里自成阴，散发窗中曾不簪。
> 逍遥且喜从吾事，荣宠从来非我心。

"'逍遥且喜从吾事'，这也是我们大家的心愿啊！"王维大声感叹道，"好，下面轮到我了。"

> 绿树重阴盖四邻，青苔日厚自无尘。
> 科头箕踞长松下，白眼看他世上人。

王维刚诵完自己的事，亭内的几人就一齐把目光投到崔兴宗身上。"科头箕踞，真的是太形象了！"裴迪朗声笑着，张开双手比画出一个簸箕的形状，"摩诘兄这个词造得好。"

崔兴宗从茅屋内端着一壶酒过来，听王维说他"科头箕踞"，竟也是忍俊不禁。

"都是性情中人，只要高兴就好，仪表毕竟只是表面上的东西。"崔兴宗将酒放在几人面前的石桌上，然后自己斟了一杯，端起来吟诵道：

穷巷空林常闭关，悠然独卧对前山。

今朝忽枉嵇生驾，倒屣开门遥解颜。

"今天你的鞋没倒穿。"崔兴宗话音刚落，卢象就看着他的脚调侃。

亭内自然又是一阵欢声笑语。

多年后，崔兴宗去了蜀地。一个人的时候，王维时常会想起这个知音般的内弟，想起两人共处的一幕幕。

等到再次见面，崔兴宗和王维都已年过半百了。王维感慨于岁月的无情和人情的复杂，写下了这首《崔兴宗写真咏》：

画君年少时，如今君已老。

今时新识人，知君旧时好。

王维之"阳关大道"：
一路向西，奔大漠

【成语】阳关大道

【释义】原指古代经过阳关通向西域的大道，后泛指宽阔、光明的道路，也比喻好的出路、办法。

【出处】唐·王维《送刘司直赴安西》诗："绝域阳关道，胡沙与塞尘。"

　　王维的心是属于山水和田园，属于琴棋书画，属于佛和禅的，他身在官场，心却总处于不在场的状态。

　　他的心也不属于边关塞外。

　　但不属于并不等于完全隔绝或永无联系，就如他和官场的关系一般。

　　开元二十五年（公元 737 年）春天，三十七岁的他还不是被朝廷派往了河西？

　　虽然不是贬官，虽然是以监察御史的身份去的，虽然河西节度使崔希逸送给他的也是满满的热情，但那延伸在茫茫沙漠中的西去之路，那种随时要应对战事发生的边关生活，却让他深深体会到一种难言的绝望和孤独：

　　"大漠孤烟直，长河落日圆"（《使至塞上》），画面的确壮美，但却美得让人感到身如"飞蓬"，无所依托。

　　"暮云空碛时驱马，秋日平原好射雕"（《出塞作》），平静的表面下，危机四伏，战争哪里会是游戏？

　　"关山正飞雪，烽火断无烟"（《陇西行》），漫天飞雪，连军情紧急的烽火都不能放了。

　　那次，王维虽然只是到了凉州（现甘肃武威），并没有去更远的西域，但这不到一年的经历，却让他对传说中的"阳关道"有了最直接的印象。

　　从河西回来，王维眼里的宫中现实离理想越来越远，所以，三年后，再被派往岭南时，他竟有了一种逃离的感觉。

　　京城，变成了一个让王维又怕又难以摆脱的地方。

　　他已在城南山林里选定了一个隐居的地方，他尽可能多地将时间消磨在那里，特别是拥有了辋川别墅以后，寄情于山中日月，他更是不想上朝了。

他越来越珍惜来自周围的那些稀缺的人间温情，他享受和好友在一起的快乐时光，他讨厌猜测、妒忌、算计、奉迎，讨厌把生活环境弄得乱七八糟的那些人和事。

官道充满凶险，而西北边塞的形势也是越来越紧张了。

更多的兵士被征去西域，王维身边的官员朋友也不断地被派往安西都护府。

他担心着这些朋友的安危，也从内心深处希望他们能到地方助力那些将帅，让大唐边关重返平静。

刘司直被派往安西了。王维在送行时，仿佛已经看到了大西北的无边沙尘和荒寂：

绝域阳关道，胡沙与塞尘。
三春时有雁，万里少行人。
苜蓿随天马，葡萄逐汉臣。
当令外国惧，不敢觅和亲。
（《送刘司直赴安西》）

阳关，通往西域的必经关隘，与北面的玉门关遥相呼应。出了两关，前面就是茫茫大漠了。

去安西，必走阳关道。

几个月后，元二也要出使安西了，王维专程跑到渭城（咸阳）来相送。

早晨，刚下过一阵小雨，街边的房顶都被雨水冲刷一新，那些飘摇的柳枝更柔更绿了。王维在酒馆内看着面前的元二，心中充满惆怅。

好像一切都在酒里了，心情一如外面的小雨，它让友情之树更加纯净，也为之增加了一些湿漉漉的沉重。

"再喝一杯吧，过了阳关，可就不易再见到老朋友了！"王维在分手的最后时刻，举杯劝道。

渭城朝雨浥轻尘，客舍青青柳色新。
劝君更尽一杯酒，西出阳关无故人。
（《送元二使安西》）

王维用酒和诗为元二送行。

在城门口，王维看着元二乘坐的马车渐行渐远，直至消失。

展现在元二面前的，是通往阳关的漫漫征途。

李白之"仙风道骨"：
两只"仙鸟"来相会

【成语】仙风道骨

【释义】骨：气概。仙人的风度，道长的气概。形容人的风骨神采与众不同。

【出处】唐·李白《大鹏赋序》："余昔于江陵见天台司马子微，谓余有仙风道骨，可与神游八极之表，因著《大鹏遇希有鸟赋》以自广。"

唐中宗神龙元年（公元705年），剑南道绵州昌隆县青莲乡，一个五岁的孩子在父亲的指点下，开始发蒙读书。

这孩童的母亲在怀孕时曾梦见太白金星，所以孩子一问世，父亲李客就给儿子取了一个简单而明亮的名字：李白。

小李白天资聪慧，认字快，读书也快，几乎能达到过目成诵的地步。十岁时，他已读遍诸子百家，并逐渐显露出过人的才华，十三四岁时，便可出口成章。

读书期间，李白不安分的一面也表现了出来，他喜欢四处游玩，特别喜欢到离家不远的那座匡山上去。

李白长到十五岁，父亲把他送到匡山脚下的大明寺里读书学习。

匡山环境清幽，李白在这里不仅系统地读了《诗经》《楚辞》和乐府诗歌，还常常在美景面前诗兴大发，创作了不少诗赋。

李白也喜欢跟寺里的道士学习剑术。似乎骨子里就有侠客的基因，李白学起剑来总是得心应手，进步神速，以至连教他的道士也常常自叹不如。

在吟诗和练剑时，李白脑中总会生发出一些奇幻的想象，他觉得自己就是一个救世者，是一个世外高人，一个随时可以展翅高飞的鹏鸟。

十七岁那年，听说匡山深处住着一位年已过百的老道士，李白就翻山越岭去找老道士所在的神奇地方，可惜最后没有找到，他很是失望，赋诗《访戴天山道士不遇》表达自己的心境：

犬吠水声中，桃花带露浓。
树深时见鹿，溪午不闻钟。

野竹分青霭，飞泉挂碧峰。

无人知所去，愁倚两三松。

一日，寺里新来了一位和李白年龄相仿的小道士，这小道士生得眉清目秀，性格活泼健谈，李白和他在一起时，总会感到很快乐。

慢慢地，两个少年成了好朋友。

小道士姓元，名宗林，号丹丘，他说他认识那个名叫司马承祯的道士高人。

元丹丘还跟李白说了很多外面的奇闻，李白听了，心动不已，有了离家远游的强烈冲动。

十八岁，李白开始行动。第一站去了梓州，在那里他遇见了隐士赵蕤。

赵蕤在当地名气很大，懂得多会得也多。李白拜其为师，开始学习剑术、道术和《长短经》。在读书学剑之余，李白还顺便跟赵蕤学了点驯鸟之术。

二十岁那一年，李白再离家乡，来到成都。春天，他见到了来此任"益州大都督府长史"的许国公苏颋，苏颋对李白赞赏有加，鼓励他继续深造。

赵蕤的教导和苏颋的鼓励使李白信心大增，在登游峨眉山后，李白又带着自己的诗作来到渝州（今重庆），他要拜见渝州太守李邕，如果一方大员对他刮目相看，那他的前途就要光明多了。

可是事与愿违。见面后，李邕对李白的诗作和想法竟然一点也不上心，根本没把这个年轻人放在眼里。

受到冷遇的李白，一气之下写了《上李邕》：

大鹏一日同风起，扶摇直上九万里。
假令风歇时下来，犹能簸却沧溟水。
世人见我恒殊调，闻余大言皆冷笑。
宣父犹能畏后生，丈夫未可轻年少。

小看我李白？轻我年少？我是待飞的大鹏鸟你知道吗？哼！

这年冬天，李白回到自己家乡，在匡山书院开始新一轮的闭关修炼。

三年后，二十四岁的李白终于做出了"仗剑辞国，辞亲远游"的决定——他要正式出蜀了。

晓峰如画参差碧，藤影风摇拂槛垂。
野径来多将犬伴，人间归晚带樵随。
看云客倚啼猿树，洗钵僧临失鹤池。
莫怪无心恋清境，已将书剑许明时。

（《别匡山》）

家乡美，家乡亲，但诗人宏愿在胸，他要去远方，用热情和才情去实现自己的梦想了。

峨眉山月半轮秋，影入平羌江水流。
夜发清溪向三峡，思君不见下渝州。

（《峨眉山月歌》）

抛掉所有的思念和顾虑，踌躇满志

63

地登上江船，一路向东，出了巴东，来到了古老神秘的荆楚之地。

在江陵，李白与好友元丹丘意外相遇，元丹丘告诉他一个好消息：那个资深老道司马承祯这几日就在江陵。

天降机缘，岂能错过！李白立即动身去寻找司马承祯的住处。

功夫不负有心人，经过多方打听和寻找，李白终于见到了司马承祯。

能够站在仰慕已久的偶像面前，李白既高兴又激动。

对话中，两人都感受到了对方的与众不同。

司马承祯看见到访的这个年轻人仪表出众，听其谈吐也颇为不俗，禁不住发出赞叹："仙风道骨，可神游八极之表。"

二人相谈甚欢，彼此大有相见恨晚之感。

司马承祯离开江陵后，李白越想越觉得司马承祯就像那个《神异经》中的"希有鸟"，而自己就是"大鹏鸟"，两只鸟都拥有广阔的天空，都能达到俗鸟所不能至的高度。

多年后，李白还对这次会见念念不忘，最终促成他写了这篇《大鹏遇希有鸟赋》：

余昔于江陵，见天台司马子微，谓余有仙风道骨，可与神游八极之表。因著大鹏遇希有鸟赋以自广……

于是，在后人的心中，"仙风道骨"就成了大诗人李白的标志性形象。

诗人卡片

李白（701—762），字太白，号青莲居士，又号谪仙人。祖籍陇西，出生于西域碎叶城，幼时随父迁至剑南道绵州（今属四川省南充市）。唐朝最著名的浪漫主义诗人，被后人誉为"诗仙"，与杜甫合称"李杜"。诗歌奔放豪迈，意境开阔奇妙，对后世影响巨大而深远。代表作有《望庐山瀑布》《行路难》《将进酒》《梁甫吟》《早发白帝城》等多首。

李白之"青梅竹马"：
记得那年，我们都还年幼

【成语】青梅竹马

【释义】青梅：青的梅子；竹马：儿童以竹竿当马骑。形容小儿女天真无邪玩耍游戏的样子。现指男女幼年时亲密无间。

【出处】唐·李白《长干行》诗："郎骑竹马来，绕床弄青梅。同居长干里，两小无嫌猜。"

李白拜别司马承祯，经江夏、荆门、浔阳，在庐山欣赏到了"飞流直下三千尺"的瀑布奇观，又在芜湖看到了"碧水东流至此回"的天门山美景，然后继续顺江而下，在开元十三年（公元725年）的秋天，来到了风流繁华地——金陵（今南京）。

金陵是李白少年时就向往的地方，所以他准备多待一些时日，好好体验一下这个古都的文气和王气。

这一日，他游赏了如玉带延展的秦淮河，之后又信步走到南边不远处的长干里。

长干里那条街两旁多是做生意的人家，人来人往，热闹非凡，嘈杂中带着独特的乡韵。李白浏览着那些从前没见过的货物和建筑，也期待着从那些院落和街巷中窥到旧朝的痕迹。

在长干里，李白逗留了多日。

又一日，李白来到街区尽头的一户人家门前，看到有一位年轻女子倚在门旁，一脸的忧郁。

此后几天每次见到她，都是如此。

在一个偶然的机会里，李白和那女子搭上了话。

谁知没说上几句，女子就开始向李白诉起苦来："我现在整天提心吊胆的，夫君三年前就乘船到巴东去卖货去了，直到现在还没有回来，这中间，我连一点他的消息也没有听到，你说这可怎么办？"

李白听了，内心一惊，他深知这一条水路的艰险，特别是三峡那一段路程。江岸沿线，还时有强人出没。刚出蜀时，他就听说在洞庭湖附近总有歹人出没，杀人越货之事时常发生。

"说不定你的夫君很快就会回来，路途遥远，一来一回，也不是三月两月的事。"李白安慰女子。

女子叹了一口气："嫁入船商家，日子竟这样难熬。小时候，我们就一块玩耍，原以为结婚后会长相厮守，没想到却是聚少离多。"

"你俩从小就认识吗？"李白有些好奇。

女子脸上漾出了笑意，似乎回到了美好的往事中，少顷，又像是刚从梦中醒来一般，她抬起手，指了对面的一个院门，轻声说道："我娘家就在那里，年幼时，我和夫君就经常在一起做游戏，有时他来我家，有时我去他家。记得那时，他经常把竹竿当马，'骑'着来找我，有时还骑着竹马在街上大呼小叫。他见我喜欢小花小草，就会采来好看的花草来讨好我，他还会摘下青梅来逗我，围着院里的井栏跑，直到我追上他，他才会把手中的青梅给我。"

"你们何时结婚的呢？"李白问。

女子抬手轻抚了一下刘海，道："我是十四岁嫁给他的，他那年十六岁。想起成婚的那晚，我在他面前羞得不敢抬头，本来是再熟悉不过的两个人，乍一成了夫妻，竟然不好意思起来。他小声喊我的小名，我坐在床边，面对着墙角，大半天都没有勇气抬头。"

说这话时，女子的脸上泛起了红晕。

李白静静地听着，想象着那个洞房之夜的美好情景。

"他非常爱我，我也非常爱他，我们在一起生活了一年多，每一天都开开心心的，感觉谁也离不开谁，在夜里我们不止一次互相发誓，白头到老，永相厮守。"女子说着，摇了摇头，道："可他毕竟是船商的孩子啊，到了十八岁，他就要出门挣钱去了，没想到这一走就是这么长时间。他走之后，夜晚我经常会梦见他，白天我就在门口等，有时也去河边等。问那些归来的船家，也都不知他的消息。有时，我脑子里都会有很不好的想法。"

"终是会来的。"李白以安慰的语气说道，"你也不用想得太多。"

女子低头看着门前的小路，说道："他走后，门前就好像荒了似的，地上都起了青苔，一看到那些青苔，我就觉得那是他以前留下的脚印生出的。看到双飞的蝴蝶在花丛中戏舞，我就会变得伤感，觉得蝴蝶是在故意气我。我现在多希望能看到他寄来的家信，他要是提前告知回家的消息，我会立即前去迎他，哪怕是迎到七百里外的长风沙，我也不嫌远！"

女子的语气很坚决，眼眶里似乎要溢出泪来。

李白被女子的真情深深打动。

晚上回到住处，李白眼前还不时浮现出那女子的模样，又想到她那生死未卜的夫君，李白很想写一首诗。

于是，就有了这首《长干行》：

妾发初覆额，折花门前剧。
郎骑竹马来，绕床弄青梅。
同居长干里，两小无嫌猜。

十四为君妇，羞颜未尝开。
低头向暗壁，千唤不一回。

......

爱的最初，总是美好的。但当爱融进现实，就会生出太多的无奈和叹息。

李白之"别有天地"：
因为你俗，所以不懂

在襄阳，李白终于见到了崇拜已久的诗人孟浩然。

孟浩然身处鹿门山，整日林泉高卧，吟风弄月，很是安闲自在，在一段时间的交流和游赏之后，两人依依惜别，离别之际，李白写诗相赠：

> 吾爱孟夫子，风流天下闻。
> 红颜弃轩冕，白首卧松云。
> 醉月频中圣，迷花不事君。
> 高山安可仰，徒此揖清芬。

（《赠孟浩然》）

在李白的心目中，孟浩然就是一个志趣高洁、超然脱俗的隐士，而他自己也非常向往那种神游物外、无拘无束的生活。

好多年了，李白脑海中常常会浮现出那个传说中的云梦大泽的形象。这云梦泽是他少时读司马相如的《子虚赋》后知道的，文中说那里方圆九百里山势高耸险峻，遮天蔽日，拥有色彩缤纷的土壤，拥有奇花异草和珍禽异兽，风景美不胜收，令人无限神往。

云梦泽位于安陆之南。

拜别孟浩然后，李白直向安陆而去。

这是开元十五年，李白二十七岁。

到了安陆，李白如愿见到了云梦大泽，眼前的云梦泽虽然和书里描绘的相差很大，但也是美景处处，让人留恋。

走出云梦泽，李白又来到了一座山下。在登山途中，李白体验到了那种峰回路转、寻幽探胜的感觉，眼前峰峦叠嶂，山谷清溪长流，处处鸟语花香。

据当地人讲，这山名叫碧山。李白心想：若是能在这里长期住下来，也不失为一件美事。

这样想着，缘分就到李白身上来了。

在安陆逗留期间，李白遍访名胜，广交朋友，结果就被一个人瞄上了。这个人叫许梓芝，是祖居本地的一个员外，他的父亲就是唐高宗时期的宰相许圉师。

许梓芝见李白相貌俊朗，才华横溢，就想把他招为上门女婿。当中间人给李白说了这事之后，一开始李白不能接受，等见到了那个名叫许紫烟的女子，李白觉得她端庄贤淑，善解人意，又想到这安陆的确是一个宜居之处，于是就答应了这门婚事。

李白和许紫烟结了婚，便在安陆定居下来。

定居，只是说确定了家庭住址，李白的行踪依旧是飘忽不定的。整天待在家里，写诗的灵感哪里来？又如何实现自己的远大理想？

出游回来，李白也不太想住在俗人聚集的地方。在安陆生活了几年，他又在碧山桃花岩上筑了一间石屋，以便自己在世俗生活以外，也能有一个体验隐士生活的去处。

在那远离人间烟火的桃花岩上，李白可对山长啸，对水低吟，看花开花落，赏月圆月缺。如有诗友来访，可尽情饮酒唱和，松下狂歌。

更多的时候，都是他独来独往，自得其乐。

经常会在山下遇到那些干活的农人，也会在山上碰到砍柴的樵夫，这些人每每会对迥于众人的李白投去不解的眼光。

有一天，一个樵夫终于忍不住向李白发问了："先生，许员外在我们这儿也是个大户人家，你不在家里享福，整天跑到这山上来干什么呢？"

李白正望着远山出神，听到问话，他客气地给那樵夫回了一个微笑，算作回答。

等樵夫走远，李白看着眼前一条叮咚远去的小溪，沉吟片刻，一首诗便脱口而出：

问余何意栖碧山，笑而不答心自闲。
桃花流水窅然去，别有天地非人间。
（《山中问答》）

在李白的心目中，安陆的碧山就是"别有天地"的"非人间"，是世外桃源，是仙界。

也许正是因为这座碧山的存在，李白在安陆这一站一停留就是十年。

李白之"浮生若梦":
春夜桃花亲情宴,杯酒歌诗颂华年

【成语1】百代过客

【释义】指时间永远流逝。

【成语2】浮生若梦

【释义】浮生:空虚不实的人生;若:像。把人生当作短暂虚幻的梦境。谓世事无定,生命短促,如梦幻一般。后称"人生"。

【成语3】天伦之乐

【释义】天伦:旧指父子、兄弟等亲属关系。泛指家庭的乐趣。

【出处】唐·李白《春夜宴从弟桃花园序》:"光阴者,百代之过客也。而浮生若梦,为欢几何。""会桃花之芳园,序天伦之乐事。"

住在安陆的日子里,李白难免会常常想起四川老家,想起已多年不见的故乡亲朋。

有时,站在碧山的桃花岩上,李白会有置身匡山的错觉,小时在匡山大明寺读书、学剑、研习道术的情景恍然如昨。

又是一个春天到来了,桃花岩上的桃花都开了,灼灼其华,如梦似幻。

"古人无复洛城东,今人还对落花风。年年岁岁花相似,岁岁年年人不同。"傍晚时分,在一片桃林前,李白轻声吟诵着刘希夷的诗句,心头竟莫名地有些惆怅。

正沉吟间,忽然听到山路上有人过来。李白定睛看着来路,很快,一个熟悉的身影出现在眼前。是山下家里的管家,他的身后,跟着三个年轻的男子。

几人走近,李白才看出随管家而来的原来是老家的三个堂弟。

笑容,立即在李白的脸上绽开。

"嗬,好容易才找到你,敢情你躲到这里,过起逍遥自在的日子来了哦!"一堂弟走近李白,笑着说道。

李白忙前去迎接远道而来的兄弟,激动得一时不知说什么好。又见面前几人的脸上已没有了记忆中的稚气,李白心里禁不住暗自感慨。

"几位客人找到山下咱们家,我觉得这阵子你很少回去,所以就把他们带到这儿来了。"管家道。

李白连连点头，对管家说："带这里好，带这里好！晚上我就在这里招待我的几位弟弟。"

管家回去后，李白便领着三位堂弟登山看景。

春光无限好，放眼皆美景。桃花把一个山头都要染红了。

"你可真会选地方啊，那你住在这，家里嫂子怎么办？"一堂弟问。

李白答道："我并不是天天都在这，隔两天就回去，家人自有管家和下人照应，我想在这里寻一份清净，也想想自己以后的路该怎么走，毕竟，已是过了而立之年的人了。"

年龄最长的那位堂弟立即接话道："是啊，自你上次辞家远游，一转眼就快十年了，当时我们几个还都是十来岁的孩子。老家人都说你是大才，走出去一定会宏图大展，有所作为的。受你的影响，我们三人也都开始爱上了读书写诗。"

"读书总是好的。但现在我习惯了云游和隐居的生活，能否入仕，那就要看机缘了。"李白在一块大石上站住，望着远方说道。

不觉日已落山，暮色渐起。李白对三位堂弟道："天色已晚，等会咱们就在我的石屋里用餐，晚上睡觉也完全没问题。菜都是山里的野味，虽不丰盛，却别具风味，酒也是安陆本地有名的米酒，非常好喝。"

三兄弟同声叫好。

石屋内，兄弟四人围桌而坐。桌是石桌，凳是石凳，菜饭简单而地道，酒水醇美而绵柔。

"今晚先这样对付一下，明日带你们去山下的酒楼，再好好享用一顿。"举杯前，李白说道。

"这样就很好，这里有山下没有的清风明月，桃花流水，吃什么，还用太在意吗？"大堂兄说。

四人同时举杯。

席间，三兄弟跟李白说了老家这些年的人事变化，说了来找李白这一路的艰辛。李白也向他们讲述了当初从老家来安陆的经过，又说到在洞庭故去的旅伴吴指南，说到在长安与那些少年浪游的情景，说到与"五陵豪"交友的趣事。

"时间如流水，回想过去，就如做梦一般，想当年，我们是那样的无忧无虑，现在能在这桃花岩相聚，这是一件多么快乐的事啊！其实人无论在何时何地，都应把握现在，及时行乐。"李白意味深长地说。

"是啊，岂能辜负这桃花岩，岂能辜负这大好春光。来，我们一起饮酒咏诗，谁咏不出，就罚酒三杯！"大堂兄提议道。

兄弟们有此雅兴，李白非常高兴，他首先写下了这篇《春夜宴从弟桃花园序》：

夫天地者，万物之逆旅也；光阴者，百代之过客也。而浮生若梦，为欢几何？古人秉烛夜游，良有以也。况阳春召我以烟景，大块假我以文章。会桃花之芳园，序天伦之乐事。群季俊秀，皆为惠连；吾人咏歌，独惭康乐。幽赏未已，高谈转清。开琼筵以坐花，飞羽觞而醉月。不有佳咏，何伸雅怀？如诗不成，罚依金谷酒数。

有李白领头，大家边饮酒边赋诗，酒兴助着诗兴，才情连着亲情。

小小的石屋内，不时漾起阵阵欢声笑语。

欢聚总有离别时。两日后，三兄弟返家。

送走老家兄弟，李白思前想后，自是一番感慨。

几位堂弟对未来都充满了美好的期待，李白突然觉得自己的未来变得有些模糊了。

李白之"杀人如麻"：
诗仙的杀人诗与侠客梦

【成语】杀人如麻

【释义】如麻：像乱麻一样数不清。杀死的人多得像乱麻。形容杀的人多得数不清。

【出处】唐·李白《蜀道难》诗："朝避猛虎，夕避长蛇；磨牙吮血，杀人如麻。"

剑阁峥嵘而崔嵬，一夫当关，万夫莫开。

所守或匪亲，化为狼与豺。

朝避猛虎，夕避长蛇；磨牙吮血，杀人如麻。

锦城虽云乐，不如早还家。

蜀道之难，难于上青天，侧身西望长咨嗟！

这是李白《蜀道难》一诗的最后几句，意思是蜀道中的剑门关非常险要，驻守此地的官员如不是信得过的人，就会占据此有利地势图谋造反。并且在这个地方还要整天地提防猛虎和毒蛇，它

们磨牙吮血，杀人如麻，令人胆寒。成都虽然是块乐土，但还是早早回家的好，因为蜀道太难走了，甚至比登天还难！

李白在诗句中，用了"杀人如麻"这个成语，是想说蜀道上歹人和野兽的可怕。在这里，"杀人者"绝对是李白惧怕和痛恨的。

但对有些"杀人者"，李白则是赞赏，甚至是崇拜的，不信，就请看下面他的这首《白马篇》：

龙马花雪毛，金鞍五陵豪。

秋霜切玉剑，落日明珠袍。

斗鸡事万乘，轩盖一何高。

弓摧南山虎，手接太行猱。

酒后竞风采，三杯弄宝刀。

杀人如剪草，剧孟同游遨。

发愤去函谷，从军向临洮。

叱咤经百战，匈奴尽奔逃。

归来使酒气，未肯拜萧曹。

羞入原宪室，荒淫隐蓬蒿。

诗中赞颂的是一个受皇帝赏识的五陵豪侠，功夫了得，且养尊处优。他喜欢和那些侠客一起四处云游，喝酒舞刀，杀坏人就如除草一样。当国家边关告急时，他就报名参了军，在战场上勇猛杀敌，屡立战功。得胜回来后，不去攀附权贵，也不退隐江湖，豪气依旧，侠义不减。

其实，李白在年轻时，就很想成为这样一个侠客。

少年时期，李白就开始做侠客梦了。十多岁在大匡山读书时，他就对剑术产生了浓厚的兴趣，到了十八岁，李白拜梓州长平山的隐士赵蕤为师，不仅学了道术和纵横术，还专门学了剑术。

此后，李白便开始剑不离身了。遇到江湖上的豪杰，能结交的也尽可能去结交。

忆昔作少年，结交赵与燕。
金羁络骏马，锦带横龙泉。
（《留别广陵诸公》）

整日骑着饰金的骏马，腰佩龙泉宝剑，十足一个风光无限的翩翩少年郎。

开元十二年（公元724年），二十岁的李白要出蜀了，走的时候自然要带着宝剑的——"仗剑去国，辞亲远游"。

漫游的路途绝不是一帆风顺的。在蜀中，李白结识了同道吴指南，两人一同沿江而下，一路上彼此关照，赏景对

酌，可谓情投意合。不料到了洞庭后，吴指南却突然患上重病，不治身亡。为此李白伤心极了，在好友尸体边守了几天后，含着悲痛将其埋了。一段时间后，李白觉得当时把好友葬得有些潦草，就又专程赶过来为其改葬，这已是后话了。

李白沿着长江，到了金陵，后又到了扬州。在扬州这个花花世界，李白充分展现出自己豪气的一面，尽情玩乐，广交朋友，不到一年时间就散金三十余万，以致最后到了窘迫潦倒的地步。

到了安陆，李白结婚了。婚后的李白依然保留着那股侠气，不闯荡闯荡，不闹出点动静，似乎对不起自己的大名——不闹"白"不闹，闹了也"白"闹。

开元十八年（公元730年），李白来到了京城长安。上文引用的那首《白马篇》，就是李白此次来到长安后写的。

在京城，李白大概也希望自己能像诗中的五陵豪客一样，通过玩斗鸡得到皇帝赏识，然后再参军戍边，建功立业。所以，他开始和城中的那些小混混们玩起斗鸡游戏来。

玩着玩着，双方就玩出了矛盾，那一天，矛盾终于激化，李白和对方竟然动起武来。虽然李白带有宝剑，但对方人多，且多是亡命之徒，他们手持木棒、菜刀、石块各种武器，将李白团团围了起来。

学过的剑术也似乎用不上了，眼见李白就要吃大亏，幸好那个名叫陆调的

哥们儿，及时喊来了管治安的官吏，李白才幸免于难。

三年后，李白来到襄阳，在这里，他给荆州长史兼襄州刺史韩朝宗写了一封信，希望受到接见并得以引荐，结果没能如愿。李白很是懊丧，到了第二年，他又给那个在襄阳当县尉的堂弟李皓写了一首诗，写诗的主要目的是求助，在求助之前,他还不忘说说自己的"当年勇"：

> 结发未识事，所交尽豪雄。
> 却秦不受赏，击晋宁为功。
> 托身白刃里，杀人红尘中。
> （《赠从兄襄阳少府皓》）

诗中称自己喜欢和仗义之人结交，帮助别人也不求回报，为朋友可以两肋插刀，也曾因此杀过人。

当然，杀过人应该指的是打架斗殴之事，如果真出了人命，估计李白也不敢这么坦白。

尽管一次次地碰壁，一次次地遭遇挫折，也曾有过"停杯投箸不能食，拔剑四顾心茫然"的时候，但李白的侠客梦似乎一直没有破灭。

在从翰林供奉的位置上被赐金放还后，李白和杜甫相识了，两人还一起漫游了齐鲁大地。在齐州（今济南），李白又开始重拾心中的侠客梦了，还特意写了首《侠客行》：

> 赵客缦胡缨，吴钩霜雪明。
> 银鞍照白马，飒沓如流星。
> 十步杀一人，千里不留行。
> 事了拂衣去，深藏身与名。

李白想象着燕赵之地侠客们的帽子和吴钩宝剑，想象着他们的白马和马背上的银鞍，想象着马如流星般地飞奔，想象着侠客杀人技术的高超，想象着他们洒脱来去，无牵无挂，神秘莫测。

他多么渴望自己也能拥有这样的快意人生，但梦终究是梦，每日要面对的是眼前的现实，是纷乱的世事和复杂的人。而人心，有时则是最具杀伤力的武器，正如李白自己所言：

> 心为杀人剑，泪是报恩珠。

李白贺知章之"金龟换酒"：
有身份的人还怕没酒钱？

唐玄宗天宝元年（公元742年）。秋日。长安紫极宫门前。

到处都是熙熙攘攘的游人和香客。

虽是第二次来长安，但在繁华背后，李白还是感受到了身在异乡的孤独，但念及很快就要进宫面圣，抑制不住的喜悦又瞬间袭上他的心头。

快到中午了，李白打算游完紫极宫就回客店休息，第二天一早再进宫。

正沉思间，突然看到前面过来一群人，为首的那位老者须发皆白，目光深邃。

"是秘书监的贺知章贺大人来了。"李白听到身后有个人小声说道。

"就是贺大人！我以前在街里见过他的，他最爱喝酒了，人家都喊他'酒仙'。"另一人应道。

一听到贺知章的名字，李白心里一动，马上就想到那首著名的《咏柳》诗：

> 碧玉妆成一树高，
> 万条垂下绿丝绦。
> 不知细叶谁裁出，
> 二月春风似剪刀。

面前就是那个年过八旬的"四明狂客"，李白岂能无动于衷？

快速地调整一下情绪，李白三步并作两步赶到贺知章面前，深深地施了一礼："拜见贺大人。"

"一边去，你是干什么的？"一位随从冲李白喝道。

贺知章抬手示意，让随从退到一边，然后笑望眼前的这位不速之客，以和善的语气问道："请问你是？"

"在下李白，很荣幸能在此遇见贺

大人。"李白又施一礼。

"你就是李白？那个才高八斗的李太白？"贺知章惊喜地问。

"正是在下！才高八斗不敢当。"李白谦恭地答道。

贺知章喜形于色，上下打量了李白一番，重重地点了点头，又自言自语般地叹道："青莲居士，果然名不虚传！"

"居士的名声在京城很响啊，只是一直没机会再读你的新作，今日得见，能否让老夫开开眼？"和李白并排向宫观里走着，贺知章问道。

"在下偶有诗作，也多是随性为之，今天身上恰巧带有之前写的几首诗，既然贺大人不嫌弃，那我就不揣浅陋，请您当面指教了！"李白说着，从袖口拿出一沓诗稿。

贺知章接过诗稿，展开，一首又一首地默声读下去，最后读到的是《蜀道难》：

噫吁嚱，危乎高哉！蜀道之难，难于上青天！

蚕丛及鱼凫，开国何茫然！

尔来四万八千岁，不与秦塞通人烟。

……

锦城虽云乐，不如早还家。

蜀道之难，难于上青天，侧身西望长咨嗟！

读罢，贺知章的目光从诗卷上移开，

再次细细打量李白，良久才由衷赞道："太白太白，你简直就是下到凡间的太白金星，你就是谪仙人啊！好，既然今日能与你幸会，那就不要错过，中午我请你喝酒，咱们一醉方休！"

于是，游完紫极宫，李白便跟着贺知章去了附近的一家酒楼。

自然是好酒好菜，自然是宾主尽欢。

虽然两人是初次见面，虽然彼此相差四十多岁，但此时两人却像是心心相印的老朋友，谈古论今，品诗析文，酒无尽，话无尽。

不知不觉间，已是傍晚时分。

两个性情中人都明显地带了酒意。

李白见贺知章已坐不稳身子，就劝道："大人，再喝咱们都要醉了，以后有的是时间，今天就到此为止吧？明日，我还要去见皇上。"

贺知章醉眼蒙眬，挥了下手，大声说道："不碍事，今天高兴，多喝点无妨，皇上那边，我会替你美言的！"

李白只得又陪贺知章多喝了几杯，方才作罢。

要结账时，贺知章喊来店小二，一摸口袋，才发现自己没带银两来。

李白见状道："我身上也只带些零碎银子，不知够不够？"

贺知章连忙正色道："说好的是我请客，哪用得着你付账？没有现钱，好办！"

说完，贺知章就把腰间的金龟袋取

下来，转身递到店小二手里："用这个作抵押，等过天给你送酒钱，再还给我，行不行？"

店小二拿着金龟袋，"这这"了半天，也没说出一句完整的话来。

李白道："这金龟袋可是大人身份的标志，怎可随便作抵押呢？"

贺知章道："不要紧，就这样了！"

言毕，两人相拥着下了酒楼。

后来，李白进了翰林院，成为一名翰林供奉。其间又见了贺知章几次。

两年后，贺知章告老还乡，不久就在老家病逝。李白闻讯，非常悲痛，在一次酒后，他满怀深情地写下了《对酒忆贺监二首》：

四明有狂客，风流贺季真。
长安一相见，呼我谪仙人。
昔好杯中物，翻为松下尘。
金龟换酒处，却忆泪沾巾。

狂客归四明，山阴道士迎。
敕赐镜湖水，为君台沼荣。
人亡余故宅，空有荷花生。
念此杳如梦，凄然伤我情。

这"谪仙人"的美称，和那个"仙风道骨"的美誉，都是别人夸李白的，如果李白不在自己诗文中挑明，别人恐怕也不会知道。从这个角度看，李白还是很自恋的。

诗人卡片

贺知章（约659—约744），字季真，晚年自号"四明狂客"，越州永兴（今浙江省杭州市萧山区）人。擅诗文、书法，与张若虚、张旭、包融并称"吴中四士"；好饮酒，与李白、李适之、汝阳王李琎、崔宗之、苏晋、张旭、焦遂合称"饮中八仙"；亦是"仙宗十友"之一。诗歌代表作有《咏柳》《回乡偶书》。

李白杜甫之"斗酒百篇"：
没了酒兴，诗兴何来？

【成语】斗酒百篇

【释义】饮一斗酒，作百篇诗。形容才思敏捷。

【出处】唐·杜甫《饮中八仙歌》："李白一斗诗百篇，长安市上酒家眠。"

唐玄宗天宝三载（公元744年）的秋天，在东都洛阳的这家酒楼里，杜甫意外地遇到了偶像李白。

那一刻，当朋友指着对面，说那个正在与别人高谈豪饮的白衣男子就是李白时，杜甫激动得差点叫了起来。

然后杜甫就主动走了过去，作揖，自我介绍。

李白报以友好的微笑，并邀杜甫坐下同饮。

"太白先生，这几年我就住在东都的陆浑庄，先生您要是不嫌弃，就到我那儿去住，游东都，我可以为你当导游。"喝完酒，走出酒楼，杜甫对李白发出了邀请。

李白见杜甫虽其貌不扬，但交谈中感觉对方真诚且有涵养，于是便答应了他。

杜甫能有这样的机会和偶像零距离接触，一时觉得好像是在梦中。

两人开始在东都并肩同游。在游赏、喝酒的过程中，杜甫总是非常专注地听李白讲那些在京城发生的奇闻逸事，也了解到了李白在来长安前经历的一些事情。

李白在京城体验过的翰林生活，是杜甫最愿意听的。

"其实也就是那么回事，在皇帝身边又怎么样？"李白以轻描淡写的语气说道。

可李白越是这样说，杜甫对那样的生活越是向往。

李白说："皇上对我倒也客气，我刚入翰林时，他亲自给我调过汤，还在春天邀我和杨贵妃一起去兴庆池赏牡丹花，我当场作了《清平调词三首》，皇上看了那个高兴劲啊，可别提了！"

"是啊是啊，您的《清平调》可不

是一般人能写出来的，那真是神来之笔，难怪皇上和贵妃会那么喜欢你呢！"说着，杜甫就摇头晃脑地吟诵起李白的《清平调》来：

云想衣裳花想容，春风拂槛露华浓。
若非群玉山头见，会向瑶台月下逢。

杜甫刚诵完一首，李白又接着说道：

"一天，我喝得高了点，皇上要我起草诏书，我就让杨贵妃为我磨墨，让高力士为我脱靴子，他们两人心里不情愿，但当着皇上的面又不好拒绝我。我就是故意刁难他们的，平时在宫里那么骄横，我真是看不惯，其他那些大臣也都只会逢迎拍马，与他们为伍，实在没意思。"

"这也是你不想再在宫里待下去的原因吧？"杜甫问。

李白点头道："除此之外，还有一个很重要的原因，在宫里喝酒不自由啊，经常喝着喝着，皇上那边就有事了。尽管如此，我还是尽量找时间去喝酒，感觉诗兴总是跟着酒兴的。"

"我听说过，秘书监的贺大人经常与你一起喝酒，是这样吗？"杜甫又问。

"那还有假？京城里的人都称贺大人为'酒仙'，初次见面，他请我喝酒，因没带酒钱，他就取下身上的金龟袋作抵押，之后我们就经常在一起痛饮，他醉酒后，走路就像在水上坐船似的，

东倒西歪。除了贺大人之外，还有左相李适之、汝阳王李琎、崔宗之、张旭、焦遂等人，有时和他们一块儿喝醉了，我就睡在酒店里，皇上宣诏我也是不理的。"李白不无得意地说。

杜甫听了，觉得这简直有点不可思议，但想到事情发生在李白身上，又觉合情合理。

杜甫对偶像的敬仰之情愈发强烈了，他想问的问题也越来越多。他期待自己也能像李白那样，有朝一日入朝为官，为国效力。

"你啥时开始喝酒的？"杜甫好奇地问。

李白皱眉想了想，答道："去蜀之后才开始喝，在襄阳初遇孟浩然只是尝了一点酒，到扬州才渐渐对酒上了瘾，以后就感觉离不开酒了。"

几日后，两人离开东都，前往开封。

在开封又遇到高适，三人便结伴游开封、宋城、单父等地，之后李白到任城的家，杜甫回东都。

第二年，杜甫又来任城拜访李白，两人一同游了曲阜、兖州、东蒙等地。这期间，杜甫对李白的酒量和诗才更加佩服了。

天宝五载（公元 746 年），三十五岁的杜甫从齐鲁之地来到了长安。初到京城，他总是能听到人们谈论李白的话题，说太白的诗文，说太白的嗜酒，说太白的狂傲和酒脱不羁。杜甫还听说李

白和贺知章等人被称作"饮中八仙"。

想象"八仙"们举杯痛饮的情景，杜甫禁不住自顾自地笑了起来，沉吟间，一首《饮中八仙歌》就在脑中构思完成：

知章骑马似乘船，眼花落井水底眠。

汝阳三斗始朝天，道逢麹车口流涎，恨不移封向酒泉。

左相日兴费万钱，饮如长鲸吸百川，衔杯乐圣称避贤。

宗之潇洒美少年，举觞白眼望青天，

皎如玉树临风前。

苏晋长斋绣佛前，醉中往往爱逃禅。

李白斗酒诗百篇，长安市上酒家眠，天子呼来不上船，自称臣是酒中仙。

张旭三杯草圣传，脱帽露顶王公前，挥毫落纸如云烟。

焦遂五斗方卓然，高谈雄辩惊四筵。

成诗于胸，杜甫眼前仿佛出现李白等人举杯痛饮的情景，朦胧中，他感觉自己也仿佛成了豪饮队伍中的一员。

李白杜甫之"天末凉风"：
我的快乐就是想你

【成语1】天末凉风

【释义】天末：天的尽头；凉风：特指初秋的西南风。原指杜甫因秋风起而想到流放在天末的挚友李白。后常比喻触景生情，思念故人。

【成语2】文章憎命

【释义】憎：厌恶。文章厌恶命运好的人。形容有才能的人遭遇不好。

【出处】唐·杜甫《天末怀李白》诗："凉风起天末，君子意如何？""文章憎命达，魑魅喜人过。"

【成语3】落月屋梁

【释义】比喻对朋友的怀念

【出处】唐·杜甫《梦李白二首》诗："落月满屋梁，犹疑照颜色。"

两年的翰林供奉生活，让李白渐渐心生厌倦。看着玄宗皇帝整日围着贵妃转，而那些朝廷官员也只会干些逢迎拍马之事，一些人还专门找茬挑拨，李白做出了离京漫游的打算。

他向皇上提出辞呈，皇上没有刻意挽留，只是简单地客套了一下，就将他"赐金放还"了。

李白出了长安，感觉心头轻松了好多。三月，路边的杨柳梢头已经发绿，想到自己已是四十四岁的人了，心头又禁不住漫过一阵惆怅。

向东。他准备取道洛阳、开封、宋城（今河南商丘），然后再北上任城（今山东济宁）——那里有他的一双儿女。

直到秋天，他才到达洛阳，在这里，他遇到了一个三十出头，对他崇拜有加的小伙儿。小伙儿名叫杜甫。

后人说这是唐朝两个顶尖诗人一次伟大的会晤。

见面那一刻的杜甫有些落魄，但是满脸真诚。

相识就是缘，两人很快成了朋友。

李侯金闺彦，脱身事幽讨。

亦有梁宋游，方期拾瑶草。

（杜甫《赠李白》）

在杜甫的眼中，李白就是金马门（等候皇上召见之处）中的贤德之士，现在脱离了朝廷的束缚，就可以自由地去寻幽探胜了。杜甫正好也有去开封、商丘一带游览的念头，两人便可一路同行。跟谪仙人一道，说不定真的能采到传说中的仙草呢！

有了伴，李白的旅程就多了些慰藉。到了开封，两人又碰到了诗人高适。三个志同道合的人结伴而行，"气酣登吹台，怀古视平芜"（杜甫《遣怀》），一路上饮酒作诗，互诉衷肠，倒也快活。

李白回到任城老家后的次年，杜甫又专程前来拜访他，还邀他同游齐鲁之地。这次见面，李白还用诗跟杜甫开了个玩笑：

饭颗山头逢杜甫，顶戴笠子日卓午。
借问别来太瘦生，总为从前作诗苦。
（《戏赠杜甫》）

李白说杜甫戴着斗笠、顶着烈日，看上去那样瘦，简直就是一个"太瘦生"，是不是因为以前写诗太辛苦才成的这模样？

其间，两人还骑马至鲁城北，去寻访那个唤作"范十"的隐士：

醉眠秋共被，携手日同行。
更想幽期处，还寻北郭生。
（《与李十二白同寻范十隐居》）

秋天，两人在兖州饮酒话别。杜甫再次赠诗李白：

秋来相顾尚飘蓬，未就丹砂愧葛洪。
痛饮狂歌空度日，飞扬跋扈为谁雄？

两人现在就如飞蓬一样，游荡不定，杜甫觉得他和李白在学道上至今没啥成就，真的是愧对西晋那个炼丹家葛洪了。每天痛饮狂歌，只能是白白浪费时光。像李白这样豪迈的才子，不能称雄，真的是件憾事。

李白也以诗相赠：

醉别复几日，登临遍池台。
何时石门路，重有金樽开。
秋波落泗水，海色明徂徕。
飞蓬各自远，且尽手中杯。
（《鲁郡东石门送杜二甫》）

一年后，李白又踏上了南下漫游的旅程。

一转眼，近十个春秋过去了。然后，安史之乱爆发。

李白慌了，他打算在这兵荒马乱的岁月里隐身庐山，去过那种与世无争的"巢云松"生活。

可是，命运偏偏要跟李白开个玩笑——他收到了永王李璘邀他入幕府的书信。

李璘是唐玄宗的第 16 个儿子，开元十三年（公元 725 年）受封永王。安史之乱的次年七月，唐玄宗任命永王担任山南东路、岭南、黔中、江南西路四道节度使、江陵郡大都督，坐镇江陵。

永王的邀请，使李白心中的那份刚要消退的雄心壮志再次被唤醒，他觉得跟着永王，说不定就能实现自己年轻时就有的建功立业的梦想。

他答应了永王的邀请，信心十足地入了永王幕府。初随永王的日子里，他踌躇满志，雄心万丈。肃宗至德二年（公元 757 年），李白跟着李璘的水路大军沿江而下，一路上写下了十多首《永王东巡歌》。

李白怎么也不会想到永王原来是个图谋不轨的家伙，其拥兵自重，原来是妄图占据江东之地，称霸一方。

几个月后，李璘的叛军就被唐肃宗派出的朝廷大军剿灭了。李白，作为一个糊里糊涂的追随者，自然不能免罪。

李白被关进了浔阳监狱，后经多方托人求情，最后被御史中丞宋若思营救。不久，又被朝廷判罪，流放夜郎。五十八岁的李白只得踏上通往夜郎的艰辛之路。走了一年多，第二年春天到达白帝城时，遇大赦，才得以免受继续流放之苦。

而就在李白遭受此劫期间，远在秦州（甘肃天水）的杜甫正在时刻关注着他的消息。等李白遇赦回到湖南时，时已入秋，杜甫万分牵挂和想念着老朋友，在一个夜晚，他满怀关切之情，写下了这首《天末怀李白》：

凉风起天末，君子意如何？
鸿雁几时到？江湖秋水多。
文章憎命达，魑魅喜人过。
应共冤魂语，投诗赠汨罗。

杜甫感慨于李白的命途多舛，才有了"文章憎命达"之叹。（其实，相对而言，杜甫的一生似乎更能诠释"文章憎命达"这一诗句的内涵。）

白天挂念，梦里也在挂念。一首意犹未尽，那就连写两首《梦李白》：

死别已吞声，生别常恻恻。
江南瘴疠地，逐客无消息。
故人入我梦，明我长相忆。
恐非平生魂，路远不可测。
魂来枫林青，魂返关塞黑。
君今在罗网，何以有羽翼。
落月满屋梁，犹疑照颜色。
水深波浪阔，无使蛟龙得。

浮云终日行，游子久不至。
三夜频梦君，情亲见君意。
告归常局促，苦道来不易。
江湖多风波，舟楫恐失坠。
出门搔白首，若负平生志。

冠盖满京华，斯人独憔悴。

孰云网恢恢，将老身反累。

千秋万岁名，寂寞身后事。

杜甫漂泊到四川后，还是时常会想起李白。那些在成都的日子里，他多希望李白回匡山老家，这样两人说不定就能见上一面了：

不见李生久，佯狂真可哀。

世人皆欲杀，吾意独怜才。

敏捷诗千首，飘零酒一杯。

匡山读书处，头白好归来。

（《不见》）

杜甫写完这首诗的次年，李白就去世了，十几年前的兖州一别就成了永别。

李白、杜甫，他们有过交集，也经历了各自的坎坷人生，给后人留下了无数不朽的诗篇。他们俩虽然都留下了美名，但这又怎能补偿他们生前所遭受的挫折和打击呢？正所谓：

千秋万岁名，寂寞身后事。

李白之"情深潭水"：
我喜欢这个美丽的谎言

【成语】情深潭水，同"桃花潭水"

【释义】比喻友情深厚。

【出处】唐·李白《赠汪伦》诗："桃花潭水深千尺，不及汪伦送我情。"

听说诗仙李白来到秋浦郡，汪伦又开始坐不住了，他走出家门，四处打听李白在秋浦的居所。

汪伦心想：再也不能错过这个机会了！李太白的那些诗我已一遍又一遍地读过，这样的大才真是世间少有，若能见上他一面，此生无憾了！前两年听说他也来过秋浦，可总是等他离开了我才得到消息，这次，我得想法让他到泾县这里来，相信桃花潭的美景和我的美酒不会让他失望的。

汪伦一边在心中盘算，一边在街上向那些经常外出的人询问李白的消息。

街上的人对他很友好，毕竟他在这里当了几年的县令，人也算得上清廉，卸任后定居此地，自然也受欢迎。

熟悉他的人都知道他喜欢读李白的诗，闲谈时总要扯上李白。

汪伦现在这样急火火地满街"问李白"，人们虽觉可笑，但是都能理解。

有几个人只是听说李白人已在秋浦，但具体住在哪里，没人能说清楚。

汪伦没有灰心，他想如果实在问不出，那就亲自到秋浦郡去找。

功夫不负有心人，三天后，他终于获知李白在秋浦的确切住址。

一个刚从秋浦归来的商人告诉他："我亲眼看到李太白在酒楼上，和几个人一起喝酒，我还和他打了招呼呢！现在他正住在他的一个朋友家里，那个朋友的家我是去过的。"

汪伦喜不自胜，忙问："那你何时再去秋浦？"那商人说两日后就去。汪伦拍掌叫好，道："那劳烦你帮我捎封信给李白，见到李白，就说是一个万分仰慕他的人给他的。"说完，汪伦就从衣间掏出那封早已准备好的信，交给对方。

商人接过信，冲汪伦说声"没问题"，就匆匆回家了。看着商人的背影，汪伦眼前仿佛浮现出李白仙风道骨的身影。

在家等待的日子里，汪伦的心情十分复杂，激动中有些焦急，兴奋中又有些担心：李白会不会来呢？李白会不会已离开秋浦了呢？

那一段时间，汪伦每天都会来到桃花潭边向对岸和上游凝望。正是春天时节，潭水清幽，远山如笑，岸边的各色花儿都开了。这美景中蓄着满满的美意。

这一天近午时分，望眼欲穿的汪伦终于看到了一条船，船头站着一个白衣飘飘的男子。是李白！汪伦心中一阵狂喜。

果然是李白！船快靠岸的时候，船夫高声对汪伦道："汪先生，我可是把诗仙给你接来了哦，你得替我好好款待他啊！"

岸上的汪伦已高兴得几近癫狂。

李白下船后，汪伦走上前深施一礼，道："多谢青莲先生赏脸，恭迎大驾光临！"

李白还了礼，又回头看看身后的青山绿水，对汪伦笑道："汪先生，你在信里好像没对我说实话吧？"

汪伦就不好意思地笑了起来。

李白从袖口里掏出了那封信，一本正经地读道："先生好游乎？此地有十里桃花，先生好饮乎？此地有万家酒店……"读到这里，李白佯装严肃地问："哪里有十里桃花？哪里又有万家酒店呢！"

汪伦又施一礼，道："汪某确实没

对先生说实话，十里桃花只是指方圆十里的桃花潭，万家酒店是说有个姓万的人家开的酒店。这样说，仅仅是想以美景和美酒来吸引您，虽然实情并不是信上说的那样，但在这里住上几天，相信先生您不会失望的。"

李白笑了笑，便跟着汪伦向村里走去。

此后几天，李白得到了汪伦和村民的热情接待，他喝到了此地的佳酿，饱览了桃花潭的胜景，也实实在在地体验到了别样的乡间生活。李白当然没有怪罪汪伦说谎，这期间，他们俩渐渐成了情投意合的好朋友。

几日过后，李白要离开了，汪伦和村人前来送行。在桃花潭边，大家依依惜别。李白上船后，汪伦带着村人在岸上踏地而歌，情真意切。李白看着岸上的汪伦和村人，情不能自已，在船缓缓前行的过程中，随口吟出：

李白乘舟将欲行，忽闻岸上踏歌声。
桃花潭水深千尺，不及汪伦送我情。

（《赠汪伦》）

在汪伦关注的目光中，船上的李白渐行渐远。

这是天宝十四载（公元 755 年）的春天，此时的李白怎么也不会想到，大唐王朝，将要在这年冬天面临一场空前浩劫。

李白之"抽刀断水"：
在宣城，岂能不言"谢"？

【成语】抽刀断水

【释义】抽出刀来要斩断流水。比喻无济于事，反会加速事态的发展。

【出处】唐·李白《宣州谢朓楼饯别校书叔云》："抽刀断水水更流，举杯消愁愁更愁。"

谢朓（tiǎo），字玄晖，南朝著名山水诗人。出身名门，与"大谢"谢灵运同族，人称"小谢"。谢朓少时就有文名，二十岁步入官场，宋明帝建武二年（公元 495 年）任宣城太守，此间创作了大量的山水诗歌，诗风清丽秀逸。后又入朝为官，因身陷残酷的宫廷斗争，被诬入狱，死时年仅三十六岁。

为什么要介绍谢朓？因为李白崇拜他啊！

崇拜到什么地步？据晚唐文人冯贽在其《云仙杂记》一书中所载，李白在登上华山南峰时，曾发出如此感叹："此山最高，呼吸之气想通天帝座矣，恨不携谢朓惊人句来搔首问青天耳"。

要抒情了，首先想到的是谢朓的"惊人句"，可见谢朓其人其诗在李白心中的位置。

大概李白也觉得自己和谢朓有很多的相似之处：出身好，才气高，诗风接近，有宏伟抱负但却难以施展。

谢朓写过《玉阶怨》：

> 夕殿下珠帘，流萤飞复息。
> 长夜缝罗衣，思君此何极。

李白也写过《玉阶怨》：

> 玉阶生白露，夜久侵罗袜。
> 却下水晶帘，玲珑望秋月。

表面上写的都是宫怨，但谁能说里面没有包含诗人的委屈和不满呢？

天宝三载（公元 744 年），李白自京城被赐金放还后，看似走得很洒脱，实际上却是真的不想走，但宫廷太黑、太脏、太压抑，哪能容得了他那张狂的个性？正如他在《梦游天姥吟留别》中写的："安能摧眉折腰事权贵，使我不得开心颜。"

离开长安后，李白就开始在各地漫游——河南、山东、扬州、金陵、吴越、庐江、幽州、邯郸……

天宝六载（公元747年），李白来到了金陵，并开始在这里留居。两年后的一天晚上，他登上金陵城西楼，看到月光下的江水，想到了谢朓的"澄江净如练"的诗句，于是写下了《金陵城西楼月下吟》一诗：

> 金陵夜寂凉风发，
> 独上高楼望吴越。
> 白云映水摇空城，
> 白露垂珠滴秋月。
> 月下沉吟久不归，
> 古来相接眼中稀。
> 解道澄江净如练，
> 令人长忆谢玄晖。

浊世纷乱，知音难觅，所以李白只能从一向敬慕的谢朓那里寻找寄托了："古来相接眼中稀""令人长忆谢玄晖"。

"澄江净如练"，是谢朓那首《晚登三山还望京邑》中的句子，写这首诗时，谢朓正在宣城当太守，因为有了宣城为官这段经历，所以，谢朓又被人称作"谢宣城"。

天宝十二载（公元753年）秋，宣城长史李昭写信邀李白去宣城玩。

李昭是李白的堂弟。自家兄弟有此美意，李白欣然来到了宣城。当然，李白也是奔着"谢宣城"而去的。

宣城有好景，也有谢朓生前留下的多处遗存，来到宣城的李白，想必会沿着谢朓的足迹去寻觅吧！

李白住在敬亭山下，经常会效仿谢朓去各处游览作诗：

> 我家敬亭下，辄继谢公作。
> 相去数百年，风期宛如昨。
>
> （《游敬亭寄崔侍御》）

谢朓在宣城期间，曾在各处建了好多的亭台楼阁，在宣城的城北建有一座"北楼"，后人为纪念他，也称北楼为"谢公楼"。李白经常登上北楼：一为欣赏不远处的敬亭山风景；二为怀念偶像谢朓。

来到宣城后的第二年秋天，李白再次登上北楼，写下了《秋登宣城谢朓北楼》一诗：

> 江城如画里，山晚望晴空。
> 两水夹明镜，双桥落彩虹。
> 人烟寒橘柚，秋色老梧桐。
> 谁念北楼上，临风怀谢公？

有时，李白会把来访的朋友带到谢公楼上，一同把酒、叙旧或抒怀。有时，他也会在谢朓楼不远处的谢公亭送别友人。

秘书省校书郎李云也来了，李白见到这个来自长安的远房叔叔，自然是既感觉亲切，又心生慨叹。叹的是自己竟然已离开京城十个年头了，曾经的雄心壮志，曾经的风华绝代，曾经的快意人生，转眼间都成了浮云流水，剩下的只有无尽的空虚和烦忧。

那日，李云要回京了，李白在谢朓楼上摆宴为之送行。临别时，李白思绪飞扬，吟出了这首《宣州谢朓楼饯别校书叔云》：

> 弃我去者，
> 昨日之日不可留；
> 乱我心者，
> 今日之日多烦忧。
> 长风万里送秋雁，
> 对此可以酣高楼。
> 蓬莱文章建安骨，
> 中间小谢又清发。
> 俱怀逸兴壮思飞，
> 欲上青天览明月。
> 抽刀断水水更流，
> 举杯消愁愁更愁。
> 人生在世不称意，
> 明朝散发弄扁舟。

——昨日已远走，留也留不住，留下的只有乱人心思的各样烦忧。秋风中，北雁南飞，面对楼外美景，让我们尽情

痛饮吧。叔叔你的文章既有建安风骨，又有谢朓的清丽。我们俩都是性情中人，都有着上天揽月的豪情。但抽刀断水，水只会流得更欢，举杯消愁，酒醒后愁思只会更浓。人生在世，总会有太多的不如意，不如干脆放掉一切，放浪江湖去吧。

说是这样说，但要李白彻底地"散发弄扁舟"，他又是不甘心的。

安史之乱爆发后，李白那颗不安分的心又开始蠢蠢欲动了，他在想法避难的同时，也在寻觅着在乱局中建功的机会，结果一不小心就上了永王李璘的贼船，差点将自己送上了不归路。

肃宗上元二年（公元761年），经受过牢狱之灾和流放之苦的李白，再次来到宣城，年已花甲的他又登上了熟悉的敬亭山。山依旧，景如昨，但李白已不再是那个豪情万丈的李白了。看着天上的飞鸟和白云，李白陷入深深的孤独中：

> 众鸟高飞尽，孤云独去闲。
> 相看两不厌，只有敬亭山。
> （《独坐敬亭山》）

谢朓也曾写过一首《游敬亭山》的诗，诗的最后两句是：皇恩既已矣，兹理庶无睽——皇恩既已远去，那么我从此寄情山水间，该不会有什么过错吧？

在同一座山上，李白和谢朓，两个不同时代的人，想到一块儿去了。

杜甫之"翻云覆雨"：
求仕，求来一肚子屈辱

【成语】翻云覆雨

【释义】形容人反复无常或惯于耍手段。

【出处】唐·杜甫《贫交行》诗："翻手为云覆手为雨，纷纷轻薄何须数。"

天宝四载（公元 745 年）的秋天，杜甫与李白在兖州城外依依惜别。李白往东走，杜甫朝西行。

杜甫要去的地方是长安，那个皇宫所在的地方。

自从和李白相识，杜甫求仕的愿望就更加强烈了。

从李白的口中，杜甫初步了解到了京城的繁华，也间接感受到了在皇帝身边工作的那份荣耀和成就感。

哪知道李白却说自己过不惯那样的生活，他更需要的是自由和酒。

杜甫很羡慕李白能有那样的机会，可李白却不懂得珍惜，干了两年就走人了，真叫人遗憾！要干大事又怎能太任性？

我要争取这样的机会，机会来了我一定会好好珍惜的。在去长安的路上，杜甫这样对自己说。

次年十月，杜甫终于到了长安。

稍作安顿，他就往汝阳王府匆匆赶去。

到了王府，杜甫首先向汝阳王作了自我介绍，姓名、年龄、家世，一一都说了出来。

虽然杜甫申明自己是杜审言的孙子，还是齐州（济南）司马李之芳特意介绍过来的，但李琎在和杜甫交谈时，态度却一直是不冷不热的。

李琎如此谨慎，是有原因的。

因为杜甫所说的那个齐州司马李之芳是蒋王李恽的孙子，李恽是唐太宗的儿子，而汝阳王李琎则是唐玄宗的大哥李宪的儿子。

如果按长幼之序，当时的皇位应该是李宪的，因为老三李隆基一向多谋善断，又在平定韦后政变中立了功，所以最后李宪只好让位。

受"宣武门之变"影响，李宪和李隆基的关系比较微妙，作为李宪儿子的李琎在宫中自然也是谨言慎行。

杜甫此番前来,很明显是想让李琎在功名路上扶他一把。

李琎以前也读过杜甫的诗,此次会面,杜甫还专门给他献了诗,他清楚地知道杜甫是个人才,可除了把这个人才暂留在府中之外,又能帮什么忙呢?

杜甫就这样在汝阳王府里住了一年。

这就到了天宝六载(公元747年)。

新的一年里,杜甫等来的还是一场空欢喜。

一开始无疑是一个喜讯:皇帝下诏,让天下通任何一艺的人,都到京城里来接受考核,朝廷再从中选出可用之才。

这不正是杜甫多年以来梦寐以求的机会吗?

可谁又能料到宰相李林甫会导演一出"野无遗贤"的闹剧?——不让参试的任何一人通过,然后再跟皇帝说:所有贤能之人都早已被皇上选拔干净,再选,没有合格的了!

这么荒诞的说辞,唐玄宗竟然信了。唐玄宗一信,留给望眼欲穿的杜甫的就只有大失所望了。

杜甫当时心里会不会这样想:李林甫你这个奸相,你也配用"甫"字取名?

失望之余,最好的办法就是继续寻找希望喽。

杜甫又找到了尚书左丞韦济。他先是写了两首赠诗,恳求人家引荐自己。

韦济读了他的诗,很高兴,但也仅是高兴高兴就算了,引荐的事,人家似乎根本就没放在心上。

杜甫郁闷,上火,于是就有了第三首赠诗《奉赠韦左丞丈二十二韵》,首句就是牢骚:"纨绔不饿死,儒冠多误身",说自己虽然"读书破万卷,下笔如有神",又有"致君尧舜上,再使风俗淳"的信念和理想,可最后还是落得"残杯与冷炙,到处潜悲辛"的可悲下场。

诗送上去了,还是没有效果!

杜甫有点着急了,眼见已到不惑之年,可是现实却让自己越来越迷惑了。

谁还能来帮我?深切体会到世态炎凉的大诗人杜甫一脸茫然。

正巧,大将高仙芝建功回朝了,杜甫见高将军成了朝中红人,马上写了一首诗给人家,诗的题目叫《高都护骢马行》:

安西都护胡青骢,声价欻然来向东。
此马临阵久无敌,与人一心成大功。
功成惠养随所致,飘飘远自流沙至。
雄姿未受伏枥恩,猛气犹思战场利。
腕促蹄高如踣铁,交河几蹴曾冰裂。
五花散作云满身,万里方看汗流血。
长安壮儿不敢骑,走过掣电倾城知。
青丝络头为君老,何由却出横门道。

这可是一首货真价实的"拍马诗"——夸马还不是为了夸人吗?也不知高将军被拍舒服了没有,反正,最后杜甫没有得到任何反馈。

杜甫的处境日益窘迫。他此后每见一个权要都要承受巨大的精神压力，那种"朝扣富儿门，暮随肥马尘"的生活简直能让人精神崩溃，有的人甚至骗他、笑他、忽悠他，先给他许个光亮，然后再一脚将他揣入无边的黑暗。

就在杜甫准备离长安而去的时候，一个机会来了。

这一年，杜甫刚好四十岁。正月，唐玄宗要举行祭祀太清宫、太庙和天地的三大盛典，杜甫见机行事，立即写就"三大礼赋"（《朝献太清宫赋》《朝享太庙赋》《有事于南郊赋》）献上。

献完赋，杜甫对结果并没抱什么希望。想想这些年走过的堪称屈辱的求仕之路，虽然也结交了不少人，但那多是贿赂之交、势利之交，哪如管仲和鲍叔牙那样的贫贱之交深厚可靠啊！杜甫一时感慨万千：

> 翻手为云覆手雨，
> 纷纷轻薄何须数。
> 君不见管鲍贫时交，
> 此道今人弃如土。

在杜甫写下这首《贫交行》的时候，他不知道自己的命运已经开始有了转机——玄宗皇帝看到了他的"三大礼赋"，感觉不错。

不久，杜甫就接到朝廷通知：先到集贤院待着，在那里静候佳音吧！

诗人卡片

　　杜甫（712—770），字子美，河南府巩县（今河南省巩义市）人，自号少陵野老，人称"杜少陵"，曾担任过检校工部员外郎一职，故又有"杜工部"之称。唐朝伟大的现实主义诗人，诗风沉郁顿挫，被后人尊为"诗圣"，其诗被称为"诗史"。与李白合称"李杜"。代表作有"三吏""三别"等。

杜甫之"广文先生"：
先生没实权，先生不挣钱

【成语1】衮衮诸公

【释义】衮衮：相继不绝。旧指身居高位而无所作为的官僚们。

【成语2】广文先生

【释义】①唐杜甫称郑虔为"广文先生"。②泛指清苦闲散的儒学教官。

【出处】唐·杜甫《醉时歌》诗："诸公衮衮登台省，广文先生官独冷。甲第纷纷厌粱肉，广文先生饭不足。"

杜甫因进献"三大礼赋"，得到玄宗赏识，进了集贤院。

顾名思义，这"集贤院"就是贤能之人集结之处。而来到这里，只是"待制"，至于职位嘛，那就要看形势的需要、皇上的心情或个人的造化了。

那就等呗。四十岁的杜甫在等待中的情绪可并不稳定：再不给个官当，俺可就老了！

日子一天天地过，杜甫　天天地郁闷着。

郁闷极了，他就去找那个名叫郑虔的好朋友去玩。

郑虔是个高人，也是当时的一个名士。他出身官宦门第、诗书之家。幼时聪颖过人，二十岁参加科举考试，竟没上榜，最后困居长安慈恩寺。

困在慈恩寺的郑虔，一边读书，一边苦练书法。没钱买纸，他见寺内几间屋子内堆满了柿叶，干脆就以柿叶当纸，每天习字不辍，最后竟把几屋的柿叶都写光了。

功夫不负有心人，年轻的郑虔学有所成，声名远播。

开元初，郑虔终于踏上了仕途。一开始只当了一个专管薄书事务的小吏。宰相苏颋见他才华出众，便与之结为忘年交。不久，郑虔始任左监门录事参军。开元中，任宫廷文艺总管——协律郎。

在担任协律郎期间，郑虔觉得自己有满腹的学问，不能就这样在无聊的官场上白白浪费时日，于是他就在处理公务之余，开始将本朝的奇闻异事编写成书。谁知编到八十多卷时，竟有人告发他"私撰国史"。郑虔闻讯，忙去焚烧那些草稿，可为时已晚。他因此被定罪，外贬达十年之久，天宝五载方被唐玄宗召回。

回京四年后，已年过花甲的郑虔为玄宗创作了一幅山水画，玄宗看到画及上面的题诗后，很是激动，当场御笔题赐"郑虔三绝"（诗书画）。为表爱才之心，玄宗又在最高学府国子监下面设了一个广文馆，让郑虔担任首任博士。一时间，郑虔名声大噪，"郑广文"的名号从此叫开。

也就是在这一时期，杜甫和郑虔相识了。一个是河南巩县人，一个是河南荥阳人，在京城之地，算是遇到老乡了；两人又都是饱学之士，志趣相同，仕途上的遭遇也差不多。虽然杜甫比郑虔小二十多岁，但年龄又是什么问题呢？

杜甫与郑虔一见如故，两人一有空就相约喝酒，聊聊诗歌、文艺什么的。杜甫待制集贤院后，见郑虔虽然身为广文馆博士，却也跟"待制"的境遇差不多：有其名无其实啊！

一天，郑虔跟杜甫诉苦道："你看皇上只给了我个虚名，可是待遇哪？前几天下的那场大雨，把广文馆几间房子都给淋漏了，我让上面派人来修，可人家却说广文馆就是个摆设，不给修，你说气人不气人？现在我都不知去哪办公了！"

杜甫当然非常理解郑虔的苦衷。想

到宫中府中那些不学无术、投机钻营之徒都爬到高高的位子上，锦衣玉食，养尊处优，他们让官场变得肮脏不堪，却能够左右逢源，上下通吃。而像郑虔这样德才兼备、忠诚可靠的大才、通才，只能忍受清苦和孤独。

郑虔啊郑虔，你没实权，还想"挣钱"？

一次醉酒后，杜甫意绪难平，奋笔写下了这首为郑虔，也是为自己鸣不平的《醉时歌》：

诸公衮衮登台省，广文先生官独冷。
甲第纷纷厌粱肉，广文先生饭不足。
先生有道出羲皇，先生有才过屈宋。
德尊一代常坎坷，名垂万古知何用！
杜陵野客人更嗤，被褐短窄鬓如丝。
日籴太仓五升米，时赴郑老同襟期。
得钱即相觅，沽酒不复疑。
忘形到尔汝，痛饮真吾师。
……

（籴，读 dí）

这诗写于天宝十四载（公元 755 年）的春天，当时，郑虔的职务已是著作郎。不久，安史之乱爆发，郑虔和其他文武百官被掳往洛阳，安禄山让郑虔任水部郎中一职，郑虔称身患风湿病不能胜任，私下里却给肃宗秘密奏章，以示忠于大唐之心。

但在战乱平息后，朝廷还是没有放

过郑虔，将他以三等罪贬为台州司户参军。杜甫欲送行但未赶上，只能以诗作别，为老友鸣不平：

郑公樗（chū）散鬓成丝，酒后常称老画师。

万里伤心严谴日，百年垂死中兴时。

苍惶已就长途往，邂逅无端出饯迟。

便与先生应永诀，九重泉路尽交期。

（《送郑十八虔贬台州司户伤其临老陷贼之故阙为面别情见于诗》）

一年多后，垂垂老矣的郑虔到了台州。在台州期间，郑虔以在衙门内设帐授课的方式，对当地人进行启蒙教化，使民风渐淳。其间，肃宗曾"大赦天下"，召其回京，但郑虔表示人已年迈，不想回去了。

于是，这位广文先生继续在台州教书育人，直至终老。

郑虔死于代宗广德二年（公元764年）。两年后，从四川移居夔州的杜甫，常常想起与郑虔相处的一幕幕，追忆起老友一生的遭遇，写下了《八哀诗》的其中一首：《故著作郎贬台州司户荥阳郑公虔》，诗中说："萧条阮咸在，出处同世网。他日访江楼，含凄述飘荡。"

而此时的杜甫，多灾多难，晚境凄凉，怎一个"哀"字了得！

杜甫之"白云苍狗"：
不是我不明白，这世界变化快

【成语】白云苍狗

【释义】苍：灰白色。浮云像白衣裳，顷刻又变得像苍狗。比喻事物变化不定。

【出处】唐·杜甫《可叹》诗："天上浮云似白衣，斯须改变如苍狗。"

代宗大历元年（公元 766 年），五十五岁的杜甫从成都坐船来到了夔州（今重庆奉节）。

初到夔州，居无定所，想起在成都浣花溪畔那些相对快意的时光，想起上年里先后去世的高适和严武这两个好友，想起自己这些年所经历的坎坷，杜甫不禁长叹一声，悲从中来。

第二年，在夔州都督——故交柏茂琳的帮助下，杜甫迁居夔西，暂时过上了还算稳定的生活。

有时，在柏茂琳资助给他的那个柑橘园里，他常常会有恍兮惚兮的感觉，心中原有的那份"致君尧舜上"的理想也似乎越来越淡了。抬头看着高天上飘忽变幻的云朵，他会自然想起多年前的一个好友——王季友。

那年，杜甫初到长安不久，就听说了王季友这个名字。王季友是开元二十四年的新科状元，年仅二十二岁就状元及第，其带来的轰动效应是不言而喻的。

和王季友相识后，杜甫才了解到王季友也曾是一个苦命的人。

王季友的父亲曾官至丹阳太守，王季友的童年和少年时代可以说是无忧无虑的。王季友结婚不久，他的父亲就因遭遇重大变故而被削去官职，一家人只得避居豫章（南昌）东湖。

为了维持生计，王季友开始自食其力，并担起养家糊口的重任。他做起了卖草鞋的卑微买卖。王季友的妻子姓柳，原是河东郡（在山西省）一大户人家的小姐。王家家道中落后，柳家人见王季友太过穷酸，就强迫柳氏与其分道扬镳。柳氏无奈，只好趁王季友出去卖鞋之时，留下了一纸休书，狠心离去。

柳氏的离去让王季友感受到了屈辱

和痛苦，但也给他带来读书进取的动力。自此，他一人隐居在丰城的株山脚下，一边躬耕一边苦读，并和一个能与他患难与共的陈姓女子结了婚。

几年后，王季友参加进士考试，结果独占鳌头，成为江西历史上第一个状元。

王季友状元及第的消息传开后，柳家人追悔莫及。而王季友当时已经再婚，一切似乎都无法改变了。

在朝廷为官后，王季友因与李林甫之流不合，几年后便弃官而去，重回江西过起了超然自适的隐居生活。不久，陈氏病故。

王季友没想到柳氏会再次找上门来。

那是在安史之乱爆发之后的一个月夜，王季友正在隐居的茅舍里读书，突然听到轻轻的敲门声，开门一看，竟然是柳氏。看着沧桑满脸的柳氏，王季友的心里竟然一丝恨的念头也没有，他知道当初他们是彼此相爱的，他理解她当初离去是迫于家庭压力。现在，弥漫在这一对中年男女之间的，只有往日的柔情。

王季友与柳氏重归于好了。

……

王季友的经历让晚年的杜甫非常感慨。他想，王季友最困难、最痛苦的应该就是柳氏离他而去之后的那段日子吧？王季友事后曾对杜甫说，当时周围的人们不仅不同情他，还嘲笑他，甚至胡乱编排他，说他穷得都卖草鞋了，还在外头找女人，要不是有外遇，柳氏怎么会弃他而去呢？

"人之多言，亦可畏也！"想到二十多年前王季友的处境，杜甫顿感心中郁结，接着又是一声长叹，"那个时候，谁会承认王季友是个有情义的人？谁会发现他是一个未来的人才？"

再次抬头看着天上的云朵，杜甫觉得自己的一双老眼昏花得更厉害了，他想：岁月不饶人，而人言也常常是非常可畏的，复杂的人间事，其对与错、黑与白，谁一下就能够看清呢？这就如天上的云，你知道它会怎么改变形状？

看着云，想着王季友，一首诗在杜甫心中渐渐成形：

天上浮云似白衣，斯须改变如苍狗。
古往今来共一时，人生万事无不有。
近者抉眼去其夫，河东女儿身姓柳。
丈夫正色动引经，丰城客子王季友。
群书万卷常暗诵，《孝经》一通看在手。
贫穷老瘦家卖屦，好事就之为携酒。
……
死为星辰终不灭，致君尧舜焉肯朽。
吾辈碌碌饱饭行，风后力牧长回首。

"此诗的题目就叫《可叹》吧。"杜甫在心中默念道。

杜甫之"炙手可热":
杨花飞满天，美人在水边

【成语】炙手可热

【释义】手一靠近就感觉很烫。比喻气焰盛、权势大。

【出处】唐·杜甫《丽人行》诗："炙手可热势绝伦，慎莫近前丞相嗔。"

杨玉环凭着自己的美色和才艺把唐玄宗征服之后，唐玄宗就再也离不开她啦。

两人不但在宫里整日厮混，唐玄宗外出巡幸，杨玉环也不离半步，且是最光彩照人、最咄咄逼人的随从人员。

撒娇啊，任性啊，发怒啊，卖萌啊，无论杨玉环弄出什么动静，唐玄宗都觉得可爱，都买账。

杨玉环说：我要吃荔枝，新鲜的！

唐玄宗立即答应：好的，宝贝，我这就派人以最快的速度去南方办这事。

杨玉环说：我有三位堂姐，现在还都在老家呢，平时我可想她们了。

唐玄宗说：这好办，亲，把她们仨都叫到京城来陪你就是了！

杨玉环说：我还有个堂兄叫杨钊，现在还只是个小县尉。

唐玄宗说：噢，也喊到这宫里来，我给安排。

这样，杨玉环成了贵妃后，她的三位堂姐都被接到了长安，唐玄宗称她们为"姨"，不仅赐给她们豪宅和数量可观的脂粉钱，还分别赐以封号：大姨为韩国夫人，三姨为虢国夫人，八姨为秦国夫人。

这三位夫人也个个都是美人，其中尤以虢国夫人最美，也最骄横。

虢国夫人看中了京城中的一处民宅，就直接带人闯到人家，要买下来。宅主不愿卖，她就指挥几十个随从上房揭瓦。宅主见惹她不起，只好将大半个宅子让给了她。

虢国夫人得到新宅后，大兴土木，将其修建成了全京城最为醒目、最为豪奢的一处府第。

不仅跟人家争房子，虢国夫人还想跟贵妃妹妹争宠呢。入京之后，只要进宫，虢国夫人总要寻找机会去接近皇上，搔首弄姿、挤眉弄眼什么的，估计也没少做。

努力就有回报，皇上还真注意到她了，并且也动了心思。

一天，唐玄宗带着杨贵妃和三位国夫人去曲江游玩。举行酒宴的过程中，唐玄宗与虢国夫人偷偷跑了出来，找了个隐秘的地方欢爱起来，结果却被杨贵妃抓了个现行。

杨贵妃就闹，要死要活地闹，还说了许多不好听的话。唐玄宗心想：我一个皇上偶尔偷个腥算个啥事啊，你闹个什么劲呢？一生气，玄宗就把杨贵妃赶出了宫。

毕竟杨家三姐妹还要靠她这个贵妃妹妹在宫中立足，并且贵妃的堂兄杨钊也到了宫中，还把名字改成了杨国忠。如果杨贵妃失宠了，后果可想而知。

再说，杨贵妃比虢国夫人毕竟年轻且色艺俱佳，很快，玄宗就开始思念杨贵妃并派人将她接了回来。而虢国夫人也不再那么明目张胆地引诱皇上了，当杨国忠登上相位后，她就和杨国忠勾搭上了。

风骚的虢国夫人并不回避她和杨国忠的关系，就是在上朝的路上两人也总是并驾齐驱，互相调笑，旁若无人。人们看到了，除了侧目，没有敢说三道四的。

天宝十二年（公元 753 年）三月三日，三位国夫人又要来曲江游玩了。

这曲江，可不是江，也不是河，它是因那个名叫曲江的池子而得名的游览休闲区，它位于皇宫的东南角，景区内有亭台水榭，有楼舍馆阁，有奇花异草，有小桥流水。每年的春天，这里游人比肩，抬眼处，皆是芳草彩帐，举目瞧，满眼宝马香车。

三位国夫人在曲江池边那个风景最佳的地方停驻下来，她们要在那里举行酒宴了。

这时，我们的大诗人杜甫正在不远处赏景，三位美女的到来，让他不自觉地将目光转移了过来。

他倒要看看这三位杨家姐妹是如何的美，如何的不可一世。

这一看，果然名不虚传。真的都是美人，真的不可一世。

每一个人的身材都是匀称的，每一个人的容颜都是照人的，每一个人的皮肤都是细滑的，每一个人的衣着都是华丽的，每一个人的意态都是娴雅的。

她们都穿着绫罗华服，上面有金丝绣成的孔雀图案和银丝绣成的麒麟图案。

她们头上戴着翡翠做成的花饰，背后的裙腰上也能看到闪亮的宝玉。

她们坐下来，开始吃东西了。

摆在她们面前的，有从青黑色的蒸锅里端出的褐色驼峰，有用水晶圆盘送过来的鲜美的白鳞鱼。对着面前的珍馐美味，她们却懒得动筷子，因为这些东西，她们早已吃腻了。

还不断有新的山珍海味送过来，那些服侍的宦官骑马来去，但却不敢扬起一点灰尘。

一旁还有乐队，乐工们奏出婉转动人的乐曲，身为达官显贵的宾客们，每个人都露出志得意满的神色。

正当大家陶醉于美妙的乐曲中时，又有一个人骑着高头大马，耀武扬威地过来了，他下了马，从绣毯上旁若无人地走进帐门。

他，就是宰相杨国忠啊！人家是来参加宴会，也是来会自己的女友虢国夫人的。此时，旁观的人可要知趣，破坏了杨相国的兴致，人家可是要动怒的哦！

杨花纷纷扬扬地飘着，一朵朵地落在水面的浮萍上。杜甫看着眼前的一切，心想：大唐恐怕就要坏在这骄纵荒淫的杨家兄妹身上了。皇上沉迷美色，置江山社稷于不顾，任凭杨家人胡作非为，这如何得了啊！

从曲江回来后，杜甫依然心绪难平。夜里回想起白天看到的情景，又联想到自己入京以来的遭遇，他轻轻吟出了这首《丽人行》：

> 三月三日天气新，
> 长安水边多丽人。
> 态浓意远淑且真，
> 肌理细腻骨肉匀。

> 绣罗衣裳照暮春，
> 蹙金孔雀银麒麟。
> 头上何所有？
> 翠微盍叶垂鬓唇。
> 背后何所见？
> 珠压腰极稳称身。
> 就中云幕椒房亲，
> 赐名大国虢与秦。
> 紫驼之峰出翠釜，
> 水精之盘行素鳞。
> 犀箸厌饫久未下，
> 鸾刀缕切空纷纶。
> 黄门飞鞚不动尘，
> 御厨络绎送八珍。
> 箫鼓哀吟感鬼神，
> 宾从杂遝实要津。
> 后来鞍马何逡巡，
> 当轩下马入锦茵。
> 杨花雪落覆白苹，
> 青鸟飞去衔红巾。
> 炙手可热势绝伦，
> 慎莫近前丞相嗔！

（盍，读 è；极，读 jié；饫，读 yù；鞚，读 kòng；遝，读 tà；逡，读 qūn）

两年后，安史之乱就爆发了，唐玄宗从长安仓皇出逃。至马嵬坡时，愤怒的将士处死了杨国忠，然后又逼唐玄宗杀了杨玉环。万般无奈的唐玄宗只好下达赐死令，让杨玉环用一根白绫终结了自己的生命。杨家兄妹及其曾有的荣华富贵，自此烟消云散。

又过了两年，杜甫要投奔在灵武即位的肃宗，不料半路上却被安史叛军捉了回来。那个春日，杜甫再次来到了曲江边。繁华不再，骑尘满城，满心哀痛的杜甫写了《哀江头》一诗。在诗中，诗人这样写道：

明眸皓齿今何在？

血污游魂归不得。

是的，美人遭遇仇恨和杀戮，其美貌终会变成一滩血污。

这一刻炙手可热，下一刻也可能立马冷却。

杜甫之"放歌纵酒"：
战乱八载，快意一刻

【成语】放歌纵酒

【释义】放歌：高声歌唱；纵酒：任意饮酒，不加节制。尽情地歌唱，放量地饮酒。形容开怀畅饮尽兴欢乐。

【出处】唐·杜甫《闻官军收河南河北》诗："白日放歌须纵酒，青春作伴好还乡。"

天宝十三载（公元754年），杜甫把家从洛阳搬到了长安。

家搬来了，可编制问题却还是没有落实。而京城又是个高消费的地区，偏巧这年秋天，长安又闹雨灾，庄稼歉收，物价飞涨，没啥收入的杜甫过不下去了，只好又带着妻儿，举家搬往百里外的奉先县（今陕西蒲城）。

到了第二年，杜甫的公务员身份终于尘埃落定：右卫率府胄曹参军（管理太子护卫队的官吏）。

当年十月，杜甫赶往奉先县去探望妻儿。途经华清宫时，想到唐玄宗此时正带着杨贵妃在这里寻欢作乐，而满朝文武又大多是荒淫贪婪之徒，他们穷奢极欲，根本不顾及民生疾苦和社稷安危，杜甫禁不住忧心忡忡。

等到了家，杜甫惊呆了，一家人正在号啕大哭，原来小儿子已经活活饿死！

还有什么比丧子之痛更令人悲伤的呢？

从路上的见闻和自家的遭遇，杜甫隐隐感觉大唐正进入一种可怕的危局，因此，他在《自京赴奉先县咏怀五百字》那首诗里发出了"朱门酒肉臭，路有冻死骨"的控诉，表明了"疑是崆峒来，恐触天柱折"的忧虑。

实际上，当时安禄山已经在北方起兵了。不久叛军就攻陷长安，唐玄宗随后逃往四川，杜甫的官路一下被拦腰掐断了。京城一带不能去了，杜甫只好带家人逃往鄜（fū）州（今陕西富县），在那个叫羌村的地方住了下来。

听说太子李亨已在灵武即位后，杜甫立即动身北上去追随新皇帝。万万想不到的是，竟然会在半路上遭遇贼兵，结果，杜甫又被押回了长安。

刚当上官，谁料转眼却成了俘虏。此时的杜甫，其糟糕的心境可想而知！

那个月夜，杜甫想到了远在鄜州的妻儿，在泪眼蒙眬中，他写下了《月夜》这首饱含深情的诗作：

> 今夜鄜州月，闺中只独看。
> 遥怜小儿女，未解忆长安。
> 香雾云鬟湿，清辉玉臂寒。
> 何时倚虚幌，双照泪痕干。

——本来可以和妻子一起赏月，现在她只能一个人看月思人了。儿女们都还小，他们还不懂大人思念中的辛酸。此刻，想是夜雾已经打湿了妻子的头发，寒冷的月光正映照在她的手臂上。何时才能共倚窗帷，在月光下互相为对方拭去思念的泪水呢？

又一个春天到来了，杜甫看到的不是明媚的春光，而是破败和荒凉的景象。那些美丽的花朵都带着伤感的色彩，小鸟的叫声也让人心痛不已。愁啊愁，愁得白了头，他多么希望这兵乱能早日平息啊。

> 国破山河在，城春草木深。
> 感时花溅泪，恨别鸟惊心。
> 烽火连三月，家书抵万金。
> 白头搔更短，浑欲不胜簪。
>
> （《春望》）

只是发愁和被动地等待，又有什么用呢？杜甫开始寻找出逃的机会。四月里的一天，乘人不备，他终于逃了出来。他知道新皇上肃宗已在凤翔，于是不顾千辛万苦，心无旁骛地直往那儿赶去。

见到肃宗后，杜甫喜极而泣，连写了三首《喜达行在所》（行在所是指皇帝巡行所到的地方）。

肃宗念杜甫忠心可嘉，立即授予他左拾遗一职。

有了新职务，杜甫就又有了一定程度上的话语权。

结果，因为上疏替宰相房琯说话，杜甫上任刚一年，就栽了个跟头。

因为房琯在领兵平叛时指挥不当，导致唐军在陈陶斜一战中损失惨重，肃宗要依规处罚房琯。杜甫和房琯私交甚好，主动出来为房琯脱罪，结果就惹恼了肃宗。

不管肃宗高兴不高兴，杜甫依然坚持己见。肃宗烦了，再见到杜甫，就没了好脸色。

杜甫便开始去曲江头喝酒赏景，即使没钱，典衣服、赊欠也要买酒喝——人生短暂，又被冷落，那就及时行乐吧：

> 朝回日日典春衣，
> 每日江头尽醉归。
> 酒债寻常行处有，
> 人生七十古来稀。
> 穿花蛱蝶深深见，

点水蜻蜓款款飞。

传语风光共流转，

暂时相赏莫相违。

（《曲江二首》其二）

在朝中待着，只会自讨没趣，杜甫便请假要回鄜州探亲，肃宗说：去你的吧。

探亲路上看到的自然是山河破碎的景象，到家后，家中情形也令杜甫感到辛酸。他盼望着大家和平、小家安定，回京后就写了一首一百四十句的长诗——《北征》，期望肃宗能带着臣民，实现"煌煌太宗业，树立甚宏达"的理想。

但杜甫还是被贬了官——去华（huà）州（今属陕西渭南市）当司功参军（地方文教负责人）。

赴任的路上，杜甫再次目睹了战乱给民众带来的苦难，感慨悲愤之余，写下了"三吏"（《新安吏》《石壕吏》《潼关吏》）和"三别"（《垂老别》《新婚别》《无家别》）这六首诗作。

到任后，烦琐的公务让杜甫忙得不可开交。劳累不说，关键是生活条件也极为恶劣，并且不久之后还遭遇了大饥荒。

杜甫实在受不了，一咬牙弃了官，一路向北投奔在秦州（今甘肃天水）的弟弟去了。

到了秦州，杜甫的生活没有丝毫改观，有时还会饿得到野地里挖野菜充饥。

这样的时刻，杜甫难免会心生感慨：我这样一个忠心耿耿的人，落到如此地步，多像是一个美女被遮住了容颜啊！

绝代有佳人，幽居在空谷。

自云良家女，零落依草木。

……

但见新人笑，那闻旧人哭。

在山泉水清，出山泉水浊。

侍婢卖珠回，牵萝补茅屋。

摘花不插发，采柏动盈掬。

天寒翠袖薄，日暮倚修竹。

秦州也待不下去了，杜甫便又带着家人，一路跋山涉水地来到四川。

到了四川，一开始有彭州刺史、诗人高适的资助，后又有节度使严武的帮助，杜甫的境况开始有所改善。他还在别人的赞助下，在成都郊区的浣花溪畔盖了一处房子，这就是杜甫草堂。当然，这草堂的主建筑也只是间茅屋，屋里的陈设也是简陋至极，不然，杜甫就不会写出那首《茅屋为秋风所破歌》了。

毕竟衣食无忧了，还有了安顿身心之所，住处周边的风景也不错，杜甫心情也因此好了很多，写出的很多首诗歌也带上了小清新之风，比如《堂成》《江村》《春夜喜雨》《江畔独步寻花》《水槛遣心》等等。

可他乡再好，毕竟不是故乡。静下来的时候，杜甫还是希望战乱能尽早结束，以便自己能回归故土，与家人共享天伦。在当时写的《恨别》一诗中，他就抒写了这样的感慨：

> 洛城一别四千里，
> 胡骑长驱五六年。
> 草木变衰行剑外，
> 兵戈阻绝老江边。
> 思家步月清宵立，
> 忆弟看云白日眠。
> 闻道河阳近乘胜，
> 司徒急为破幽燕。

宝应元年（公元762年）的冬天，唐军收复了洛阳和郑（今河南郑州）、汴（今河南开封）等州，叛军首领纷纷投降。次年正月，正在梓州的杜甫听到这一消息后，仿佛看到了唐军全面胜利的曙光，于是在欣喜若狂之余，挥笔写下了他的"生平第一快诗"——《闻官军收河南河北》：

> 剑外忽传收蓟北，
> 初闻涕泪满衣裳。
> 却看妻子愁何在，
> 漫卷诗书喜欲狂。
> 白日放歌须纵酒，
> 青春作伴好还乡。
> 即从巴峡穿巫峡，
> 便下襄阳向洛阳。

历时八年之久的安史之乱终于结束了，但"放歌纵酒"后的杜甫，并没能如愿回到自己的家乡洛阳。等待他的，依然是漂泊。

杜甫之"穷困潦倒"：
诗圣的登高人生

【成语 1】稻粱谋

【释义】谋：谋求。禽鸟寻找食物。比喻人谋求衣食。

【出处】唐·杜甫《同诸公登慈恩寺塔》诗："君看随阳雁，各有稻粱谋。"

【成语 2】穷困潦倒

【释义】穷困：贫穷、困难；潦倒：失意。生活贫困，失意颓丧。

【出处】唐·杜甫《登高》诗："艰难苦恨繁霜鬓，潦倒新停浊酒杯。"

杜甫从少年时就开始到秦晋和吴越等地漫游。漫游期间，赏景、读书两不误，既为开眼界，也为自己的未来做好知识和能力上的储备。

开元二十三年（公元 735 年），二十四岁的杜甫来到了东都洛阳，他要考进士了。

考试结果未能如愿，落第了。

科场受挫，杜甫便又开始新一轮漫游——方向：东；地点：齐鲁和燕赵之地。

在齐鲁大地漫游期间，他登上东岳泰山，并写下了《望岳》一诗：

岱宗夫如何？齐鲁青未了。
造化钟神秀，阴阳割昏晓。
荡胸生层云，决眦入归鸟。
会当凌绝顶，一览众山小。

诗写得开阔、大气，字里行间透露着一个青年才俊的豪情壮志。

本篇要写的内容，都跟"登高"有关。

几年后，自齐赵之地归来，杜甫把家安在了洛阳。

天宝三年（公元 744 年）的夏天，杜甫和李白在洛阳相识，于是两人结伴东游，其间高适又入伙，三人同游梁（今开封）宋（今商丘）。后杜甫又跟李白同游了齐鲁大地。

此次东游，当然也是见山上山，见台登台。"气酣登吹台，怀古视平芜"（《遣怀》），很有些指点江山、激扬文字的气势。

杜甫和李白分别后，杜甫就来到了京城长安，准备一试身手，大展宏图。

但子美子美，只是他自己想得美，现实，确实不如看上去那么美。

在京城求爷爷告奶奶，又给皇上和朝廷一篇又一篇地献赋，折腾了几年，才落得个"待制集贤院"的名分。

这"待制"的时间有点长，两年过去了，还没得以授官。杜甫心想：我老有才了，你们都把那些平庸之辈选上去了，为何总也想不到我呢？

天宝十一年（公元 752 年）的一个秋日，杜甫同高适、薛据、岑参、储光羲四人，一起登上了慈恩寺塔（今大雁塔），然后每人各写了一首诗，杜甫写的是《同诸公登慈恩寺塔》，诗的后几句是这样的：

> 回首叫虞舜，苍梧云正愁。
> 惜哉瑶池饮，日晏昆仑丘。
> 黄鹄去不息，哀鸣何所投。
> 君看随阳雁，各有稻粱谋。

——回过头去呼唤虞舜那样的英主，可九泉之下的虞舜也在为当世发愁啊。想当年穆王与王母在瑶池饮酒作乐，竟然喝到夜幕降临到昆仑山头，想想真是令人痛惜！像黄鹄一样的贤能之士一个个远走高飞，哀鸣不止，不知所终。只剩下那些趋炎附势之徒，在朝中追名逐利，在为一己之利奔忙。

玄宗皇上只顾享乐，任凭平庸奸邪之臣祸乱朝纲，杜甫看在眼里，急在心里，他为自己着急，也为朝廷着急。

果然，三年后，安禄山就带着乱军打来了。好容易步入官场的杜甫，立即踏上了险恶的逃亡之路。

至德二年（公元 757 年），杜甫因追随新皇帝唐肃宗而官拜左拾遗，结果却又因为宰相房琯脱罪而遭贬官。

在华州司功参军任上，杜甫心内郁结，常常眺望不远处的西岳华山，一任思绪飞到天上，于是便有了他的第二首《望岳》：

> 西岳峻嶒竦处尊，
> 诸峰罗立似儿孙。
> 安得仙人九节杖，
> 拄到玉女洗头盆。
> 车箱入谷无归路，
> 箭栝通天有一门。
> 稍待秋风凉冷后，
> 高寻白帝问真源。

（峻嶒，读 léng céng；栝，读 guā）

在杜甫的眼中，华山是那样的高，那样的险，四周的山峰都好像是它的儿孙。没有仙人九节杖，要想登上顶峰，那可是难上加难的事。山上的峡谷非常险，就如一根箭杆直插到天上，牛子进来便很难回去。等到秋风过后，就登上山巅，到白帝那儿，访求成仙之道去。

再没了年轻时登泰山的豪情，杜甫开始彷徨无措，甚至有点心灰意冷了。

不久，杜甫就弃了官，北上秦州（今甘肃天水），后又南下四川。

初到四川那几年，在彭州刺史高适等人的帮助下，杜甫的生活有了起色，过得也算顺心。

代宗广德元年（公元763年）正月，闻听唐军收复河南河北的消息，杜甫欣喜若狂，并有了回归家乡洛阳的打算。

然后，杜甫欲东下游吴楚。次年在阆州时，又听说好友严武来任成都府尹兼剑南节度使，杜甫立即放弃东游吴楚的念头，马上跑回成都来追随严武了。

严武念及旧情，把杜甫招入自己的幕府中，还给了他一个"检校工部员外郎"的职务。

在成都当差期间，虽安史之乱已平息，可京城并不安定，因为吐蕃随后又乘机闹事。一天，杜甫登楼北望，写下了这首《登楼》诗：

> 花近高楼伤客心，
> 万方多难此登临。
> 锦江春色来天地，
> 玉垒浮云变古今。
> 北极朝廷终不改，
> 西山寇盗莫相侵。
> 可怜后主还祠庙，
> 日暮聊为《梁甫吟》。

之所以"万方多难""寇盗相侵"，只是因为皇上不圣明啊！在这样的形势下，杜甫也只能写写诗，像隐居时的诸葛亮吟诵一下《梁甫吟》罢了。

严武脾气很差，所以杜甫这个"检校工部员外郎"的差事干得并不顺心。一年后，杜甫辞了职。不久，严武去世。

之后，杜甫又来到夔州（今重庆奉节）讨生活。在夔州都督柏茂琳的帮助下，杜甫虽然吃穿不愁，可毕竟长期漂泊，加上年龄已大，他终于被病魔缠上了，眼花，耳聋，又有肺病，生活质量是每况愈下。

代宗大历二年（公元767年）秋，五十六岁的杜甫再次登高，并赋《登高》诗：

> 风急天高猿啸哀，
> 渚清沙白鸟飞回。
> 无边落木萧萧下，
> 不尽长江滚滚来。
> 万里悲秋常作客，
> 百年多病独登台。
> 艰难苦恨繁霜鬓，
> 潦倒新停浊酒杯。

满眼的萧条，满身的病痛，满腹的惆怅。曾经"穷年忧黎元，叹息肠内热"的杜甫，只能在追怀故人和往事中，艰难度日了。

在夔州生活三年后，杜甫又开始东

下，来到岳州，他登上了岳阳楼：

　　　昔闻洞庭水，今上岳阳楼。
　　　吴楚东南坼，乾坤日夜浮。
　　　亲朋无一字，老病有孤舟。
　　　戎马关山北，凭轩涕泗流。
　　　　　　（《登岳阳楼》）

　　孤苦无助，漂泊无依，拖着病躯站在岳阳楼上，诗人哭了。

　　接着，杜甫又来到衡州。在这里，他见到南岳衡山，不知当时他登山了没有，反正他又完成了他的第三首《望岳》，这诗主要突出衡山的神异，还用很多文字对祭祀之礼发表议论，最后两句是：

　　　牲璧忍衰俗，神其思降祥。

　　意思是说祭祀之玉要忍耐衰败的世俗，但神会借着它而降福人间的。

　　唐朝在走下坡路，杜甫也已步入衰朽的暮年。所谓的福分，那只有拜天所赐了。

　　杜甫后又来到潭州（今长沙），遇兵变，于是出城避乱，至耒阳又遇水灾，被困十多天。传说耒阳县令闻讯后，派人给杜甫送来酒和牛肉。因吃得太多、太急，一代诗圣竟被撑死了。

　　诗人倒下了，他再也不会登高了。而他留下的诗歌，却成了后人心目中难以企及的高度。

祖咏之"请长缨"：
考试不多写一字，仕途止在一开始

【成语】请长缨

【释义】指立志报国，降服强敌。自告奋勇请求杀敌。

【出处】唐·祖咏《望蓟门》诗："少小虽非投笔吏，论功还欲请长缨。"

其实"请长缨"这个典故，最初跟祖咏并无关系。说的是汉代有个叫终军的朝官曾向汉武帝请示，要亲赴南越（今广东、广西、越南北部一带），用一根长绳子绑缚南越王回来，使其归顺。

祖咏只是在他的《望蓟门》一诗中用了这个典故，并首次将其归纳为"请长缨"。

蓟门，在今天的北京西南，唐朝为范阳道所辖，是当时的边防重地。

祖咏是盛唐时的一位山水田园诗人，他为何要写《望蓟门》这首边塞诗，还要表达"请长缨"的志向？自然是有原因的。

祖咏大约生于武周圣历二年（公元 699 年），洛阳人。开元九年（公元 721 年），他到长安参加进士考试，没考上。

尚书省公布考试结果那天，得知自己榜上无名，祖咏当然会失落，但他并不丧气，因为他知道这不是自己才气不够，更多的是运气不佳，机会没到。

当看到那些落第者一个个失魂落魄地散去，又见那些上榜者志得意满的样子，祖咏心里不屑地"哼"了一声，小声念出几句：

落去他，两两三三戴帽子。

日暮祖侯吟一声，长安竹柏尽枯死。

（《尚书省门吟》）

祖咏想说的是：落第就落第吧，毕竟能上榜的只是少数。我祖咏可是有实力的，傍晚时候我要是在长安大街上随便吟句诗，两旁的竹柏都会被我的才气逼死。

你看，祖咏还是挺狂的吧？

三年后，这位不服气的祖才子又来

到京城，二进考场。

该考现场作诗了，诗题是《终南山望余雪》。这应试诗是有严格要求的：必须写成五言排律，限定六韵十二句，不能多一句也不能少一句。

祖咏看到诗题，抬头向南望了望窗外的终南山，但见山上的积雪在落日的余晖下，显得那么光亮，却分明又给人寒气逼人的感觉。

祖咏感觉远山上的寒意正阵阵向自己袭来，他下意识地抖了一下，然后似乎是不加思索地挥笔写下了下面四句：

终南阴岭秀，积雪浮云端。
林表明霁色，城中增暮寒。

写毕，祖咏又默读了一遍，觉得再没什么可写的了，于是交卷。

考卷交上去，主考官一看上面只有四句，就立即喊住他问：哎，你怎么没写完，要写十二句的不是吗？

祖咏面带微笑地回答了两个字："意尽。"意思是：该说的都在那二十个字上面了，再多写那就是废话了。

主考官再回看祖咏的诗，觉得也确实是"意尽"了，诗的水平也是相当的高，便无话可说了。

虽然祖咏在作诗时没按套路出牌，但主考官却因欣赏其才，破格录取了他。

祖咏以这种冒险的方式，获得了进士身份。

而之后的仕途，他就不是那么顺了。

考中进士的第二年，祖咏前往齐州（今济南）赴任，在济州（今属菏泽）遇到了因被贬而在那里任职的少时好友王维。两人同吃同住了几天之后，王维亲自将祖咏送到了齐州。

因为祖咏受宰相张说的赏识，张说被罢相后，祖咏便也立即被罢了官，他再次回到家乡，在汝水畔的一个名叫汝坟的地方住了下来。

失路农为业，移家到汝坟。
独愁常废卷，多病久离群。
鸟雀垂窗柳，虹霓出涧云。
山中无外事，樵唱有时闻。

（《汝坟别业》）

虽然有了属于自己的别墅，居住环境也不错，但这可不是祖咏想要的活法，因而他常常陷入"独愁""多病"的状态。

那一阶段，正巧诗人王翰被贬为汝州长史，祖咏便和他联系上了，两人自此密集来往，不是王翰来汝坟别业找祖咏，就是祖咏去汝州官署找王翰，一聚就是纵情喝酒，高谈阔论，写诗唱和那自然也是少不了的。

光这样挥霍时光总不是个事儿，祖咏觉得自己要主动出去寻找机会，总得给自个儿的人生一个说法吧？

于是，在之后的一二十年，他多次走出汝坟，向南，渡淮河，过长江，在吴越之地寻寻觅觅。见在江南无人买他的账，他又转头，一路向北，直达幽燕之地。

在边塞，他亲眼见识了壮美的塞北风光，也亲身体验了戍边战士的生活。他多希望自己像那些过去的边关名将一样，能勒石燕然，用武功来成就辉煌人生。

那日，面对着蓟门，祖咏激情澎湃，想象自己疆场立功的情景，当场吟出了《望蓟门》一诗：

> 燕台一望客心惊，
> 笳鼓喧喧汉将营。
> 万里寒光生积雪，
> 三边曙色动危旌。
> 沙场烽火侵胡月，
> 海畔云山拥蓟城。
> 少小虽非投笔吏，
> 论功还欲请长缨。

做不到像班超那样投笔从戎，"请长缨"的机会终也没能寻到。祖咏最后又回到了他的汝坟别墅，直至终老。

我们可以想象祖咏南下北上去追寻人生意义的情景，他那么轻狂，那么不拘一格，有哪座"庙"愿意留他这个"和尚"呢？这也难怪他一直沉沦下僚、壮志难酬了。

诗人卡片

祖咏（约699—约746），洛阳人，盛唐时期山水田园诗人，曾与王维交好。因不拘一格的应试诗《望终南余雪》而出名，其代表作还有《望蓟门》《汝坟别业》等。

常建之"曲径通幽"：
心安之处即吾乡

【成语1】曲径通幽

【释义】弯曲的小路，通到幽深僻静的地方。用来形容风景幽雅别致。

【成语2】万籁俱寂

【释义】籁，从孔穴里发出的声音；寂，静。形容周围环境非常安静，一点儿声音也没有。

【出处】唐·常建《题破山寺后禅院》诗："曲径通幽处，禅房花木深。""万籁此俱寂，但余钟磬音。"

到盱眙去做县尉，常建心里怎么也高兴不起来。一个小县尉，级别低不说，那平日都干的什么活啊？整天困在那些纠缠不清的世俗事务中，直接面对最基层的矛盾，好心情都被磨完了，常建心想：我苦读这么多年的圣贤书，难道就是为了过上这样的生活？

常建感觉头有点大，想不通，他就去找王昌龄。

"少伯（昌龄字）兄，你看咱们一块中了进士，你现在虽然只是校书郎，但好歹留在了京城。我倒好，被一脚踢到盱眙当县尉了！"常建一见到王昌龄，就这样报怨道。

王昌龄苦笑了一下，应道："还能咋样？朝中无人，你还想找个好差事？其实大多数跟我们一样的人，还不是从最下层的角色干起，再说，有人连个小差事也没混上呢！我比你大几岁，都三十了，我也耗不起了，只能认了。"

常建皱了皱眉，沉默了一会儿，又小声道："其实我挺讨厌做官的，若不是为满足父母和族人的期待，我根本不会来考这个进士。我现在就觉得，考了两次，毕竟这次考中了，也算没给祖宗丢脸，当官的事，那只能走着看了。"

王昌龄拍了下常建的肩膀道："官还是要当的，前些年，我曾在石门山隐居，可就算隐到死又能怎样呢？你看我这不还得来求取功名？"

"反正，我是觉得隐居更适合我，要不，咱俩再一块隐居去吧！"常建试探。

王昌龄呵呵笑了起来，对常建摇了摇头。

常建有些失望，告别王昌龄后，他边走边自语道：我得先去附近的山中待一阵子，然后再去盱眙上任。

他去了太白山。在山林里，他搭了一间茅房，过起了临时隐居的生活。

一天晚上，他做了个梦，梦见自己去一个山谷采药时，遇到一个奇怪的女子，那女子浑身长满绿毛，发如飞蓬，活脱脱一个野人模样。和那女子搭上话，才知她是秦朝人，为逃当时战乱，跑到深山中，平时靠吃松叶度日，松叶虽不好吃，但只要念一个秘诀就能不饿不冷，还不衰老。

常建醒来，就想梦里是不是有仙人来给他传授养生之术的。天明后，他还记得女子梦中告诉他的那秘诀，于是，每次进餐前，他就先念叨一番，一段时间下来，并无明显效果。

又在山中隐了几个月，常建才动身去盱眙赴任。

到地方时已是初秋。

在盱眙的第一天，常建乘船来到一家客栈住下，夜晚看着月光照进窗内，听着外面淮河水拍击岸边的声音，他想起了邢州老家和久别的亲朋，心中惆怅。

上任后，常建便一直不在状态，为此县令没少说他，连县丞和主簿也总是跟他闹别扭。

常建烦到了极点。不到一年，他干脆辞了官，走人了。

从盱眙出发，一路南行。

这日，常建到了常熟。在一个天气晴好的早晨，他走进了破山寺。

破山寺的后禅院真是个清幽之地，禅房被葱翠茂密的花木掩映着，竹林间有一条弯曲悠长的小路，每转一个弯，都有耳目一新的感觉。有一水潭，水清如镜。有悦耳的鸟鸣声不时从寺院外的山林中传来。

这一切的一切，让人心静且心净，再无世俗杂念困扰。

寺里的钟声响了，一首诗也在常建心中成了型：

清晨入古寺，初日照高林。
曲径通幽处，禅房花木深。
山光悦鸟性，潭影空人心。
万籁此俱寂，但余钟磬音。

（《题破山寺后禅院》）

禅院再好，终归不是隐身之地。常建走出破山寺，几日后又离开常熟，继续漫游寻找。途中，打听到江夏（今武昌）的樊山（西山）是个归隐的好去处，于是，他又跋山涉水地往那儿赶去。

经过安徽含山县时，常建联想起王昌龄曾在此地的石门山隐居过，便顺路去了石门山。

在山坡上，常建找到了王昌龄曾隐居的那个小院，见天色已晚，他就没急着赶路，决定先在那小屋内住上一夜再走。

常建见院里有不少花草，其中还有一些药草，想是王昌龄走前栽种的，院前有一棵大松树，郁郁苍苍的。院外有小溪从院旁流过，直到山林深处。

夜幕降临了，月亮升起来了，清辉无声地笼罩着山上的一切。常建想象王昌龄之前在此隐居的一幕幕，想象自己以后就要面对的隐居生活，他对着月光下的大山轻吟道：

清溪深不测，隐处唯孤云。

松际露微月，清光犹为君。
茅亭宿花影，药院滋苔纹。
余亦谢时去，西山鸾鹤群。

（《宿王昌龄隐居》）

数日后，常建赶到了心中的圣地——西山。

在西山安顿下来后，他对自己说：走再远的路，还不是为了寻找这份幽静？是的，就是这儿了。

常建从此在西山隐居起来，直至终老。

📎 诗人卡片

常建（生卒年代不详），唐朝邢州（今邢台）人。一生多在漫游中度过，后隐居。诗多写山水风光，以《题破山寺后禅院》一诗被后人熟知。

王昌龄之"冰心玉壶"：
清者自清，真的吗？

【成语】冰心玉壶，亦作玉壶冰心

【释义】比喻人的纯洁清白的情操。

【出处】唐·王昌龄《芙蓉楼送辛渐》诗：
"洛阳亲友如相问，一片冰心在玉壶。"

大漠。雪山。关塞。冷月。兵甲。烽烟。

到了这西北边塞，王昌龄被眼前的景象深深地震撼了。他体验到了那种旷远和荒凉，亲眼见证了为国守疆的边关将士的一腔热血，也感受到了生命的渺小和无助。

秦时明月汉时关，万里长征人未还。
但使龙城飞将在，不教胡马度阴山。

（《出塞》）

王昌龄来到边关，心中自有其雄心壮志，他希望自己能成为一名军中将帅，他渴盼在这样的戎马生活中建功立业。

而现实情况是，他只是一个书生。一年多的边关之行使他意识到：必须回

去，像自己这样的贫寒人家的子弟，要想改变命运，还得走科举这条路。

从塞外回来，王昌龄没有立即去京城，他先去了石门山，隐居了几个月。

隐居期间，回顾了自己年少苦读、嵩山学道以及此次边关之行的经历，又对未来的人生作了简单的规划，王昌龄方起身进京应试。

开元十五年（公元727年），王昌龄进士及第。这一年，他三十岁。

然后他就有了官职：秘书省校书郎。

在朝廷做官了，王昌龄长长松了口气。他觉得只要认真做事，真诚待人，就能拥有一个光明的未来。

能一块共事的就是缘分，有缘就是朋友，心思单纯的王昌龄对身边的每一个人都是热情相待，知无不言，不耍心眼，从而赢得了多数人的信任。

有时，他也会对那些寂寞的宫女投去关注的目光：

平阳歌舞新承宠，帘外春意赐锦袍。

（《春宫曲》）

西宫夜静百花香，欲卷珠帘春恨长。
（《西宫春怨》）

玉颜不及寒鸦色，犹带昭阳日影来。
（《长信秋词五首其三》）

失宠的宫女孤眠不寐，让人同情。宫女有怨，在校书郎这小小职位上一坐七八年不动的王昌龄何尝没有怨言呢？——皇上哦，难道我就只值这个价？

越想心里越不平衡，王昌龄决定再次用考试来证明自己。开元二十二年，他参加了"博学宏词科"的制科考试。考试过关，他的职位也终于有了变化：任河南汜水（今荥阳市境内）县尉。

级别没变（从九品），还离开了京城，王昌龄心中的郁闷可想而知：考哪门子博学宏词科呢？我这不是跟自己过不去吗？

可这汜水县尉也不是那么好当的。一上任，王昌龄就体会到当初常建为何不想当盱眙县尉的了。尽管如此，王昌龄还像以往那样口无遮拦，与人为善，该干活就干活，该交友就交友，想作诗就作诗。

有才，当然就出类拔萃，出类拔萃就会受到忌恨。然后，就有人开始在背后说他坏话，说他言行随便，目无朝廷，甚至不把皇上放在眼里。

这样的话传到了吏部，最后又传到皇上耳中。皇上眉头一皱，也没多想，给了个处理意见：贬他！

王昌龄便被一脚踢到了岭南，在岭南一待就是四五年，直到开元二十七年（公元 739 年）遇赦北还。

回去的途中，王昌龄在巴陵（今岳阳市）遇到李白，在襄阳拜访了孟浩然，分别与二位喝了酒，赋了诗。

可王昌龄不知道当时的孟浩然有病在身，两人喝酒后不久，孟浩然便病发身亡了。

回到长安，王昌龄从吏部那儿又领到一个新的职位：江宁（今南京）县丞。

转身南下，开元二十九年（公元 741 年）初，王昌龄到江宁任上，又开启了一个地方县丞的生活。

在新的职位上，他对上次被贬岭南一事依然耿耿于怀——没犯什么错，却要受如此大的惩罚，为什么？也许是自己平时心直口快，有时话题会涉及朝廷内部的事儿，但也只是点到为止，再说周围的人也并不忌讳这样的话题，可为何独独自个儿会被定罪呢？

两年后，好友辛渐来江宁，王昌龄见到他，又提及被贬一事，并称自己对朝廷可是别无二心，即使偶有微词那也是为了江山社稷着想，绝无私心恶意。

辛渐信任王昌龄，他对王昌龄的心情表示理解。几日后，辛渐要回洛阳了，王昌龄正好有事要去润州（今镇江），于是，两人同行。

到了润州，王昌龄和辛渐一起登上

芙蓉楼，在绵绵寒雨中眺望吴地江天。满怀离愁别绪的王昌龄在无限感慨中，赋诗一首与辛渐作别：

寒雨连江夜入吴，平明送客楚山孤。
洛阳亲友如相问，一片冰心在玉壶。

王昌龄两年后又回了一次长安，见到李白和王维后，他再次向两人诉说隐衷，两人都表示理解并给予宽慰。

好像就是有人故意要找王昌龄的碴儿，天宝七年（公元748年），他又几乎以同样的理由被贬为龙标（今湖南怀化一带）县尉。王昌龄欲辩无言，欲哭无泪。不久之后，连远在扬州的李白都写下了《闻王昌龄左迁龙标遥有此寄》，算是从远方送给好友的安慰：

杨花落尽子规啼，闻道龙标过五溪。
我寄愁心与明月，随君直到夜郎西。

倒霉的王昌龄在龙标又待了八个年头，任期终于满了，他也该回来了。

可是他终于没能回来。当他路过亳升州境时，竟出人意料地死于亳州刺史闾丘晓之手。个中原因，至今成谜。

岑参之"愁云惨淡"：
我是藤，我想攀高枝

【成语】愁云惨淡

【释义】惨淡：暗淡。原指阴沉沉的云层遮得天色暗淡无光。也用以形容使人感到忧愁、压抑的景象或气氛。

【出处】唐·岑参《白雪歌送武判官归京》诗："瀚海阑干百丈冰，愁云惨淡万里凝。"

> 石上生孤藤，弱蔓依石长。
> 不逢高枝引，未得凌空上。
> 何处堪托身，为君长万丈。

这首题为《石上藤》的小诗，是岑参早年写的，诗句的意思也不难懂：有一根藤条沿石生长，可石头太低了，不好攀缘爬高，如果有大树在近旁，就可以靠着高枝向上爬了。

为何岑参要写这首诗？因为他把自个儿比作石上藤，他想攀高枝啊。

岑参山身名门望族，曾祖岑文本、伯祖父岑长倩和伯父岑羲都曾官至宰相，他们的家族是名副其实的"一门三相"。岑参出生后，为相的几个长辈都已不在世了；他的父亲岑植虽干到晋州刺史一职，但也在他十来岁的时候就去世了。因此，岑参要想出人头地，除了好好读书，还得寻一个"高枝"，以便"托身""凌空上"。

于是，岑参就在二十岁时，走出其隐居多年的嵩阳之地，来到了京城长安。此后的近十年里，他一直频繁奔波于长安和洛阳之间，一次又一次地给各级官员献书、献诗，以求引荐，可最终都是秃子头上盘辫子——白忙活。

人到三十，岑参越来越沉不住气，他在天宝二年（公元743年）的冬天写了篇《感旧赋》，发了通感慨，便于次年赴举去了。

毕竟有实力，岑参一考就拿了个第二名。进士及第后，就有了官员身份：右内率府兵曹参军。

在京城当一个从八品的小官，虽衣食无忧，但并没多少成就感，一天天过去，岑参也看不出自己有什么可以上台

阶的迹象，他又有点沉不住气了："丈夫三十未富贵，安能终日守笔砚？"（《银山碛西馆》）

好友颜真卿要去出使河陇了，岑参送行并赠诗，回来后，岑参就有了主意：去西北边塞！立了军功，何愁不升？

正巧第二年安西四镇节度使高仙芝回朝，岑参抓住机会，得到一个掌书记的身份，跟着高仙芝去了安西。

但军功不是想立就能立的。

岑参踏上西行的大道，走到半路就被眼前的荒寂和旷远惊住了，他开始念家，见到一个回京的使者，心有感触，写下了《逢入京使》：

故园东望路漫漫，双袖龙钟泪不干。
马上相逢无纸笔，凭君传语报平安。

经过了神奇的火焰山，见到了雄美的天山，岑参来到了高仙芝的幕府中。这幕府中给高仙芝当副手的是一个名叫封常清的人，他的身份是节度判官。高仙芝对封常清很着重，而对新来的岑参则并不怎么在意。

顶头上司虽姓高，却并不是可以依靠和攀缘的"高枝"，岑参慢慢有了失落感，他开始想家了。

等五年任期一满，岑参便如释重负地回归长安，担起了大理评事一职。

又开始在京城待着，依然是没有高升的迹象。不过岑参倒和杜甫、高适等

几个诗友登过一次"高"——爬慈恩寺塔（大雁塔），爬完各写了一首诗就下来了，身份依旧。

两年后，封常清入朝。这次再见到的封常清已不是几年前的那个封常清了，人家已是皇帝亲封的正三品御史大夫了。

看着老同事那一副风光无限、志得意满的样子，岑参心下叹道：还是在部队立功升得快啊！上次我那样着急回来是不是太沉不住气了？

当得知皇上让封常清暂任北庭都护、伊西节度使，需再次北征后，岑参立即表现出也想参与北征的热情，结果他也如了愿，且身兼大理评事、监察御史、北庭节度判官等数职。看来，岑参要走上一条前程似锦的阳关大道了。

岑判官来了，原先的那个武判官要另行高就了。在中原还只是深秋天气，可是在这西北胡天，却已下起了大雪。岑参顶风冒雪把武判官送到了轮台东门，看着前任的身影渐渐消失在雪野之中，岑参刹那间竟怅然若失，忽而思绪又随着漫天雪花飞舞起来：

北风卷地白草折，胡天八月即飞雪。
忽如一夜春风来，千树万树梨花开。
散入珠帘湿罗幕，狐裘不暖锦衾薄。
将军角弓不得控，都护铁衣冷难着。
瀚海阑干百丈冰，愁云惨淡万里凝。
中军置酒饮归客，胡琴琵琶与羌笛。

纷纷暮雪下辕门， 风掣红旗冻不翻。
轮台东门送君去， 去时雪满天山路。
山回路转不见君， 雪上空留马行处。

（《白雪歌送武判官归京》）

等"惨淡"的"愁云"退去后，岑参的心空也随之晴朗起来，他开始跟着封常清一次又一次地出征，一次又一次地宴饮，一次又一次地登高，他感觉出了自己在封节度使心中的分量，他觉得自己这个藤条真的攀到高枝了。

可是，就在岑参沉浸于对自己未来的美好想象中时，安史之乱爆发了。然后封常清就和高仙芝一起回长安勤王去了，然后两人都打了败仗，然后玄宗就把封、高两人的脑袋砍了。

封常清被砍，岑参攀附的高枝也就断了。至德元年（公元757年），四十三岁的岑参又去攀肃宗的高枝，结果领了个右补阙的官职，两年后的三月，升为起居舍人，四月始任虢州长史。四十八岁时回长安，任太子中允，之后几年又不断换官位，直到五十一岁时升为嘉州（乐山）刺史，因遇蜀地兵乱，当年没法赴任。

永泰二年（公元766年），岑参又随杜鸿渐的军队去平定蜀乱，在成都逗留了一段时间，第二年开始前往嘉州，上任不到一年，却被莫名罢官。兵荒马乱中，岑参再次来到成都。

成都是个美丽的地方，但被困住的岑参已无欣赏风景的好心情了，"久客厌江月，罢官思早归。眼看春光老，羞见梨花飞"（《送绵州李司马秩满归京，因呈李兵部》），窗外春光明媚，而岑参的心空却是一片"愁云惨淡"。

大历五年（公元770年）正月里的一天，一心北归的岑参在成都困居一年多后，于一间旅舍内永远闭上了眼睛。

诗人卡片

岑参（约715—770），荆州江陵（今湖北江陵）人，唐朝著名边塞诗人，与高适并称"高岑"。代表作有《走马川行奉送封大夫出师西征》《轮台歌奉送封大夫出师西征》《白雪歌送武判官归京》等。

高适之"付诸东流"：
五十年的期盼，十年的灿烂

【成语】付诸东流

【释义】付：交给；诸：之于。扔在东流的水里冲走。比喻希望落空，成果丧失，前功尽弃，好像随着流水冲走了一样。

【出自】唐·高适《封丘作》诗："生事应须南亩田，世情尽付东流水。"

有个成语叫"无所适从"，这里的"适"是"往""到……去"的意思。按此解释，"高适"可理解为"适高"，也就是"到高处去"之意。高适的字叫"达夫"，"达"和"适"的含义应该是差不多的。

所以，不妨给"高适"这个唐代诗人的名字来个通俗的解读：人往高处走。这也是自古以来，大多数人的自觉行动。有理想有抱负的高适当然也是这么想、这么做的，并且他也真的走到了很高的地方。

这"高"指的是官衔高、待遇高。

好，我们就来看看他曾坐过的那些官位：左拾遗、监察御史、侍御史、谏议大夫、御史大夫、扬州大都督长史、淮南节度使、太子詹事、彭州刺史、蜀州刺史、剑南节度使、刑部侍郎、散骑常侍、渤海县侯。

当高适被授予左拾遗一职时，他已经五十二岁了。左拾遗是从八品的小官，而上面所列的那个御史大夫则是正三品的大员，高适完成这个过渡仅仅用了不到一年的时间。这样快、这样大的人生跨越，称得上是火箭式的速度了。

高适为何升得如此神速？因为他在朝廷最需要的时候，及时出现且发挥了关键性的作用。

也可以说，是安史之乱成就了高适。

安史之乱一爆发，高适就随哥舒翰进京讨贼，他的身份也由哥舒翰的掌书记升为左拾遗，很快又以监察御史身份辅佐哥舒翰守潼关。虽然最终潼关失守了，但高适见机行事，忙跑回宫里献好，让玄宗跑往四川避难。玄宗赞同并采纳，顺便将高适提拔为侍御史。高适继续帮玄宗分析形势，出主意，想办法，玄宗一高兴，很快又把他封为谏议大夫。

当唐肃宗掌控全局时，永王李璘想搞独立。高适及时赶到，君臣之间又是一通分析权衡。唐肃宗很欣赏高适的眼光和能力，便将他破格提拔为御史大夫，又让他兼任扬州大都督长史和淮南节度史，领兵讨伐李璘。结果是大胜而归，连把追随李璘的"诗仙"李白也俘获了。

高适这次立了大功，却没有升职，原因是：宫中红人李辅国在皇上跟前使坏。

唐肃宗听信谗言，就把高适贬为了太子詹事。不久，高适就去了四川，先当彭州刺史，再是蜀州刺史、剑南节度史。

广德二年（公元764年），高适被唐代宗李豫召回宫。高适当太子詹事时的那个太子就是李豫，所以李豫上台了，对高适也是很关照的，很快将他提为正三品的左散骑侍郎。

看这趋势，高适真的是往天上升的节奏。次年，他倒真的升到天上——驾鹤西去了。

高适的最后十年享受着高官厚禄，荣耀风光。那他五十岁之前的生活是怎样的呢？概括地说就是：东奔西跑，写诗科考，当过县尉，心情不好。

二十岁时从老家沧州跑到京城长安，后在开封、宋州一带漫游并定居宋城。三十岁左右开始北游燕赵。

去长安，当然是求人引荐。"举头望君门，屈指取公卿"（《别韦将军》），本来是自信满满的，一到京城，高适才慢慢意识到自个儿之前的想法太单纯了，一个没有背景的穷小子，想跻身公卿，谈何容易！

求靠无路，只得暂离京城，找个地方躬耕自济。

在梁宋客游时，高适也会主动结交那些地方官员，可那些小官多数都是认钱不认人的主儿，高适把仅有的钱财花光了，也没买到个真心帮他的人。

几年后，高适又有了从军的想法。他开始北游燕赵，想到信安王幕府效力，虽然最终未能如愿，可他见识了东北边塞将士的真实生活，也亲眼看到了那些所谓的将军们好大喜功而又醉生梦死的真相。这一切，促成了高适的那首边塞诗杰作——《燕歌行》的问世，"战士军前半死生，美人帐前犹歌舞"，鲜明的对比，残酷的现实！

边塞同样令人沮丧，高适又回到了宋州。

天宝三年（公元744年），高适在开封与李白、杜甫相遇，三大诗人携手同游，一直游到齐鲁。

三年后，吏部尚书房琯被贬出京，他的门客——著名琴师董庭兰也随之离开了长安。这年冬天，董庭兰和高适在宋州相遇了。一个是失落的音乐圣手，一个是茫然的浪游才子，两人一见如故，惺惺相惜，分手之际，下起了大雪，高适便为董庭兰献上了那首《别董大》：

千里黄云白日曛，北风吹雁雪纷纷。
莫愁前路无知己，天下谁人不识君。

天宝八年（公元 749 年），四十六岁的高适在宋州刺史张九皋的荐举下，参加了有道举考试，中第后，被授以封丘县尉一职。

也算是做官了，可一到任上，高适就头大了，这哪是人干的差事啊：对待长官得弯腰屈膝，时时处处得谨言慎行，而对待老百姓就必须疾言厉色，昧着良心去执行那些不得人心的公务。

跟之前预期差距太大，高适失望极了，他只能用诗歌来表现心中的矛盾和烦忧：

我本渔樵孟诸野，一生自是悠悠者。
乍可狂歌草泽中，宁堪作吏风尘下？
只言小邑无所为，公门百事皆有期。
拜迎长官心欲碎，鞭挞黎庶令人悲。
归来向家问妻子，举家尽笑今如此。
生事应须南亩田，世情尽付东流水。
梦想旧山安在哉，为衔君命且迟回。
乃知梅福徒为尔，转忆陶潜归去来。

（《封丘作》）

"生事应须南亩田，世情尽付东流水。"田园归隐，抛却那一切烦人的人情世故，高适思前想后，辞官了。接着，他去了西域，得到了陇右、河西节度使哥舒翰的赏识，入了哥舒翰的幕府。

三年后，安史之乱爆发。高适自此平步青云。

> **诗人卡片**
>
> 高适（704—765），字达夫，一字仲武，渤海（今河北沧州）人，后迁居宋州宋城（今河南商丘），担任过左散骑常侍一职，世称"高常侍"。盛唐著名边塞诗人，与岑参齐名。代表作有《别董大》《燕歌行》等。

孟郊之"春风得意"：
一朝春风得意，一生寒风吹彻

【成语1】春风得意

【释义】和暖的春风很适合人的心意，后形容人做事顺利，志得意满的神情。

【成语2】走马观花

【释义】走马：骑着马跑。骑在奔跑的马上看花。原形容事情如意，心境愉快。后多指大略地观察一下。

【出处】唐·孟郊《登科后》诗："春风得意马蹄疾，一日看尽长安花。"

【成语3】寸草春晖

【释义】寸草：小草；春晖：春天的阳光。小草微薄的心意报答不了春日阳光的深情。比喻父母的恩情，难报万一。

【出处】唐·孟郊《游子吟》诗："谁言寸草心，报得三春晖。"

孟郊刚懂事不久，他的父亲孟庭玢（bīn）就因病去世了。

孟庭玢生前只在昆山做过很短一段时间的县尉，一家五口都靠他一人的微薄收入度日，日子过得很是艰难。

孟庭玢的三个儿子中，孟郊好像一直是郁郁寡欢的一个。

父亲去世后，孟郊就更少言语了。苦读之余，他总是望着一个地方发呆。

只有待在母亲身边的时候，孟郊的脸上才会出现难得一见的笑容。他会专注地看母亲为他缝补衣服，也会轻声聊些书上读来的故事和心得。看着母亲因整日操劳而粗糙不堪的双手，他的心上会生出隐隐的痛。

有时，他也会主动帮助母亲做事，母亲每每会阻止他："郊儿，你是个聪明的孩子，你只要好好读书就行了，以后考上个功名，这比什么都好。"

孟郊记住了母亲的话，从此读书越发用功，他对自己说：要走出去，要出人头地，只有如此，才能做成大事，一滴水要是不去融入大海，又怎能掀起冲天浪涛呢？

二十岁那一年，孟郊告别了母亲和两兄弟，只身一人从家乡湖州奔京城而去。半路上，他想到自己一寒门子弟，倘若直接应举，上榜的可能性太小了，他想先隐居，等有了名声，再作打算。

因此等走到河南嵩山下，他就暂停脚步，找地方住了下来。

隐居期间，孟郊努力改变自己，偶尔会硬着头皮去接近当地一些官员，结果次次是灰头土脸而归。

身心疲惫地过了几年，他思家的念头越来越强烈。穷愁无路，只有回到母亲的身旁才是最好的安慰。

到家见到母亲，母亲没有责怪他，只是劝他先成家，科考的事等等再说。

一年后，孟郊结婚了。妻子是一位柔弱温顺的女子，可是和孟郊一起生活刚两年，她就不幸病逝了。

丧妻之痛过后，孟郊再次一头扎进书堆中去。

时光匆匆，转眼已近而立之年，孟郊眼见家里境况日益不堪，他决意再次外出。

去了河南，去了江西，去了苏州，去了好多地方，他渴求被引荐，期盼一步到位。

但当时的藩镇割据愈演愈烈，时局似乎越来越乱，官员在互相倾轧，人民在底层挣扎，孟郊看到这一切，渐渐心灰意冷。

荒废了十年光阴，转了一大圈，他再次回到自己的家。

到家后不久，他又和一个姓郑的女子成了亲。

母亲仍坚持让他考取功名。

德宗贞元七年（公元 791 年），年过四十的孟郊通过了湖州乡试，于第二年去长安应进士第，结果落榜了，唯一值得欣慰的是他的才情得到了韩愈的赏识。

次年再考，依然落榜。

两次受挫让孟郊的心开始流血，夜晚醒来，常常愁肠百结，叹息不已：

> 一夕九起嗟，梦短不到家。
> 两度长安陌，空将泪见花。
> （《再下第》）

连听到猿的叫声，内心都会被深深触动——"时闻丧侣猿，一叫千愁并"（《下第东南行》）。

又过了三年，在母亲的规劝下，孟郊再赴长安应试。

这次，他中了！！！

这一年，他已四十六岁了。终于能够给老母亲一个交代了，终于有了一个生命中的转机。压抑了数十年的内心终于有了一个释放的机会，孟郊走到了一生之中最为得意的时刻：

> 昔日龌龊不足夸，今朝放荡思无涯。
> 春风得意马蹄疾，一日看尽长安花。
> （《登科后》）

往日的贫穷和窘迫真的不值一提了，今日金榜题名，心空瞬间云开雾散。

但是，好不容易登了科的孟郊却并没迎来他想象的生活。

又等了四年，他才等了一个溧阳县尉的官位。尽管不满意，但毕竟有了薪俸。上任后，为了能更好地照顾母亲，他把辛劳大半辈子的老人家接到了身边。

每天的公务，琐碎而让人生厌，只有回到母亲身旁，孟郊的心中才会得到一些慰藉。每次出门，母亲都会对他再三叮嘱，仿佛他还是个孩子似的。

这晚，孟郊看着床前为他缝衣的母亲，内心禁不住一阵酸楚，想到小时候在老家的那一幕幕，想到母亲的慈爱，想到官场的复杂和人世的无奈，他轻声诵出一首诗：

慈母手中线，游子身上衣。
临行密密缝，意恐迟迟归。
谁言寸草心，报得三春晖。
（《游子吟》）

这是游子的吟唱，母爱的颂歌。

官场现状与人生理想的巨大差距，让县尉孟郊的心总是处于痛苦的撕裂状态。他不愿去做那些无聊、无情、无绪的差事，有时索性跑到附近山林里，饮酒弹琴，赏景吟诗。为此县令大光其火，干脆求上级派个人来代孟郊处理公务，俸禄也只发他一半。

孟郊也不计较，等母亲去世后，他便断然辞了官。

然后，孟郊便陷入更大的困顿之中。

家中，郑氏为他生的孩子也夭折了。

病叟无子孙，独立犹束柴。
（《杏殇》）

老无所依，贫病交加。

"今天我，寒夜里随风飘过"，倔强可怜的孟郊终于混到了一无所有的地步。

唐宪宗元和九年（公元814年），孟郊的最后一个机会来了：兴元节度使给皇帝上书，推荐孟郊担任幕府参谋，见习大理评事，得到许可。六十四岁的孟郊闻命后，从洛阳赶去赴任，当年八月，行至河南阌乡县（今河南灵宝）时，不幸暴病身亡。

📎 **诗人卡片**

孟郊（751—814），字东野，唐朝湖州武康（今浙江省德清县）人。科举不顺，诗多反映人世悲辛，故有"诗囚"之称。与贾岛诗风接近，两人并称"郊寒岛瘦"。代表作有《登科后》《游子吟》等。

寒山子之"改头换面"：
寒岩心不冷，深山得重生

【成语】改头换面

【释义】原指人的容貌发生了改变。现多比喻只改外表和形式，内容实质不变。

【出自】唐·寒山《诗三百三首》第二一四首："改头换面孔，不离旧时人。"

他曾经有过不错的家庭条件，仕宦门第，养尊处优。

少年时，他曾骑着白马，携鹰游猎，也曾博览群书，胸怀大志。

饱读诗书之后，开始踌躇满志地去走科举之路，可是未能如愿，第一次失败了，第二次也失败了。

自那时起，家人开始嫌弃他，亲戚都来抱怨他，朋友们也冷落他。他不服气，带着妻子从京城来到乡下，在隐居中温习攻读，可还是每考必败。

年过三十，第五次落榜后，他的妻子也终于沉不住气了。他每次从书堆里抬起头来，看到的都是妻子冰冷的面孔，听到的也是怪罪的话语。

他想：我要是一辈子考不上，难道以后就得这样憋屈地过下去了？

反思了几天后，他终于做出了一个决定：不考了！世态炎凉如此，整日受闲气，哪如我一人云游四海来得逍遥自在。

他真的离家出走了。孤身一人，风餐露宿，见山登山，见水玩水，穿过滚滚红尘，识遍人情世故。

最后，他来到了浙东的天台山。这里山清水秀，林密谷深，人迹罕至，石奇洞幽，正是隐居的好地方。

在山上的寒岩，找到一处合适的山洞，他将自己安顿了下来。

出生三十年，尝游千万里。

今日归寒山，枕流兼洗耳。

他真的成了一个隐士。

赏景、静坐、读书、写诗，有时，他也会下山和人交流。可他更喜欢和那些放牛的小孩子相处，因为小孩子不会问他那些世俗的问题，不会用怪异的眼光打量他。

有了感受和想法，他就会写诗。那些诗，有的刻在石头上，有的刻在树身上，也有的刻在墙壁上。

题了诗，留什么名好呢？他不想留自己的真名，那个名字已属于过去了。现在既然隐在这寒岩之上，那就叫自己寒山或寒山子吧。

假如寒山子突然出现在你的面前，你看到的将是这样一副尊容：戴着一顶树皮做成的帽子，穿着一件已看不出底色的破布衣衫，脚踏一双木鞋，满脸憔悴，胡子拉碴。

你要跟他谈"儒"，他会乐意奉陪。

你要跟他谈"道"，他会语出惊人。

你要跟他谈"佛"，不夸张地说，他几乎能将你领进佛门。

因为寒山在隐居期间，对佛家经典读得最多，悟得最深。他和住处附近国清寺的丰干禅师和拾得和尚来往密切，他虽然没有正式皈依佛门，但绝对算得上一个得道的禅师。

但你要是一个世俗之人，对不起，那就别交流了，因为你会看不起他，他也瞧不起你。用他自己的诗来说就是：

> 智者君抛我，愚者我抛君。
> 非愚亦非智，从此断相闻。

若有哪个官员认为他是个人才，想邀他下山去发挥作用，那对不起，给钱，他也不会去的：

> 秉志不可卷，须知我匪席。
> 浪造山林中，独卧盘陀石。
> 辩士来劝余，速令受金璧。
> 凿墙植蓬蒿，若此非有益。

相传，那个叫闾丘胤的地方刺史曾专门来找他，他哈哈大笑着转身入洞，竟没理会人家。

当然，寒山有他自己的人生观，他也常常写诗劝诫世人，要勤劳不要懒惰啊，要寡欲不要贪婪啊，要清心啊，不要吃肉啊什么的。

他惧怕那二界轮回之苦，向往着不生不灭的涅槃境界：

> 可畏轮回苦，往复似翻尘。
> 蚁巡环未息，六道乱纷纷。
> 改头换面孔，不离旧时人。
> 速了黑暗狱，无令心性昏。

在天、人、畜生、阿修罗、饿鬼、地狱这六道中反复地"改头换面"，是多么痛苦的事情。而寒山在山中隐居悟道，正是为了摆脱恐怖的"黑暗狱"啊！

但寒山并未能完全进入物我两忘、四大皆空的境界，有时候，他还会想起心中那未了的尘缘，他会想念自己的妻子：

昨夜梦还家，见妇机中织。
驻梭如有思，擎梭似无力。
呼之回面视，况复不相识。
应是别多年，鬓毛非旧色。

也会想念家中的弟兄：

去年春鸟鸣，此时思弟兄。
今年秋菊烂，此时思发生。
绿水千场咽，黄云四面平。
哀哉百年内，肠断忆咸京！

还会想念家乡人，感叹时光易逝：

一向寒山坐，淹留三十年。
昨来访亲友，太半入黄泉。
渐减如残烛，长流似逝川。
今朝对孤影，不觉泪双悬。

但想念归想念，过去的已然回不去，故乡也回不去了！

寒岩，才是他最终的归宿：

一住寒山万事休，
更无杂念挂心头。
闲书石壁题诗句，
任运还同不系舟。

有大自然的景致，有禅心和诗情，何况，他还有一个知音——拾得和尚，其他的，还需要什么呢？

拾得会给他带来一些吃的，尽管那吃的只是国清寺的剩饭剩菜。

能填饱肚子就行，管什么剩不剩，好不好吃呢？

寒山更在乎的，是能和拾得一起谈佛论诗。有次，寒山问拾得一个问题："世间有人谤我、欺我、辱我、笑我、轻我、贱我、恶我、骗我，如何处置乎？"

拾得回答道："只是忍他、让他、由他、避他、耐他、敬他、不要理他，再待几年，你且看他。"

寒山找到了这样一个人生答案，所以才能以苦为乐，才能在"啾啾常有鸟，寂寂更无人"的地方成就自己的人生大智慧。

在天台山，寒山共隐居了七十多年。七十多年间，他先后题写了六百多首诗，后经有心人搜集整理，保留下来三百余首。

自己的诗歌在当世不被人接受，但将会流传后世，对此寒山是充满信心的：

有人笑我诗，我诗合典雅。
不烦郑氏笺，岂用毛公解。
不恨会人稀，只为知音寡。
若遣趁宫商，余病莫能罢。
忽遇明眼人，即自流天下。

寒山诗真的流传下来了，他和拾得两人，也以"和合二仙（圣）"的形象，

在我国民间被人们广泛尊崇和供奉。在
20世纪，他的诗还曾流传到日、美、英、
法等国，他本人也曾被一些人群奉为精
神偶像。

吾心似秋月，碧潭清皎洁。

无物堪比伦，教我如何说。

有诗为证，无须解释。

诗人卡片

寒山子（生卒不详），亦称寒山，唐代长安（今陕西西安）人。二十多岁时因科
考不第而出家，隐于浙东天台山数十年，其间曾与另两寺僧拾得、丰干为友。诗歌通
俗而富禅意哲理，后人辑有《寒山子诗集》。

张继之"月落乌啼"：
那一夜的不眠，是一种成全

【成语】月落乌啼

【释义】形容天色将明未明时的景象。

【出处】唐·张继《枫桥夜泊》诗："月落乌啼霜满天，江枫渔火对愁眠。"

站在进士榜前，张继的心情志忑到了极点。

看着榜单上那一行行的人名，他的眼睛竟瞬间有些模糊起来。

想起上次落第的情景，张继心里又是咯噔一下。

调整呼吸，努力让自己平静下来。张继将目光对准榜单，从第一个名字看下去。

第一个不是。第二个不是。第三个不是。第四、五、六……都不是。张继的思绪又开始混乱起来，他轻轻地晃了一下脑袋，好像要把干扰他情绪的东西晃到一边似的。

张继！

终于，在榜单中间，他看到了自己的名字。

不相信眼睛，那就再看一遍，再看一遍，是的，没错，就是跟了自己三十多年，既熟悉又陌生的两个字：张继。

此时，张继才注意到身边那些举子们的举动。中榜的自然喜笑颜开，落榜的只有黯然转身。

有人过来向张继表示祝贺，张继这才回过神来，故作镇静地回以微笑，还礼，然后便与两个熟悉的举子一起去街里喝酒去了。

正是二月，京城的天气依然很冷，但张继的心里却暖暖的。

这是天宝十二年（公元 753 年），张继进士及第了。

经历了一段日子的登科风光之后，张继的心慢慢平静下来，他要等待吏部的铨选，毕竟登科还是为了入仕。

等啊等，这等待真的如同煎熬。等了两年，总算等到了结果，但这结果却让张继的热情一下子降到了冰点：落选！

虽然之前已有了思想准备，但事到

临头的一刻，还是觉得难以承受。

调与时人背，心将静者论。
终年帝城里，不识五侯门。
（《感怀》）

没有显赫背景，又不想在公卿面前摇尾乞怜，在京城那么多年，不随波逐流，不趋炎附势，落选，又能怪谁呢？

茫然地走回住所，张继觉得自己已变成了一具行尸走肉。

当张继做出回乡打算之后，他又听到一个令他万分震惊的消息：范阳节度使安禄山反了，很快就会打到京城。

这是国家的灾难！与之相比，个人的失意便算不上什么了。

长安城内已是人心惶惶，更令人心中没底的是，连唐明皇都跑到蜀地去了。

那就走吧。城中的许多权贵和文人士子都已纷纷去江南避难，张继也不想再在这里逗留了，他要先去江南吴越地暂避一下，然后再回老家襄阳。

这个秋夜，张继乘着客船来到了姑苏城外。

船行吴淞江面上，周围的一切都显得异常安静。

天色将明，张继依然一点睡意都没有。他在船内斜躺着，茫然地望着窗外。月已落，朦胧中不时会听到树上乌鸦发出的粗哑的叫声。能隐约看到远处江面上的渔火，江畔一丛丛黑黑的树木，应

该就是白日在来路岸上见到的枫树吧？渔火就如心中的希望那样，微弱且总在远处。人生不幸，而今国又有难，作为一个有抱负、有良知的读书人，如何不愁？如何能在这样的夜晚安然入睡呢？

有钟声穿过浓重的寒气，一阵阵传来，张继猜想，钟声一定是发自那个赫赫有名的寒山寺里。寒山，一个多么冷硬又是多么孤傲的名字，要是真能达到诗僧寒山那样的境界，心中哪还会有这么多世俗的烦恼？

钟声敲完最后一下，余音中，张继觉得这钟又好像是安禄山为大唐王朝敲的。

客船在江面上继续缓慢前行，最后停泊在了枫桥边。不眠的张继没有睡意，却有了诗情：

月落乌啼霜满天，江枫渔火对愁眠。
姑苏城外寒山寺，夜半钟声到客船。
（《枫桥夜泊》）

天明时分，古老而又繁华的姑苏城便呈现在张继面前。

一个不眠的夜晚，成就了一首唐诗佳作，也成就了千年张继。

几年后，在朝廷大军收复东西两都后，张继才得以走上仕途：做了洪州（今南昌）的盐铁判官。

在任上，张继公私分明，清正廉明，可惜不到一年便病逝了。为此，他的知

己刘长卿写诗悼曰：

世难愁归路，家贫缓葬期。

旧宾伤未散，夕临咽常迟。

（《哭张员外继》）

因为家贫，连葬期都得推迟，张继的清廉，由此可见一斑。

诗人卡片

张继（生卒不详），字懿孙，唐朝湖北襄州（今湖北襄阳）人。他的诗爽朗激越，不事雕琢，比兴幽深，事理双切，对后世颇有影响。代表诗作《枫桥夜泊》。

韩翃之"章台杨柳"：
身如杨柳情似金

【成语1】章台杨柳

【释义】比喻窈窕美丽的女子。

【出处】唐·韩翃诗曰"章台柳，章台柳，昔日青青今在否？"

【成语2】五侯蜡烛

【释义】旧俗寒食节禁火，而宫中传烛分火于五侯之家，贵宠可见。后用以形容豪门权势的显赫景象。

【出处】唐·韩翃《寒食》诗："日暮汉宫传蜡烛，轻烟散入五侯家。"

韩翃来长安已半年有余，在等待科考的日子里，他的心中既有些期待又有些迷茫。繁华的都城，让他眼界大开，也让他品味到那种身在异乡的孤独。

那日，他在客舍中正独自沉思，一陌生男子来访，对方问他是不是名叫韩翃，是不是写过一首关于仙游观的诗。韩翃不知来者何意，只是漠然地点了下头。

"哎呀，真的是韩公子你呀，太好了！"来人喜上眉梢，连忙拉住韩翃的手道，"李宏你知道吗？我是他朋友，他读了你的诗后，非常欣赏你的才华，就想和你结交，听说你已在京城，他就委托我打听你的消息，没想到，这么快就找到你了。"

韩翃没见过李宏，但其大名却是不止一次地听说过的。有钱有才有情义，这便是韩翃从别人口中听到的对于李宏的评价。

既然李宏主动求交往，岂有拒绝之理？

韩翃就这样被领到了李宏面前。

两人一见面，李宏就赞叹道："韩先生诗写得好，没想到人也是玉树临风啊，幸会幸会！"

然后李宏就当场吟诵了韩翃的那首《同题仙游观》：

仙台下见五城楼，风物凄凄宿雨收。
山色遥连秦树晚，砧声近报汉宫秋。
疏松影落空坛静，细草香闲小洞幽。
何用别寻方外去，人间亦自有丹丘。

韩翃初入豪门大院，心中不禁为眼前的景象暗暗惊叹。因为分神，李宏恭维他的话，他也没全听到。

到客厅落座，韩翃发现李宏也是一表人才。通过交谈，又知对方也是刚过弱冠之年，和自己是同龄人。

中午，李宏在家设宴招待韩翃。席间，韩翃品尝到了之前从未见过的美酒佳肴，更令他精神为之一振的是，李宏家中还有一美艳歌姬。

歌姬名叫柳摇金，李宏唤她，她即从屏风后面走出，刚一露面，韩翃便被惊住了。

面容姣好，丰姿绰约，真的如风拂杨柳。李宏说："让她给咱唱个曲儿助兴。"柳摇金坐下，轻启朱唇对韩翃淡然一笑，韩翃瞬间觉得自己在朦胧中遇到一个仙女。

人美，歌声也美。一曲唱罢，柳摇金过来斟酒。她走到韩翃身边，韩翃嗅到了如兰的香气，让他迷醉。

柳摇金的性格很好，总是笑着，也会顺着李宏的意思说些戏谐之语，很得体，很明朗。

每次和柳摇金目光触碰，他的心都会荡一下，他感到她的眼波也似乎满是柔情。

当李宏邀请韩翃搬到李府来住时，韩翃自然是求之不得，第二日便搬了过来。

从此，韩翃与李宏整日诗酒唱和，共游同乐。

韩翃与柳摇金也有了更多的接触机会，他为她的美色和歌艺而倾倒，她为他的才华和人品而折服。

这一切，都被李宏看在眼里。李宏是个慷慨的人，既然朋友和歌姬彼此钟情，那就成全他们好了。

李宏当着两人的面表明了态度：你俩在一起，我全力支持。

韩翃和柳摇金自是欣喜又感激。

在李宏的资助下，两个有情人结成了眷属。

婚后的千般恩爱自是不必细说。情场得意的韩翃走进了考场。

这是天宝十三年（公元754年），韩翃在考场同样得意——榜上有名，进士及第。

双喜临门，夫妻二人感觉好得不能再好。

又过了一些时日，韩翃觉得来京已久，眼下成了家，也登了科，也该回老家看一看了。

于是，他就让柳摇金暂留长安，和李宏告别后，踏上了返回老家的路。

韩翃到老家没多久，安史之乱就爆发了，两京先后沦陷。

长安是一时回不去了，想到留守京城的新婚妻子，韩翃着急上火，却无计可施。他曾试图回京，但总是被阻。无奈，他只好先在淄州节度使侯希逸幕府中做掌书记，想等到局势安定下来，再设法与爱妻团聚。

而在京中的柳摇金眼见贼兵攻入城中，烧杀抢掠，无恶之作，她又急又怕，为免落入贼兵之手，她一狠心剪掉头发，又故意弄污面容，然后偷跑到法灵寺，当起了尼姑。

她在寺中耐心地等待，只盼心上人有朝一日能再到身边相伴。

一年后，两京被先后收复。韩翃闻信，忙派人带着一袋黄金和他写的一首诗来京寻找柳摇金。

使者辗转多日，才在法灵寺见到柳摇金。柳摇金从信封中抽出了那张诗笺，只见上面写着：

> 章台柳，章台柳！
> 昔日青青今在否？
> 纵使长条似旧垂，
> 也应攀折他人手。

读罢，柳摇金立刻泪湿眼眶，诗中有郎君对她的关怀，也透着几分不信任。但她是清白的，她渴盼郎君早日归来。想到这里，她立即写下一首《杨柳枝》：

> 杨柳枝，芳菲节。
> 可恨年年赠离别。
> 一叶随风忽报秋，
> 纵使君来岂堪折。

我在想着你啊，郎君，再不来，我就老给你看！

她让使者将回诗带给韩翃，使者走后，她的思念越发浓烈。

谁又能想到这个节骨眼上会节外生枝呢？谁能想到贼兵被赶走，那些帮助唐军打仗的回纥将士又会居功自傲、胡作非为呢？

那天，柳摇金刚一走出寺院，就被那个名叫沙吒利的蕃将看上了。沙吒利不容分说将她抓了回去，占为己有，专房宠之。

柳摇金伤心欲绝，在严密看护下，求死不得，逃跑无门。

终于，侯希逸要来京城觐见肃宗了，韩翃趁机也跟了过来。

刚到京城的韩翃就听到了柳摇金被蕃将霸占的消息，在恼恨之余，他决定把柳摇金夺回来，毕竟，他是深爱着她的。

韩翃把情况告诉了侯希逸，侯希逸又找到肃宗那儿。肃宗就下诏，让沙吒利将柳摇金归还给韩翃，然后又派人给沙吒利送些财物，算作安抚。

一对有情人终于破镜重圆。在一起的日子，恩爱如初。

情有所归，但仕途却一直不顺。侯希逸回去后，韩翃没再跟随，他想留在长安，再谋他位。

一等，就是十年。十年之间，宫中宦官专权愈演愈烈，韩翃为此很是忧虑。

唐德宗刚上位的那个寒食节，韩翃见权贵享有特权，可以破例在夜晚点蜡烛，于是就写了一首题为《寒食》的诗：

春城无处不飞花，寒食东风御柳斜。

日暮汉宫传蜡烛，轻烟散入五侯家。

德宗痛恨宦官专权，所以他一读到这首《寒食》诗，就特别喜欢，因而韩翃也得到了他的赏识。

这样，韩翃就有了驾部郎中的官位，自此，步步高升，直至当上德宗的机要秘书——中书舍人。

诗人卡片

韩翃（719—788），字君平，唐代南阳（今河南南阳）人，"大历十才子"之一。代表诗作有《寒食》等。

李益之"云交雨合"：
最爱的人伤我最深

【成语】云交雨合

【释义】指相会，重逢。

【出处】唐·李益《古别离》诗："江回汉转两不见，云交雨合知何年。"

唐代宗大历四年（公元769年），刚刚二十岁的李益进士及第了。

年轻，有才，颜值高，春风得意的李益一时间声名远播。

主动前来和他结交的人越来越多。他的诗作成了抢手货，每有新作，总会被人争相传阅。更有教坊乐工以重金相求，得其新诗后便马上谱曲，供歌姬传唱。

一个住在平康坊的艺妓，名叫霍小玉，她唱过李益的诗，也听同坊姐妹说起过李益其人。

这一日，她又学唱了李益的一首新诗：

微风惊暮坐，临牖思悠哉。

开门复动竹，疑是故人来。

（《竹窗闻风寄苗发司空曙》）

诗句让霍小玉心有所动：作者李公子该是一个多情郎君，连风中思友都写得这么传神，若是能与这样的才子相遇，那一定是美事一桩。

也就巧了，李益偏就在几日后来这平康坊了。新科进士大驾光临，作为头牌的霍小玉自然要出门迎客。

李益和霍小玉甫一见面，两人都呆住了。明眸皓齿、身段婀娜的霍小玉让李益为之惊艳，举止洒脱、眉目含情的李益让霍小玉一见倾心。

当确定眼前的公子就是大家口口相传的李益时，霍小玉不觉脸红心跳起来，这样的激动和羞涩，在之前的见客经历中是从来没有过的。

欢爱之后，两人都有了难分难舍之感。

自此以后，李益便经常来平康坊找霍小玉。

交往中，李益知道霍小玉原是玄宗时期霍王府上一个婢女的女儿，因在安史之乱中，霍王战死，霍小玉和她的母亲便被赶出了王府，几经辗转，霍小玉被卖到平康坊，沦落风尘。

李益非常同情霍小玉的遭遇，一段时日的相处也坚定了他对她的爱，看到她对他也是情有独钟，李益做出了一个大胆的决定：把霍小玉娶回家！

这一晚，李益当着霍小玉的面说出了自己的打算。霍小玉非常感动，她低头沉思了一会儿，便柔声说道："李公子你前程似锦，我这身份根本配不上你，既然我们两情相悦，那我只有一个心愿，愿你能再陪我几年，等你到了而立之年，再去找个名门闺秀成家，而我则会出家为尼，再无其他想法。"

李益连连摇头道："不要几年，我要一辈子，请你相信我。"

霍小玉泪盈双眸，点头答应。

第二年，李益参加了制科考试，登第不久便被授予郑县（今陕西华县）主簿一职。

赴任前一天，李益又找到了霍小玉，一番温存后，李益对霍小玉起誓道："阳春三月，迎娶佳人，郑县团聚，永不分离。"

虽是冬天，可在霍小玉的心里，春天已经来了。

谁料，李益这一走，却再也没有回来。

原来，李益的父母在得知儿子及第后，就在老家为他物色了一个女子，女子姓卢，出身大户大家，其父势倾一方。

听说婚事已定，李益极力反对，怎奈父母态度坚定，又加上怯于卢家势力，改变，已无可能。

想到霍小玉还在长安痴痴地等着他，李益心急如焚，心痛欲碎。

然而李益一向孝顺，尽管内心在挣扎，最终还是接受了眼前的婚姻现实。他没有把自己和霍小玉之间的事说出来，因为即使毁了和卢家的婚约，父母也绝不会让他娶一个青楼女子进门。

霍小玉会在那边怎么想？和卢氏成亲后，李益总是会不自觉地思考这个问题。

有时，他会站在霍小玉的立场上，狠狠地谴责自己。他猜想霍小玉一定会骂他无情无义吧，一定会把他看成一个负心汉吧？过了段时间，小玉说不定就认命了，也不会再以泪洗面了。

那段日子，他暗地里替霍小玉连写了两首诗，一首《写情》：

水纹珍簟思悠悠，千里佳期一夕休。
从此无心爱良夜，任他明月下西楼。

一首《古别离》：

双剑欲别风凄然，雌沉水底雄上天。
江回汉转两不见，云交雨合知何年。
古来万事皆由命，何用临岐苦涕涟。

他盼望与霍小玉"云交雨合"的一天，可那一天是不会到来了。

郑县主簿任期结束不久，李益就听到从长安归来的人说到了霍小玉的消息，他们说霍小玉因为思念他，在无望的等待中患了相思之疾，已经不在人世了。

无边的悲痛袭上李益的心头，他恨自己，他认定是自己害死了霍小玉。

霍小玉的死让李益的内心饱受折磨，到家见到卢氏时，他会莫名地发脾气，甚至故意让卢氏难堪。一度，他神思恍惚，甚至觉得卢氏有出轨的嫌疑，离家时，他就把卢氏绑在床上，锁上门后，还要在门口洒上草木灰。

在李益以后的岁月中，无论是入凤翔节度使李抱玉之幕府，在灵武"夜上受降城闻笛"，还是年过半百回京担任要职，直至八十岁临终之前，霍小玉始终都是他的一块心病。多少年来，一直有人指责他，说他负心、无信，他从不争辩。

背后的污名，内心的阴影，李益都认为是自找的。

"江回汉转两不见，云交雨合知何年。"当誓言无法兑现，相识和相爱就会变成残忍的伤害。

诗人卡片

李益（约750—约830），字君虞，祖籍凉州（今甘肃武威市），后迁河南郑州。诗作多为边塞题材，代表作有《塞下曲三首》《夜上受降城闻笛》等。

崔护之"人面桃花"：
难以抗拒你的容颜

【成语】人面桃花

【释义】形容男女邂逅钟情，随即分离之后，男子追念旧事的情形。

【出处】唐·崔护《题都城南庄》诗："去年今日此门中，人面桃花相映红。"

清明时节，没有雨。

在长安城的一间客栈内，那个名叫崔护的书生，一直坐在书案前，不时长吁短叹。

窗外是明媚的阳光，院前的那棵桃树也已是繁花满枝，灼灼其华，而这景象却并未让崔护心情变得灿烂起来。

是清明怀人吗？是身体不适吗？都不是。让崔护纠结的是这次进士考试的结果：落榜了。

自看榜之后，这么多天了，崔护还是没能走出失败的阴影。

不想回家，他准备在京城等下去，闭门温故，明年再考。

以前他在家中读书时，到七八岁就显现出了过人的天赋，乡亲见他皆夸赞不已，说他相貌不凡，才思敏捷，以后一定会金榜题名，出人头地。

谁能想到这一入考场，竟考砸了呢？

室内还是有些凉，崔护的内心似乎更凉。他拿起书，却怎么也读不下去。

不能这样，要出去走走，毕竟明年还要从头再来。崔护在心里劝着自己。

门外，阳光和花儿让崔护炫目，他抬头望了望天空，半天方回过神来。

顺着小街向城南走去。出了城，便觉眼前是绿树鲜花的世界，踏青的人纷至沓来，每个人的脸上都写着欢悦，看不出清明时节的忧伤。

一片红艳的桃花，一片雪白的梨花，脚下还有数不清的缤纷的野花，抬眼望，前面的山头又青又润，满是秀色。

崔护的心敞亮了一些，他顺着铺花的小路，朝着南山走去。

太阳已升得很高了，真的是个很温暖的日子。等崔护走到山脚下的时候，他感觉胸和背上已经有汗渗出。

一条小溪从山上流下来，哗哗的流

水声让人心生愉悦。

听到流水声，崔护才感觉到自己有些口渴。他想走到溪边掬一捧清水解渴，一抬头，却见不远的树林间有户人家。

不如到那里讨碗茶水来喝。崔护想着，便径向林中小屋走去。边走边自语：没想到这郊外山野竟也有人住。

走近看，小屋也不过是两间茅舍，茅舍周围用竹篱围成一个小院，院里有棵很大的桃树，树上的桃花开得毫无保留，让整个院子都成了风景。

崔护见院门敞着，就敲了下门，喊道："有人吗？"

很快，就有一个老者从茅舍内走了出来。老者来到院中，笑问崔护："请问公子何事？"

崔护施了一礼，应道："小生赶路，口渴了，想向老人家讨口水喝。"

老者连说了两声"好"，然后就转身对着茅舍喊："绛娘，倒碗水来，这位公子口渴了。"

老者吩咐完，又对崔护说："小女马上就给你端水来，你坐在这里慢用，我要出去砍点柴。"

老者示意崔护在院中的石桌旁坐下，便匆匆出了门。

崔护见老者举止得体，言谈不俗，心想：看上去不像个山野粗人，怎么会在这里住呢？

崔护面对着茅舍门，满腹疑惑地坐在了石桌旁的石凳上。刚落座，就见从茅舍里走出一位女子，她托着一茶盘，款步向崔护走来。

女子看到崔护，脸上立即浮上笑意。

崔护觉得院子瞬间亮堂起来，也觉得整个世界一下子安静下来。

向自己走来的这个女子面若桃花，不，比桃花还娇艳。含笑的眼睛又带着几分羞涩，步态轻盈却又让崔护心旌摇荡。

"巧笑倩兮，美目盼兮。"崔护觉得《诗经》中的美人在面前现身了。

想必她就是老者的女儿绛娘了，如此美艳女子在此处安身，也真委屈了她。崔护打内心里替这个初次见面的女子抱亏。

见绛娘走近，崔护忙起身施礼。

绛娘将茶盘放到石桌上，冲崔护颔首，道了一声："公子，请慢用。"言毕，就退到身后的那棵桃树下，含笑而立。

崔护坐下，只看着绛娘，似乎忘了面前的茶水。

绛娘被盯得不好意思，她娇羞地笑了笑，又道："公子，请用茶。"

崔护端起杯，轻轻啜了一口茶水，然后问道："请问娘子，你们父女二人为何跑到这山野居住？"

绛娘伸手将身旁的一枝桃花拉到面前，欲言又止。

崔护见绛娘似有隐衷，就没再追问，便又换了个问题：芳龄几何？

"十七。"绛娘答道。绛娘又问了

崔护的名字，崔护如实作答，还表明了自己的举子身份。

在桃花的映衬下，树下的绛娘面容越发红润动人了。

崔护觉得自己的心空一下子天朗气清起来，原先落第的烦恼被一扫而空。当和绛娘四目相对时，崔护的心又开始澎湃起来。

以前只专注于经卷了，如今佳人在侧，崔护风情始解。

容颜胜花，眉目含情。崔护在这大好春光中，深深沦陷。

崔护和绛娘的心中应该都藏着同样的一句话，但都没有勇气说出来。

喝完一杯茶，崔护心中虽有不舍，但还得告辞。毕竟，迎接明年的考试才是要紧事。

崔护走了很远，一转头，发现绛娘还在门口望着他。

回到城中住处，一连几天，崔护在读书时都会走神，脑中总会浮现绛娘的如花笑颜。他强迫自己收心，一段日子下来，才能专心攻读。

转身到了第二年。春天到来的时候，崔护的心花也开放了——进士及第。

崔护沉浸在巨大的喜悦之中。

又至清明时节，崔护又想起了深藏在心底的绛娘。

让她也分享一下我的喜悦吧。想到此，崔护立即出了门，向城南匆匆赶去。

万紫千红，蝶舞蜂喧，一切都是那么美好！

等赶到那个熟悉的小院前，崔护傻眼了——大门紧锁。前去敲门，无人响应。

崔护失望极了。他站在门口呆望了一会儿，脑中满是绛娘的如花笑颜，情不自禁中，他对着院内的那株桃花，吟出了一首诗：

去年今日此门中，人面桃花相映红。
人面不知何处去，桃花依旧笑春风。

吟毕，见门旁有一红泥块，崔护便拿起来，将诗和自己的名字题写在了门上。

没有见到绛娘，崔护回城后，心里越发想念。几日后，他实在忍不住了，决定再去一看究竟。

这次，家里有人了。因为崔护还没进门就听到了一阵苍老的哭声。

有人哭？

崔护疑问顿生，忙推开门，快步而入。

茅舍内，老者正伏在床边哭泣，崔护一眼就看到床上躺着的正是自己朝思暮想的绛娘。他心下一沉，忙走上前去问："老人家，绛娘她，怎么了？"

老者听人问话，忙转过头，抬手擦了下泪水，怔怔地看了看崔护一会儿，然后问道："敢问你是？"

崔护连忙报出自己的名字。

老者闻听，便吃力地站了起来，一脸哀痛地对崔护说："你可害苦我女儿了，去年在我家见了你一面后，绛娘的魂就好像被你带走了，人没以前开朗了，整天心事重重的，有时还会在纸上写你的名字。昨日，我带着她从亲戚家散心回来，本以为她会从此好转，哪料到一到家门前，看到你在门上题的诗，她读后，进了门，就昏倒在床上了！怎么喊也不醒。就这一个宝贝女儿与我相依为命，现在到这地步，这可让我怎么过啊！"

崔护一听，大惊失声，忙到床前喊："绛娘""绛娘"……没有反应。

崔护又安抚了一下老者，然后就回转身，蹲在床边，在绛娘身边柔声说道："绛娘，我是崔护啊，我来看你了。"

连叫了几遍，崔护发现绛娘逐渐有了动静，先是轻轻呼出一口气，再是缓缓睁开了眼睛。

绛娘苏醒了！

当看到床前伏着的就是盼了一年的崔护时，绛娘的眼泪一下子涌了出来。

崔护更是喜极而泣。

两个痴情的人儿拥在了一起。

院内，那树桃花正开得恣意烂漫。

……

崔护和绛娘终于在一起了。后来崔护步入仕途，直至三十多年后官至广南节度使，他和绛娘两人依然恩爱如初。

诗人卡片

崔护（772—846），字殷功，唐朝博陵（今河北定州）人。以一首《题都护南庄》留下诗名。

刘长卿之"古调不弹"：
我有一把琴，弹给谁来听？

【成语1】古调不弹

【释义】古调：古代的曲调。陈调不再弹。比喻过时的东西不受欢迎。

【出处】唐·刘长卿《听弹琴》诗："古调虽自爱，今人多不弹。"

【成语2】古调独弹

【释义】独弹：独自弹。曲调古雅，没有人能相附和。比喻人的行为不合时宜，难觅知音同道。

【出处】唐·刘长卿《客舍赠别》诗："清琴有古调，更向何人操。"

京城好热闹，宫廷上下，到处是一派歌舞升平的景象。

那些来自西域和外邦的音乐，让初入长安的刘长卿觉得很是刺耳。

身边的好多官员们陶醉于胡音之中，有的还兴奋地向刘长卿介绍：这个曲是龟兹的，这个曲是西凉的，还有高昌和疏勒等地来的……

再看乐工们演奏的那些乐器，看上去那么陌生，听上去嘈杂闹腾。

有官员问他好不好听，他摇摇头，皱皱眉，意思是说：嘛玩意儿！

问话的官员就冲他翻了个白眼儿。

跟另一个关系较好的官员朋友闲谈时，刘长卿不屑地说："这都哪儿来的黄腔怪调，我不明白为何大家怎么会这样着迷！"

朋友答曰："这你就不懂了，皇家有胡人血统你不知道吗？当今皇上就是喜欢听胡笳、羌笛、羯鼓和觱篥那些玩意儿，特别是羯鼓，他都喜欢到着魔的地步了。一天，一个琴师弹琴给他听，刚开始弹，他就把人家撵走了，然后叫人立即把那个叫花奴的鼓手喊来，为他演奏羯鼓。"

刘长卿鼻子里"哼"了一声。

朋友又说："就为了学习打羯鼓，皇上打断的鼓槌都堆满了几个柜子，你说他都迷到什么地步了。"

刘长卿哀叹道："可我还是觉得古琴好听，什么曲子都不如《广陵散》《高山流水》《风入松》这些名曲。"

"要跟上形势啊，端皇家的碗，还能不服皇家的管？胳膊哪能拧得过大腿？皇上的喜好就是臣子的喜好，你想不合时宜地雅，就会雅到没朋友。"朋友语重心长地对刘长卿说，"再者，你也改改你的脾气，你现在中了进士，今后会走进官场，如果啥事都较真，你会吃大亏的！"

刘长卿不解地望着朋友道："仁兄何出此言？官不尽责何以为官？既然是吃皇粮的人了，就要为大唐王朝担起责任来。"

朋友笑了，临分手时又对刘长卿道："你还年轻，以后你就会懂的。"

这边，玄宗皇帝还在皇宫内沉醉于杨贵妃的玉体和外音胡曲，那边，安禄山就在范阳起兵了——安史之乱开始，唐朝从此开始走入下坡之路。

战乱伊始，刘长卿来到苏州的长洲，开始以一个县尉的角色步入仕途。官职虽小，他干得却尽心竭力，看不惯的就说，说不通的就扭着干，不结党，亦不合群。

一切都不是想象中的那样，刘长卿觉得自己在和一群人作对，且觉得县衙中的所有人也在和他作对。为何人心不古？为何世风日下？为何书中所说和现实世界差距那么大？

这个秋日，他行至山下，在一个僻静的寺院门口，听到有清越的琴声从院中房间飘来，弹的曲子正是《风入松》，那声音让人安静，让人迷失。刘长卿停下脚步，侧耳静听，好像一动步就会踩断琴弦似的。

没看到弹琴的人，他也不想走进去打扰人家，但他已把那个不曾谋面的琴主当成了知音。琴声停了的时候，他继续向前走去，大脑中还在回旋着刚才的琴声：

> 泠泠七弦上，静听松风来。
> 古调虽自爱，今人多不弹。
> （《听弹琴》）

回到县衙，刘长卿还在不管不顾地"弹"着自己的"琴"，结果不到两年，他就"弹"出了麻烦，被贬为潘州南巴（今广州茂名南）县尉，三年后方得以北还，到苏州继续待官。

刘长卿始终觉得自己没错，他心中的"琴声"才是主旋律，才是正能量。一时知音难觅，他就开始在江南游荡，用山光水色来消解内心孤独。

有时，他会寄居在别人家里。在润州（今镇江）芙蓉山的一户人家，一个冷冷的雪夜成就了他的名作——《逢雪宿芙蓉山主人》：

> 日暮苍山远，天寒白屋贫。
> 柴门闻犬吠，风雪夜归人。

"古琴之爱"一如既往。那天在客

舍送朋友赴任，他依然用"琴"表达清高之意：

> 迢递两乡别，殷勤一宝刀。
> 清琴有古调，更向何人操。
> （《客舍赠别韦九建赴任河南韦十七造赴任郑县就便觐省》）

代宗大历年间，刘长卿再次步入官场，官至监察御史、转运使判官、淮西鄂岳转运使留后。

在担任淮西鄂岳转运使留后一职时，刘长卿再遭不测——被鄂岳观察史吴仲儒诬陷，锒铛入狱。幸有仗义执言的官员为他辩护，他才被就近安置为睦州（今淳安一带）司马。

世道乱，官场黑，人心险，行路难。刘长卿后来升任随州刺史时，心曲依旧，刚性不改。

直至日暮之年，那把意念中的古琴，还一直在他的心头泠泠作响。

诗人卡片

刘长卿（约726—约786），字文房，唐朝宣城（今属安徽）人，后迁居洛阳。官终随州刺史，世称刘随州。长于五言诗，自称"五言长城"。代表作有《逢雪宿芙蓉山主人》等。

李冶之"朝云暮雨"：
你的出现是美丽错误

【成语1】朝云暮雨
【释义】早上是云，晚上是雨。原指古代神话传说巫山神女兴云降雨的事。比喻男女的情爱与欢会。
【出处】典出战国·楚·宋玉《高唐赋》，语出唐·李冶《感兴》诗："朝云暮雨镇相随，去雁来人有返期。"
【成语2】蹉跎岁月
【释义】蹉跎：时光白白过去。把时光白白地耽误过去。指虚度光阴。
【出处】唐·李冶《寄校书七兄》诗："无事乌程县，蹉跎岁月余。"

唐开元年间。春日。在湖州吴兴的一户人家里，一位中年男子领着年仅六岁的女儿，在自家花园里散步。

见墙边的那一丛蔷薇已枝条纷披，男子便让女儿作一首"咏蔷薇"的诗。小女孩略作沉吟，随即诵道：

经时未架却，心绪乱纵横

没等女儿念完，当父亲的心里就吃惊起来了，一是吃惊于女儿的才思，二是吃惊于女儿的心思："架却"分明是"嫁却"啊，几岁的小丫头就能道出女人出嫁前的烦乱心情，这也太早熟了吧？因此，这位当父亲的，后来私下里就对女孩母亲说：咱闺女以后是块写诗文的料，可她长大后恐怕会成为一个不太稳当的女子。

女孩名叫李冶，字季兰，不仅长得容貌俊美，而且聪明活泼。自那次作了蔷薇诗之后，他父亲心中原有的骄傲就多了一层隐忧。见李冶越长大越俊俏，父亲的顾虑就越来越重。考虑再三，他干脆把女儿送入了附近的开元寺，让她当起了女道士。

可大唐又是一个多么开放的朝代啊！李冶在寺里学道、读书、写诗、弹琴之余，她的心思却是一点儿也没有收。花季之年，她的春心开始萌动了。

那么多的人在寺里来来去去。她

那么美，又那么爱笑，见到她的男子总忍不住要多看她一眼，有人跟她调笑，她却并不恼，有时还还以媚笑，这就更让人家想入非非。见到令她怦然心动的男子，她会陷入相思的烦恼之中——

人道海水深，不抵相思半。
海水尚有涯，相思渺无畔。
（《相思怨》）

终于，那个叫朱放的男子走进了她的视野。

朱放从汉水之滨来剡溪畔隐居，一个偶然的机会，两人相遇相识，彼此心生爱慕，开启了一段令人刻骨铭心的恋爱时光。后来，朱放奉召要去江西做官了，两人难分难舍，挥泪告别之际，朱放以《别李季兰》一诗相赠：

古岸新花开一枝，岸傍花下有分离。
莫将罗袖拂花落，便是行人肠断时。

不久，李冶便回赠《寄朱放》一诗：

望水试登山，山高湖又阔。
相思无晓夕，相望经年月。
郁郁山木荣，绵绵野花发。
别后无限情，相逢一时说。

但朱放这一走，却再也没回来，也没再给李冶传递新的消息。

李冶在等待中，只有将无限的相思付诸诗句：

朝云暮雨镇相随，去雁来人有返期。
玉枕只知长下泪，银灯空照不眠时。
仰看明月翻含意，俯眄流波欲寄词。
却忆初闻凤楼曲，教人寂寞复相思。

朱放走了，然后阎伯钧来了。

一开始，阎伯钧也同样让李冶感受到了爱的美好。两情相悦，风花雪月，短暂分离后，李冶心中的相思依然：

离人无语月无声，明月有光人有情。
别后相思人似月，云间水上到层城。
（《明月夜留别》）

阎伯钧要去剡县，李冶在送别诗中告诉他："归来重相访，莫学阮郎迷。"意思是说可别学传说中的阮郎那样，一去他乡，久久不返。

李冶与阎伯钧的感情甚至发展到了谈婚论嫁的地步，可最后阎伯钧还是一去不返了。

李冶在失落之余，终于学会放下，也有了自己的顿悟：

至近至远东西，至深至浅清溪。

至高至明日月，至亲至疏夫妻。

（《八至》）

从此之后，李冶和男人的相处就更放得开了。

韩揆来了，萧叔子来了，陆羽也来了……

陆羽懂茶，却不太懂风情，人又长得不好看，李冶一直把他当作自家兄长一般看待。

一个叫皎然的僧人是陆羽的好友，两人经常在一起品茗吟诗。李冶见了皎然第一面后，就对这位有才有貌的僧人有了感觉。

见皎然整天一副一本正经的样子，李冶便想撩撩他，反正闲着也是闲着。

可是无论是递秋波、说情话，还是触肌肤、送野花，人家一概不配合，还以诗作答：

天女来相试，将花欲染衣。

禅心竟不起，还捧旧花归。

（《答李季兰》）

李冶暗笑，心里骂了句"秃驴"，却又不得不佩服人家的定力。

就这样，身为女道士的李冶在男人河里趟了一天又一天。时光如流水，风流俊美的李冶在无情的岁月里，渐渐老去了。

当那个被唤作"七哥"的老乡要去当校书郎时，李冶在赠诗开头感叹道："无事乌程县，蹉跎岁月余。"

岁数大了，开起玩笑来却也更加肆无忌惮了。那日，诗人刘长卿来了。听说刘诗人患有疝气，李冶便笑问："山气日夕佳？"（意即你的疝气现在咋样了？）刘长卿自然听出话中意思，也以陶渊明诗句对曰："众（重）鸟欣有托。"（意思说那个家伙虽因病变重、变大，幸好还有布袋兜着呢！）

李冶迟暮之年，虽风韵犹存，但总是遭受疾病的困扰。

曾经在她面前花言巧语、大献殷勤的男人们，眼下是越来越少了，只有那个执着的陆羽会时常来探望她，这让她在寂寞中感受到一丝温暖，"相逢仍卧病，欲语泪先垂"。

年过半百的时候，没想到德宗皇帝竟会宣她入宫。

无才多病分龙钟，不料虚名达九重。

仰愧弹冠上华发，多惭拂镜理衰容。

（《恩命追入，留别广陵故人》）

行将进宫的李冶再也没有年少时的轻狂。入宫不久，她便遭遇了一次军事政变。

政变平息后，德宗皇帝返京。因李冶曾经给叛乱中称帝的朱泚献诗，德宗认为其罪不可赦，便命人将她棒杀了。

李冶一生都在取悦男人。最后，她用诗去取悦一个男人，却被另一个男人取了性命。

诗人卡片

　　李冶（？—784），字季兰，乌程（今浙江吴兴）人。与薛涛、鱼玄机、刘采春并称"唐代四大女诗人"，其诗以五言擅长，多酬赠遣怀之作。代表作有《八至》《寄校书七兄》等。

张志和之"斜风细雨"：
远离风波，寄身烟波

【成语】斜风细雨

【释义】斜风：细细微微的小风；细雨：小雨。形容小的风雨。

【出处】唐·张志和《渔歌子》诗："青箬笠，绿蓑衣，斜风细雨不须归。"

李氏发觉自己又怀了身孕，她对丈夫张朝游说：怀孕前，我曾梦见有一棵枫树长在了我的肚子上，看来咱这个孩子不是一般来头。

已有了松龄和鹤龄两个儿子，妻子怀着的已是第三胎了。张朝游听完妻子说梦，笑笑，并没显出特别的高兴，只顺口说道："要还是儿子，就叫龟龄好了。"

小龟龄顺利来到世间，三年后，其过人天赋就渐渐显山露水了：

三岁，能认字读书。

六岁，下笔成文。

八岁，随父亲在翰林院游玩，有学士拿一文集让他读，能过目成诵。玄宗闻后，亲自出题考之，竟对答如流，玄宗即让其入翰林院，享受特别优待。

十六岁，因长于道术，受太子李亨赏识，成为太学生。

年至弱冠，太学结业，李亨为张龟龄赐名张志和，字子同。张志和当年又参加明经科考试，登第，自此走上仕途。

先是在宫中任左金吾卫录事参军事，一年后回湖州老家省亲。安史之乱爆发后，随太子李亨转战灵武一带，任朔方招讨使，等李亨即位，张志和因献策有功，被提升为左金吾卫大将军。

至德二年（公元757年），张志和回到京城长安，受封金光禄大夫，享受正三品待遇。因向肃宗直言进谏，结果触犯龙颜，不久，就被降官为南浦（今重庆万州区）县尉。

张志和顿感宦海沉浮，风波不定，唯上是从，身不由己。

祸不单行，在这样的节骨眼上，父母和妻子又先后故去。

张志和一时间情绪低迷，心灰意冷。此时，官场和家对于他来说，已没有多大意义。

他辞了官，离了家，开始了浪迹天涯的生活。

唐肃宗念及旧情，赐给他一奴一婢。张志和为奴取名"渔童"，为婢取名"樵青"。

在渔童和樵青的陪伴下，张志和隐居于太湖流域的山水间，或烟波垂钓，或呼啸山林，或吟诗作画，或访友问道，渔樵为乐，自有那种游离于世俗生活之外的逍遥。

有时，他会陶醉于西塞山前的美景，会在青山绿水间流连忘返。

有时，他会乘着一叶扁舟，在江面上乘流纵桨，任意东西。

有时，他会与江畔的渔夫共饮，醉了，干脆就在船上睡一宿。

有时，他会在霅（zhà）溪湾里看渔翁垂钓，体会那种粗衣破衫"不叹穷"的情怀。

有时，他还会和诗僧皎然一起举杯同醉，吟风弄月。

有时，他会深居山中写书，先写《玄真子》，再写《太易》。

这样的时光，就像不息的江水一样，流逝得很快，不知不觉十多年就过去了。这一年，颜真卿来到了湖州刺史的任上。

都有文艺范儿，互相欣赏，张志和顺理成章地成了颜真卿幕中的座上客。

张志和对颜真卿说：我现有的这条小船已经很破了，说不定哪天就沉了，你能不能帮我弄条新的？

颜真卿不假思索地说：没问题，包在颜某身上！

几日后，一条崭新的小船果然摆在了张志和面前。在颜真卿特意操持的赠船仪式上，僧皎然还兴高采烈地写了一首诗：《奉和颜鲁公真卿落玄真子舴艋舟歌》，诗中说张志和"得道身不系，无机舟亦闲。从水远逝兮任风还，朝五湖兮夕三山"。

张志和驾着新的舴艋舟，江上任逍遥，自是不在话下。

又一日，颜真卿对张志和说：你的画作也是一绝，是否也能为我画一幅？

张志和同样爽快地答应。

张志和开始画画了，只是，他作画的动静有点大——

酒至半酣之际，只见他醉醺醺地站起身，先在画案上摆好绢布，然后让乐工奏起《破阵》曲，鼓乐声中，张志和右手拿笔，背对画案，脚踏着乐曲的节拍，先闭双眼沉思一会儿，忽然睁开眼，猛一转身，凝神蘸墨，下笔如风，纵横挥洒。须臾之间，一幅形神毕备的《洞庭三山图》就大功告成。

众人皆叹为观止。在场的皎然自然又是忍不住赋诗一首，诗曰：

手援毫，足蹈节，披缣洒墨称丽绝。
石文乱点急管催，云态徐挥慢歌发。
乐纵酒酣狂更好，攒峰若雨纵横扫。

（《奉应颜尚书真卿观玄真子置酒张乐舞破阵画洞》）

颜真卿的幕中是文人雅集之处，酒会也是诗会，是才艺展示大会。

又一个诗会上，在场的颜真卿、陆鸿渐、徐士衡、李成矩、张志和，每人都作了五首《渔歌》。

张志和写的第一首《渔歌》，就是我们熟知的那首《渔歌子》（宋时，渔歌子成为词牌名）：

> 西塞山前白鹭飞，
> 桃花流水鳜鱼肥。
> 青箬笠，绿蓑衣，
> 斜风细雨不须归。

斜风细雨中，张志和沉醉于山光水色，他真的不想回到官场，回到世俗生活中去了。

那日，他又喝醉了，不慎跌入湖中，再也没有上来。

有人说，玄真子张志和不是溺亡的，他是铺席于水面上饮酒，有云中鹤下来驮他飞走了——他得了道，成了仙。

总之，张志和遵守自己"不须归"的诺言，实现了"烟波终身"的愿望。他是真正的隐士，是名不虚传的"烟波钓徒"。

诗人卡片

张志和（约730年—约810年），字子同，初名龟龄，唐朝婺州（今浙江金华）人。一生多半隐居山水间，自号"烟波钓徒"，又号"玄真子"。代表作有《渔歌子》《渔父词》等。

李涉之"绿林豪客"：
遭劫很可怕，不料劫匪有文化

【成语】绿林豪客

【释义】绿林：西汉王匡、王凤为首的"绿林军"。指聚集山林、反抗官府的武装力量，后指伤害人民的群盗股匪。

【出处】唐·李涉《井栏砂宿遇夜客》诗："暮雨潇潇江上村，绿林豪客夜知闻。"

多年以后，李涉还会经常回忆起在江边看牧童放牛的情景：把牛放在江湾的草地上，自己则躺在一旁，悠闲自得地吹响芦笛，春雨绵绵中，披上蓑衣，有时还会将树枝蓬蒿胡乱地插满全身，有了"武器装备"，感觉遇到猛虎也不怕了。

> 朝牧牛，牧牛下江曲。
> 夜牧牛，牧牛度村谷。
> 荷蓑出林春雨细，芦管卧吹莎草绿。
> 乱插蓬蒿箭满腰，不怕猛虎欺黄犊。
> （《牧童词》）

那时，为了逃避战乱，他和弟弟从老家洛阳来到江南，开始隐于庐山五老峰下读书。弟弟李渤还养了一头白鹿，这样，他们的隐居之处似乎有了一些仙气，"白鹿洞"也自此得名。

两兄弟读书都读出了名气，不久，哥哥李涉就先出了山，先是做许州节度使刘昌裔的幕僚，很快就以诗名做上了太子通事舍人的位置。就在这个位置上，李涉因为投书为罪臣吐突承璀喊冤并向主事官员行贿，结果事发遭贬，灰溜溜地来到了峡州（今宜昌），当了司仓参军，成了一个管仓库的小官。

在峡州，李涉一待就是十年。这十年里，他穷愁潦倒，困窘不堪，万般无奈之下，便开始通过求佛问道来寻找精神安慰，整日待在寺庙里跟一帮僧人混在一起。

家是养不起了，他只得动员自己的老婆出家为尼，有《送妻入道》一诗为证：

> 人无回意似波澜，琴有离声为一弹。

纵使空门再相见，还如秋月水中看。

当贬官十年，遇赦北还后，李涉心中唯一的感受就是：往事不堪回首！

途经岳阳，他遇到了诗人张祜，谈及峡州那段岁月，他感慨万千：

十年蹭蹬为逐臣，鬓毛白尽巴江春。

（《岳阳别张祜》）

李涉回来之后，便跑到少室山里隐居起来。

可隐了没多长时间，就又有人来请他——穆宗李恒要他去国子监教书。因此，他再次出山，当起了"博士"。

一时间，"李博士"的大名天下皆知。

长庆二年（公元 822 年），李涉前往江州（今九江），想看望时为江州刺史的弟弟李渤。可当船行至皖口的井栏砂村，刚要靠岸，不料从暗处窜出了一群盗贼。十多个贼人手持刀枪登上了他的船，要打劫。

贼首见李涉不像江湖闯荡之人，就问道："你是做什么的？"

李涉答道："我是李涉。"

"就是那个国子监的李博士！"船夫赶忙补充道。

一听面前站着的就是鼎鼎大名的李博士，贼首忙示意手下停止打劫，然后将信将疑地对李涉说："如果真是李博士，那就当场给我作首诗吧，写出了诗，

我们就不劫财了，要是写不出，那就对不住喽。"

李涉听了，笑着从随身携带的布袋中掏出纸、墨、笔、砚。

一切准备就绪，李涉奋笔直书，一首《井栏砂宿遇夜客》一挥而就：

暮雨潇潇江上村，绿林豪客夜知闻。
他时不用逃名姓，世上如今半是君。

贼首拿到诗，立即喜笑颜开，他摇头晃脑读了两遍后，便冲李涉拱了一下手，带着手下遁入潇潇夜雨中。

贼人走了，李涉对船夫叹道："这世道乱糟糟的，贼人是越来越多了，不过这伙贼还算不错，最起码他们还是尊重像我这样的文人的。"

到江州见过弟弟后，李涉重回京城，继续当他的博士。

教书之余，李涉和名相裴度的那个名叫武昭的门吏过从甚密。在裴度受到宰相李逢吉排挤后，武昭扬言要杀了李逢吉，最后却被李逢吉所杀。李涉受到牵连，再次遭贬，流官至康州（今广东德庆县）。

李涉在康州刚落脚，便给弟弟李渤寄去一首诗：

唯将直道信苍苍，可料无名抵冤罪。
阴骘却应先有谓，已交鸿雁早随阳。

（《谴谪康州先寄弟渤》）

牢骚，感慨，终归不能解决什么问题，活着，总有太多的无奈。时运不济，连记忆中一向可爱的牧童也都改变形象了：

　　无奈牧童何，放牛吃我竹。
　　隔林呼不应，叫笑如生鹿。
　　欲报田舍翁，更深不归屋。
　　　　　　　　　　（《山中》）

几年后，李涉才得以北还。春末时节，他来到了润州（今镇江）的鹤林寺，在竹林掩映的寺院中，一位高僧的几句话让他茅塞顿开，心结暂解。下山前，他在寺壁上题下一首诗——《题鹤林寺僧舍》：

　　终日昏昏醉梦间，
　　忽闻春尽强登山。
　　因过竹院逢僧话，
　　偷得浮生半日闲。

在回京的余路上，李涉感觉轻松了好多，那颗麻木已久的心也似乎慢慢活泛起来。

诗人卡片

　　李涉（生卒不详），自号清溪子，洛阳人。唐文宗大和年间，曾任国子博士，世称"李博士"。代表作有《题鹤林寺僧舍》等。

韩愈之"不平则鸣"：
一代文宗，一生常鸣

【成语1】不平则鸣

【释义】指受到委屈和压迫就要发出不满和反抗的呼声。

【出处】唐·韩愈《送孟东野序》："大凡物不得其平则鸣。"

【成语2】蚍蜉撼树

【释义】蚍蜉：很大的蚂蚁。比喻其力量很小，却妄想动摇强大的事物，不自量力。

【出处】唐·韩愈《调张籍》诗："蚍蜉撼大树，可笑不自量。"

小时候的韩愈，那可是个小可怜啊。

还没懂事，父母就双双离世，孤苦伶仃的他只好跟着兄嫂过活。

十二岁时，兄长韩会病逝。

十四岁时，遇到兵乱，又随嫂郑氏从老家河阳（今河南孟州）迁到宣城去住。

整个童年和少年时期，小韩愈就在郑氏的引导和陪伴下识字读书。

小韩愈很自觉，很刻苦，悟性也高，七岁会读，十三岁就能提笔成文了。

到了唐德宗贞元二年（公元786年），十九岁的韩愈告别了郑氏，孤身一人来到京城长安。

他准备投靠在族兄韩弇（yǎn）那里，然后再全力以赴参加科举考试。

不幸的是，韩愈到长安时，韩弇却因公务去了河中（今山西永济），后遇害。走投无路之下，韩愈只好去投靠韩弇的上司——北平王马燧。

有了暂时的依靠，韩愈便信心十足地走向考场。

首考，便遭遇当头一棒：落第！

再考，又是一棒。

三考，仍是一棒。

三棒虽然让韩愈很受伤，但并没将他击倒。贞元八年（公元792年），四入考场之后，韩愈终于登科。

这次与他一同考试的人中，有已经四十二岁的孟郊。孟郊没考中，很失望。韩愈理解孟郊的感受，就写诗安慰他，并与之结为好友。

既然登了科，接下来如果通过吏部铨选，那就能谋个官职，正式登堂入室了。

次年，韩愈便趁热打铁去参加吏部的博学宏辞科考试。

首考，不中。

再考，不中。

三考，不中。

连续三年，又是当头三大棒，这可把韩愈考急了。他不再考了，他要给宰相上书自荐！

连上了三次书：《上宰相书》《后十九日复上宰相书》《后廿九日复上宰相书》。

没有一封有回音。

韩愈着急上火，想亲自找宰相讨说法，却被人家无情地拒之门外。

茫然无措中，他只好给朋友崔立之写信表达心中不满：什么博学？什么宏科？就是屈原、孟子、司马迁、扬雄他们来，恐怕也会以参加这样的考试为羞耻的吧？

虽然给赵憬、贾耽、卢迈这三个宰相上书没人理，但一年后，那个名叫董晋的宰相却给了他一个机会。

那阵子汴州发生动乱，朝廷就让董晋以宣武军节度使身份去平乱，走时，董晋请示朝廷，让韩愈随之前往。韩愈便有了生平第一个官衔：秘书省校书郎。到汴州后，他就在董晋幕中当起了观察推官。在这里，他结识了一个很重要的

人物——朝廷派来的监军、宦官俱文珍。

五年后，董晋病逝。汴州节度府发生喋血事件，乱作一团。韩愈只好另外择枝而栖，跑到武宁军节度使（治徐州）张建封那儿当起了幕僚。

在张建封幕中，他过得并不愉快，郁闷中，他想到了已在京城的俱文珍。那就给俱大人写封信吧，说说好话。

这招还真管用！韩愈跟俱文珍说好话，俱文珍便替韩愈在朝廷说好话。然后，韩愈就被调回京城，当起了太常寺协律郎。

不懂音乐，却要去当一个管音乐的官，韩愈觉得朝廷没把他用到正经地方，也没能给他一个充分施展才能的平台。

因此，他就写了一篇《马说》，告诉人家：我是一只被埋没的千里马呀！你要是伯乐，就知道韩某我有多厉害了。

两年后，韩愈的职位和级别有了提升，当上了国子监的四门博士。

不管音乐了，开始教书。在教书过程中韩愈发现许多官员和士人自以为是，耻于从师，觉得很有必要纠正这种错误认识，《师说》一文便应运而生。老师是为大家"传道，授业，解惑"的，怎能不拿老师当回事呢？

当了两年多的老师，韩愈又坐上了监察御史的位子。其间，好友孟郊找他诉苦，说进士及第几年后才给个溧阳尉的职务，太郁闷了。韩愈在送行之际便写了篇《送孟东野序》，文章开头便说：

"大凡物不得其平则鸣。"他为孟郊鸣不平，也对其进行了劝慰。

韩愈不仅为自己和好友鸣不平，在官位上，他也为天下苍生鸣不平。贞元十九年（公元803年），关中大旱，韩愈亲眼看到京城周围百姓遭灾后的惨状，心痛不已。而当地官员却征敛依旧，根本不把百姓生死放在心上。韩愈因此愤而上疏：《御史台上论天旱人饥状》，结果得罪朝中的王伾、王叔文一党，随即遭贬，改任阳山（今广东连州市）县令。

永贞元年（公元805年），宪宗即位后，韩愈的境况开始有了转机，先是平调到江陵任法曹参军，不到一年就调回京城任国子博士，再至洛阳，三年后干到河南令。

元和七年（公元812年）正月，韩愈的倔脾气又犯了，听说华阴县令柳涧被华州刺史诬告，便上疏为柳鸣不平，结果不仅没如愿，还连带倒霉，再次被贬，重回国子博士之位。

韩愈自然不服，便带着怨气教书，于是就有了《进学解》一文，他在文中让学生替他抱屈，实际上是他自己心里不爽啊！

不过，韩愈很快又进入到升职状态，三年后便坐上中书舍人之位，之后，又任太子右庶子、裴度的行军司马、刑部侍郎。

在处理公务的同时，韩愈发现文人圈里有人对李白、杜甫颇有微词，甚至公然写文讥讽或贬低他们的诗文，他马上挺身而出，在《调张籍》一诗开头直接开火：

李杜文章在，光焰万丈长。
不知群儿愚，那用故谤伤。
蚍蜉撼大树，可笑不自量。

轰完文坛"群儿"，过了几年，韩愈又将炮口对准了皇上。

元和十四年（公元819年）正月，信佛的宪宗皇帝想做一件事：迎接凤翔法门寺送来的佛骨，且要在宫中供养三日。

韩愈听说后，极力反对，还写了一篇言辞激烈的《谏迎佛骨表》，文中说：佛教那不过是从西方传来的上不了台面的一种法术，你看，自汉朝佛教传入以来，那些信佛的皇帝有一个是长寿的吗？所以想以佛求福，最终只能给自己带来灾祸。

文中的语句带上了诅咒的语气，皇上自然是很生气了，生气的后果很严重——韩愈被一竿子捅到潮州那个蛮荒之地当刺史去了。

踏上南下之路时，韩愈心里又悔又怕。到了蓝关，侄孙韩湘来看他，他心情沉重地写下了这首《左迁至蓝关示侄孙湘》：

一封朝奏九重天，夕贬潮阳路八千。

欲为圣明除弊事，肯将衰朽惜残年！
云横秦岭家何在？雪拥蓝关马不前。
知汝远来应有意，好收吾骨瘴江边。

韩愈为迎佛骨而"鸣"付出的代价很大，他的四女儿因经不起折腾，结果死在了去潮州途中。

一路跋涉赶到潮州后，韩愈赶紧给宪宗上书作检讨、赔罪，宪宗看了信后，心一软，便将韩愈调往条件相对好的袁州（今宜春）当刺史了。次年，韩愈被召回朝，升为国子祭酒。

到袁州没几个月，新皇帝穆宗李恒便登基了。韩愈做太子右庶子时，服务的那个太子就是李恒，有这样一层关系，韩愈的仕途就开始顺溜多了：兵部侍郎、吏部侍郎、京兆尹兼御史大夫。

这段时间，韩愈心中的不平少了很多，也基本不"鸣"了。只是有时会和御史中丞李绅吵吵嘴，有次把穆宗吵烦了，便把他们都降了职，旋即又让他们官复原职。

长庆四年（公元 824 年）十二月，一生常"鸣"的"文章巨公"停止了呼吸，享年五十七岁。

不平则鸣，终成为韩愈所倡导的"古文运动"的一个重要标签。

诗人卡片

韩愈（768—824），字退之，河阳（今河南省焦作市）人。祖籍河北昌黎，世称"韩昌黎"。晚年任吏部侍郎，又称"韩吏部"。谥号"文"，又称"韩文公"。他与柳宗元同为唐代古文运动的倡导者，两人并称"韩柳"。"唐宋八大家"之一，有"文章巨公"和"百代文宗"之名，亦有"文起八代之衰"（苏轼语）之誉。代表诗作有《早春呈水部张十八员外二首》《左迁至蓝关示侄孙湘》《晚春》等。

贾岛之"秋风落叶"：
那个法号无本的苦行僧

【成语1】秋风落叶

【释义】原指秋风扫尽了落叶，一片凄凉的场景，现多比喻为一扫而光。

【出处】唐·贾岛《忆江上吴处士》诗："秋风生渭水，落叶满长安。"

【成语2】十年磨剑

【释义】比喻多年刻苦磨炼。

【出处】唐·贾岛《剑客》诗："十年磨一剑，霜刃未曾试。"

提到贾岛，必提"推敲"的故事。

某日，贾岛从一位名叫李凝的朋友那里返回京城后，准备写首《题李凝幽居》的诗，构思完成，他又想将颔联"鸟宿池边树，僧推月下门"中的"推"改为"敲"字，过会儿又觉用"推"好，如此反复，着了魔一般，整个人都陷入"推"与"敲"的情境变化中。

当时贾岛骑在那头老驴身上，双眉紧锁，口中念念有词，还不时伸手做出"推"和"敲"的姿势，旁边的人都觉得他精神病犯了。

贾岛只把精力用在了词句上，结果身下的老驴就跑偏了方向，走着走着，一头扎进迎面而来的仪仗队中。

仪仗队正中端坐的正是京兆尹韩愈。当兵士把冲撞队伍的贾岛押到他面前时，他就问贾岛为何如此没眼色。贾岛只得如实相告，并说自己光想着炼句，没注意到仪仗队伍到来。韩愈听后，不仅没有为难贾岛，还给他一个标准答案：用"敲"字好！

贾岛吃了定心丸，就对韩愈表示感谢。两人遂并驾齐驱，结为诗友。

又一年的又一日，贾岛又骑着那头老驴在京城大街前行，秋风中，他忽然思念起一个月前送走的那个吴处士了，他想：吴要去的是遥远的闽中，现在应该还在江上吧？

"闽国扬帆去，蟾蜍亏复圆。"他轻声吟道。

看到秋风吹落了一片片的黄叶，他立即想到了一句："落叶满长安。"

"可用哪一句来对'落叶满长安'

呢？"贾岛陷入沉思中。

"嗯，有了，用'秋风生渭水'来对呀！"突然想到了对句，贾岛欣喜若狂。

沉浸在得句成功喜悦中的贾岛，让身下的驴一时无所适从了，结果冲犯了京兆尹刘栖楚的人马。

刘栖楚可不像韩愈那样善待诗人，他二话不说就让人将贾岛抓了起来，并拘留了一晚上。

当然，上面两个关于贾岛冲撞两个京兆尹的故事都只是传说，但"推敲"和"秋风落叶"两个典故却是真的跟他有关的。

韩愈当京兆尹时是长庆三年（公元823年），其实那一年他已和贾岛认识十多年了。

代宗大历十四年（公元779年），贾岛出生于范阳的一个贫寒之家，早年因孤苦无依，只好出家做了和尚，法号无本。

宪宗元和五年（公元810年），贾岛云游到了洛阳、长安，因喜欢作诗，所以交往的人也多是诗人，其中关系最好的就是张籍、韩愈、孟郊三人了。

韩愈认识贾岛之后，很欣赏他的诗才，通过一段时间的交往，韩愈就对贾岛说："当什么和尚呢？还俗吧，考个功名，多好！"

贾岛还真信了韩愈的话，不仅还了俗，而且要正式参加科举考试了。

对于入仕干事业，贾岛是信心满满的，这里有其《剑客》一诗为证：

> 十年磨一剑，霜刃未曾试。
> 今日把示君，谁有不平事？

贾岛的心里话是：我苦读了那么多年，还从未在考场上一试身手呢！今天我要亮亮我的实力了，各位看官可要看好了！

看官都看好了，可贾岛却演砸了。

贾岛不服，来年再考，结果依旧。

继续考，继续考，继续考……

不中，不中，不中……

本来贾岛就是个性格孤僻的人，这考场上的连年惨败就更让他万念俱灰了。

在无数个独处的日子里，他的眼中只有瘦硬、凄冷，所有的热闹和繁华都似乎跟他毫无关系。

他几乎把"苦吟"当成了余生的事业。

> 一日不作诗，心源如废井。
> 笔砚为辘轳，吟咏作縻绠。
> 朝来重汲引，依旧得清冷。
> 书赠同怀人，词中多苦辛。
>
> （《戏赠友人》）

他把自己的诗当成了一口深井，如果不去写诗，"心井"也就废了。

他选择交往的人，也更多僧人和隐士了。

有次，他写了一首《送无可上人》的诗，其中的"独行潭底影，数息树边身"一联是他最得意的，他还在这一联下用一首绝句作注：

二句三年得，一吟双泪流。
知音如不赏，归卧故山秋。

贾岛对朋友说：我写诗写得这么辛苦，作为知音的你如果也不欣赏的话，那我只有去隐居好了。

形单影只中，满怀诗情的贾岛，眼里看到的总是"寒水""落日""怪鸟""蒲根""行蛇"等，一行行诗句中透着瘦硬的寒意。

他期盼的"及第"，多像他诗中的那个"隐者"，连个面也不给他见：

松下问童子，言师采药去。
只在此山中，云深不知处。
（《寻隐者不遇》）

寻隐者不遇，而令贾岛最感无望的是怀才不遇。

传说中，贾岛还是有一"遇"的——

某日，唐宣宗李忱微服出行，到了贾岛寄身的法乾寺。宣宗见钟楼书案上有贾岛的诗卷，便随手翻阅起来。贾岛一把夺下诗卷，斜眼望着宣宗，厉声说道：你看你人五人六的，一看就不缺吃不缺穿，还读什么诗？

宣宗啥也没说就下楼走了。贾岛后来听说那个看他诗的人就是当今皇上，非常害怕，立即跑到皇宫前面，跪伏台阶下等待治罪。结果皇上就把他贬为长江（今四川大英县）主簿，三年后又升为普州（今四川安岳县）司仓参军。武宗会昌三年（公元843年），贾岛死在了任上。

因在长江县做过官，所以贾岛又有"贾长江"之称。他字曰阆仙（一作浪仙），其实他身上几乎没啥仙气，他只是诗的"奴"，他就是"诗奴"。

你要是问：在当长江主簿前，贾岛到底考中了进士没有？

不知道。

诗人卡片

贾岛（779—843），字阆仙，唐朝河北道幽州范阳县（今河北省涿州）人，人称"诗奴"，与孟郊合称"郊寒岛瘦"，自号"碣石山人"。代表诗作有《题李凝幽居》《剑客》等。

卢纶之"八面玲珑"：
朋友多了路好走

【成语】八面玲珑

【释义】玲珑：精巧细致，指人灵活、敏捷。本指窗户明亮轩敞。后用来形容人处世圆滑，待人接物面面俱到。

【出处】唐·卢纶《赋得彭祖楼送杨德宗归徐州幕》诗："四户八窗明，玲珑逼上清。"

在唐朝，有一个大贪官，名叫元载。

元载贪到什么程度呢？仅举一例：他倒台被抄家，仅从其住处搜出的胡椒，就有八百石之多（相当于今天的六十四吨）。

胡椒，在今天看来只是寻常之物，可在唐代，作为一个外来品种，它可算是顶级的奢侈品。

再奢侈，再稀有，那胡椒也只是种调味料，六十四吨，哪辈子能吃完？元载之贪，由此可见一斑。

元载是在代宗时期晋身宰相之位的，他在相位上如何弄权贪赃的事就不说了，在这里只说他和一个诗人的关系。

诗人名叫卢纶，来自河北涿州，天宝初来到长安，当时只有二十来岁。他和其他大多数唐代才子一样，来京城只为应举，求取个功名。

可他没钱没靠山，世道也一直不太平，他考了几次，次次落第，因此榜上题名的愿望也落空了。

几次考试期间，他在终南山隐居过，还随舅舅在鄱阳生活了一段时间。

唐代宗即位后，卢纶再次来到京城应试，可最终还是没能摆脱落第的命运。

考场总是失意，可卢纶并没有像贾岛那样就此沉沦下去，除了继续读书写诗，他还抽出大把的时间用于人际交往——既结交志同道合的文人，也积极主动地同各路权贵显要套近乎，通过广泛联络，用心经营出属于自己的人脉。

在文人圈，卢纶牵头，与吉中孚、韩翃、钱起、司空曙、苗发、崔峒、耿沣、夏侯审、李端等诗人一起，互相唱和，打响了"大历十才子"的品牌。

更重要的，卢纶要在那些高官和名

门子弟面前混个脸熟。

通过积极走动，他和能认识到的封疆大吏或大权在握的人物，个个打得火热，鲍防、黎干、卢甚、皇甫温、张建封、韦渠牟、裴延龄、王延昌、徐浩、薛邕、赵涓、李纾、包佶、肖昕……均是他朋友圈里的人脉资源。

宰相级的人物，那更是能攀则攀，常衮、李勉、齐映、陆贽、贾耽、令狐楚、裴均……都跟卢纶有过来往。这类人中，还有两个举足轻重的人物，一个就是文章开头提到的那个元载，再一个就是大诗人王维的弟弟——王缙。

也不知道卢纶是通过何种渠道，以何种方式进入元载的视野的，反正，元载知道有卢纶这么一个人，并且也很欣赏卢纶的诗歌。

大历六年（公元771年）的某天，元载就把卢纶其人其诗在代宗面前作了推荐。代宗觉得既然是个人才，那就给他个官当呗，于是，卢纶就在未中举的情况下直接入仕，被授予阌（wén）乡尉一职。

另一宰相王缙也给予助力、提携，卢纶的职位随之逐步提升：集贤学士、秘书省校书郎、监察御史、密县县令。

可是好景不长，大历十二年，元载倒台被赐死，王缙获罪被贬，卢纶作为关联人物，也被关入了人牢。虽不久就被释放，但他的官路却因此中断了。

直到德宗李适上台后，卢纶才重新被起用。

咸宁郡王浑瑊（jiān）出镇河中（今山西永济县蒲州镇）时，卢纶就被请去当了元帅府的判官。

独特的边关生活体验，让卢纶写出了一首首风格别样的边塞诗作，其中最为脍炙人口的两首是：

林暗草惊风，将军夜引弓。
平明寻白羽，没在石棱中。
（《塞下曲·其二》）
月黑雁飞高，单于夜遁逃。
欲将轻骑逐，大雪满弓刀。
（《塞下曲·其三》）

从河中府回京，卢纶继续做官，等做到检校户部郎时，他的生命也到了尽头。

卢纶未中举，却能在权贵的帮助下在宦海弄潮，这在很大程度上得益于他善交际，有眼色，会来事，不然的话，哪个高官会把他这样一个微不足道的书生放在眼里呢？

翻看卢纶的诗集，你会发现他的那些诗作中，题目以"送""别"作开头的占了相当大的比重，由此可知他的交际面之广，结交者之多。

在这些送别诗中，有一首题为《赋得彭祖楼送杨德宗归徐州幕》，诗中写道：

四户八窗明，玲珑逼上清。

外栏黄鹄下，中柱紫芝生。

每带云霞色，时闻箫管声。

望君兼有月，幢盖俨层城。

此诗的首联"四户八窗明，玲珑逼上清"，演绎成了一个成语"八面玲珑"，此成语本形容窗户明亮，后指人处世圆滑，面面俱到。

卢纶发明了"八面玲珑"这个成语，他应该不会想到，后人会把这个成语当成贬义词用在人身上。那我们是否可以其人之词定其人之性：卢纶就是个八面玲珑的人？

顾况之"红叶题诗"：
深秋·深宫·深情

【成语】红叶题诗

【释义】唐代宫女良缘巧合的故事。用来比喻姻缘的巧合。

【出处】唐·孟棨《本事诗》之"情感第一·六"："帝城不禁东流水，叶上题诗欲寄谁？"

唐天宝年间，年轻的顾况来到了东都洛阳。

繁华满眼，走在大街上的顾况有些目眩神迷了。

正是秋天，街两边的柳树已黄了叶子。午后的阳光洒在那些高大的建筑和树木上，看了让人心生暖意。

顾况想到了家乡海盐，那里有海，有湖，有父老乡亲，有熟悉的风景，可是那里没有宫殿，没有洛水，没有热闹的街坊，没有富贵的气场，没有随时会遇到的改变命运的机会。

二十多岁了，总该给自己制造一点惊喜了。顾况对自己说，要去应举，要走仕途，要让才华变现。

在来时的路上，顾况曾遇到一个落第东归的举子，那人失魂落魄，满腹怨言，在他眼里仿佛世道已崩坏，天也要塌了一般。

不给自己一个交代，我是不会回去的。顾况自语道。

傍晚时分，他找到了寄身之处。次日，便开始寻找诗友，拜访公卿。

他是个爱说爱笑的人，有点自来熟。一段日子下来，身边也聚了几个能一起唱和的诗人。

但他们都是平常人家的子弟，都在作怀才不遇之叹呢，所以，一块喝酒吟诗可以，帮忙向上层引荐？办不到。

顾况一人回到住处时，常常会陷入孤独境地。出人头地，真的不是一件容易实现的事情。

那个夜晚，躺在床上，他辗转反侧，失眠了。

又是一个午后，和友人在酒肆喝完酒，顾况独自一人顺着洛水北岸向西走，不觉走到了上阳宫的东面。

上阳宫，多么华美的一处宫殿，且又是一个多么神秘的地方啊！那高高的宫墙内，该有多少绝色美女，在无望的等待中，耗尽了青春年华，荒废了大好时光？

上阳宫，对于里面的大多数女子来说，哪有什么"阳"啊？一个阴气重、怨气浓的幽禁之地罢了。

顾况觉得上阳宫的美色极像自己的满腹才华，无人欣赏，无人垂怜。

有一条小渠穿过宫墙根，渠内的水无声地向东流去。顾况猜想这水一定是从上阳宫内流出来的，那水该不是宫女们的眼泪汇成的吧？

水上面不时会漂来一两片树叶，落叶打着旋，不由自主地渐漂渐远。

顾况摇了一下头，刚要离开，突见一片红叶从墙根下漂来，在水面上那么醒目，乍一看，上面还似乎写有文字。

紧走几步，来到渠边，顾况弯腰捡起那片红叶。

拿近一看，那红叶上题的竟是一首诗：

> 一入深宫里，年年不见春。
> 聊题一片叶，寄与有情人。

看到题诗，顾况的心瞬间被触动了。他想，这无疑是里面的一位宫女所为了。题诗的该是一个怎样的女子？她已在宫内度过了多少个春秋？她内心又该郁结几多难解的愁思？

在这个偶然的机会里，竟然意外地看到这片题了诗的红叶，难道这不是缘分吗？见到题诗，不就成了诗中写的"有情人"了吗？顾况将红叶轻轻放进袖中，心一下子变得柔软起来。

走在路上，顾况想了好多，眼前也不时浮现出一个美丽女子的形象。要是也用一枚红叶回复题诗者，说不定人家就能收到了呢。顾况边走边想。

来到自己住处，顾况在院中找到了一片形状相仿的红叶，回到屋里，构思一番，然后郑重其事地在叶上题写了回诗：

> 花落深宫莺亦悲，
> 上阳宫女断肠时。
> 帝城不禁东流水，
> 叶上题诗欲寄谁？
>
> （《叶上题诗从苑中流出》）

晚上，顾况反复地审阅宫中和自己题诗的两片红叶，朦胧中，竟与那个想象中的宫女相会了。

第二天上午，顾况匆匆来到上阳宫的西面，把手中的红叶轻轻投入那水渠的上游。

看着红叶随水缓缓漂入宫墙内，顾况便又匆匆赶往东墙下面，在昨天发现红叶的渠边静静等候。

等到了日暮时分，再没见红叶漂来。

顾况有些失望，觉得自己也许想多了。

几天后，顾况似乎把这事忘了。

又过了十多天，在和诗友聚会时，一人煞有介事地说，前几日他和几位朋友去上阳宫附近的园林游玩，竟然从上阳宫的下水渠里发现了一片红叶，上面还题了一首诗。

顾况听后，立即警觉起来，忙问：此话当真？

诗友发誓说是真的，又说红叶已被毁，但上面的诗却记得清清楚楚，写的是：

> 一叶题诗出禁城，
> 谁人酬和独含情？
> 自嗟不及波中叶，
> 荡漾乘春取次行。

诗友诵完诗，顾况暗暗激动起来：这不正是宫中那女子给自己的回复吗？

这都秋天了，怎么还说"荡漾乘春"

呢？顾况故作镇定地问。

诗友笑道：宫女怀春了呗！

那一刻，顾况觉得春天真的来了。

可对方却被禁在深宫，想，也只能是白想。顾况心下又黯然起来。

没想到，不久之后安史之乱爆发。

东都沦陷后，上阳宫也不再是禁地。战乱中，顾况突然想起了红叶题诗之事，于是趁乱去寻找那个宫女。

虽然费了一些周折，但最后，两个有情人竟真的联系上了。

那宫女一看到顾况保存完好的那片题诗红叶，立即羞红了脸。当她也拿出顾况题的那片红叶时，两人情不能自已，喜极而泣。

宫女貌美如花，又有才华，顾况自是一见倾心。

啥也别说了，在一起吧！

乱世，成就了一对多情鸳鸯的恩爱传奇。

诗人卡片

顾况（约727—约815），字逋翁，号华阳真逸，晚年自号悲翁，苏州海盐横山（今属浙江海宁）人，唐朝诗人、画家。代表诗作有《宫词》《洛阳早春》等。

李端之"老态龙钟"：
远离长安，我欲成仙

【成语】老态龙钟

【释义】龙钟：行动不灵便的样子。形容年老体衰，行动不灵便。

【出处】唐·李端《赠薛戴》诗："交结惭时辈，龙钟似老翁。"

要能像神仙那样，天上人间，无拘无束地自由来去就更好了。小时候的李端经常会望着天空，如此天真地想。

十五六岁的时候，听说有很多法术高明的道士在嵩山里隐居修炼，李端便产生了前去拜师学习修仙的想法。

十八岁那一年，安史之乱开始了，整个世界一下子乱了套。李端一咬牙，告别了家乡，从赵州（今河北赵县）出发，一路跋涉到了嵩山。

一入嵩山，才发现那里的道士并不像外面传说的那样神乎其神，神仙术也只是一个虚无缥缈的传说，修炼成仙，谈何容易？

在嵩山迷迷糊糊地过了两年，觉得升仙无望，李端便决定换地方了。

二十岁上，他到了庐山。

庐山是个好地方，风景美，环境幽，更关键的是，李端在这里遇到一个十分有才的高僧——皎然。

李端在老家读书时，就学会了作诗和弹琴。皎然是诗人，还特别喜欢听人弹琴。当李端要投到皎然门下时，皎然自然是乐意的。

李端拜皎然为师，学习佛经、禅理和茶道，两人也常常切磋诗艺。

品茶和作诗都不是什么难事，但参透禅理好像就不是那么容易的了。跟皎然熏了几年，李端悟得头痛，也总是不能达到师傅那种清静虚无的境界。

难道我就只配做个俗人？神仙术弄不懂，佛经也只能一知半解。李端很为自己着急。

一天，李端到山下办事，夜宿客栈，一开窗，看见对面一户人家的一位女子，打开门出来，下了台阶就开始举手拜月，口中还似乎在喃喃自语。

是许愿，还是对心上人说话？李端

坐下来，一边揣摩着那女子的心思，一边拿出纸笔写下了一首诗：

　　开帘见新月，即便下阶拜。
　　细语人不闻，北风吹罗带。
　　　　　　（《拜新月》）

李端写完诗，又看着窗外天空的那弯新月，不禁自语道：月亮月亮告诉我，禅理到底是什么？

春去秋来多少年，李端总是找不到法门，无奈之下，他又想入世了。

代宗永泰初年，年近三十的李端来到了京城长安。

首善之地，花花世界。

李端的心开始有些躁动了。

那么多的诗人，敢情都聚到这儿来了。卢纶、司空曙、钱起、韩翃……一个个都才气逼人，牛气哄哄。

李端与他们一起唱和，好多日子下来，也没能找到自己的优越感。

在这种心态下，他诚惶诚恐地参加了大历元年的进士考试，结果自然是落第，一年后再去考，还是落第。

在他遭遇了两次失败后，有人就对他说：还是要找人引荐的，否则，很难。

李端问：找谁？

答曰：官阶大的，有头脸的，在皇帝面前说得上话的。

李端犹豫了几天，便展开了干谒行动，先后拜访了宰相王缙和元载，拜访了太尉杜鸿渐，拜访了元载的次子元季能……但这些都没有实质性的效果。

李端感到有些心力交瘁，他想自己这样一个原本有可能得道成仙的人，现在却陷到如此低三下四的境地，这实在让人难以接受。

在赠给朋友薛戴的诗中，他禁不住感慨：

……

　　遂矜丘室重，不料阮途穷。
　　交结惭时辈，龙钟似老翁。
　　机非鄙夫正，懒是平生性。

……

才三十多岁，李端觉得自个儿已被现实折腾成了老态龙钟的模样。

幸亏他终于遇到了驸马郭暖。

郭暖是大将郭子仪的幼子，他的媳妇是代宗皇帝的二女儿升平公主。

郭暖读了李端的诗后，赞道：好！不是一般的好，我喜欢！

升平公主读了，脸也笑成了一朵花：我也喜欢！

得到如此肯定，李端觉得郭暖真应该改名为郭暖——暖男哪！

一天，郭暖大摆筵席庆祝自己升官，席间请了很多诗人前来助兴，李端当然也是受邀嘉宾之一。

酒过三巡，升平公主就对李端说："在这美好时刻，你来带头作首诗吧。"

李端也没推辞，稍作思考，便开口献诗：

青春都尉最风流，二十功成便拜侯。
金距斗鸡过上苑，玉鞭骑马出长楸。
熏香荀令偏怜少，傅粉何郎不解愁。
日暮吹箫杨柳陌，路人遥指凤凰楼。

（《赠郭驸马》）

一诗诵罢，郭暖夫妇皆拍掌叫好，众嘉宾也齐声喝彩。

正在这时，诗人钱起却提出了异议："你这诗明显是事先准备好的，你要说不是，那就当场以我的这个'钱'姓为韵，再作一首诗。"

钱起一找碴儿，全场立即安静下来。

李端在钱起带有严重挑衅意味的眼光逼视下，没有表现出丝毫慌乱，他略作沉吟，便又有了：

方塘似镜草芊芊，初月如钩未上弦。
新开金埒看调马，旧赐铜山许铸钱。
杨柳入楼吹玉笛，芙蓉出水妒花钿。
今朝都尉如相顾，原脱长裙学少年。

（埒，读liè）

完美。真实。痛快。
全场掌声如雷。
钱起无话可说了。
自此，李端在整个京城名声大噪。
大历五年，李端又来参加进士考试。

过！没有悬念。

考试通过后，李端也马上有了官衔：秘书省校书郎。

私下里，李端觉得能有今日，那还得承人家郭暖驸马的情。

所以，遇到合适的机会，他就去郭驸马家走动走动。

话说郭驸马家有个婢女，弹得一手好琴，人也长得好看。李端去做客时，只要婢女弹琴，李端就会聚精会神地听。

一次李端只顾和郭暖说话，没怎么注意听琴，那婢女就故意弹错了一段旋律。等李端回过神来，她才正式弹奏。

一连几次都是这样。

郭暖也终于发现了两人之间的小秘密，于是就笑着对李端说："以《鸣筝》为题写首诗吧，写好了，这美女就赠给你了。"

李端应道："我怎能夺人所爱呢？人我不要，但诗还是可以献的。"

言毕，李端即刻献诗：

鸣筝金粟柱，素手玉房前。
欲得周郎顾，时时误拂弦。

"'曲有误，周郎顾'，嗯，李兄果然机智有才！"郭暖连连点头称赞。

可是，正式进入官场，一面对那些日常公务和烦人的人事纠葛，李端发现自己还是适合去山里做神仙梦。因此，在秘书郎的位置上没坐多久，他就受不了了，然后便声称体弱多病，无法胜任工作，辞官走人。

李端一口气跑到了江南，在衡山隐居起来。几年后复出做杭州司马，旋即又回到山中。

在琴声和山色里，在现实和梦想间，李端一天天苍老下去……

诗人卡片

李端（约 737—约 784），字正己，赵州（今河北赵县）人，唐朝"大历十才子"之一。代表作有《听筝》《闺情》《拜新月》等。

钱起之"曲终人散"：
来了就来了，散了就散了

【成语】曲终人散

【释义】曲子结束，听曲的人就都散了。意思是万事万物都有消亡的一刻，或比喻天下没有不散的筵席。

【出处】唐·钱起《省试湘灵鼓瑟》诗："曲终人不见，江上数峰青。"

钱起也和多数唐代诗人一样，自小就聪明有才气，读了好多的书，能写很棒的诗；长大后就去参加进士考试，也是遭遇不顺，连考几年都没过关。

猜想那时的钱起一定挺沮丧的，他或许也曾想过要和自己的那个侄子（怀素）一样，去出家当和尚吧？

但钱起毕竟是钱起，以"起"为名岂能消沉下去呢？他鼓励自己说：钱起，快起来，你行的！

钱起振作起精神，在天宝十年（公元751年），重新走进会试的考场。

那就从头再一项项地考呗。

又该考帖经项目了，钱起一看试帖诗的题目是《湘灵鼓瑟》，心想：熟悉的典故，固定的套路，也并没什么难的。

动笔前，钱起很自然地想起《楚辞·远游》中的诗句：

使湘灵鼓瑟兮，令海若舞冯夷。

那个美丽的传说也在钱起脑海中渐渐清晰起来：那一年，舜帝死了，葬在苍梧山，他的爱妃伤心极了，天天以泪洗面，都哭得吐了血。最后那妃子实在受不了相思之苦，便投入湘水自尽，化为湘水女神。湘妃成神后，常常会在湘水畔弹瑟，用悠悠的瑟声来传递心中无限的哀思。

想象着湘妃鼓瑟、河神起舞的情景，钱起提笔开始写了：

善鼓云和瑟，常闻帝子灵。

冯夷空自舞，楚客不堪听。

苦调凄金石，清音入杳冥。

苍梧来怨慕，白芷动芳馨。

流水传潇湘，愁风过洞庭。

五联十句，一气呵成。当写完"愁

风过洞庭"时，钱起停住笔，皱起了眉头：按照"六韵十二句"的试帖诗要求，还剩最后的"一韵两句"，写什么？如何写？怎样结尾才能收到令人拍案的效果？

钱起再次陷入沉思。

蓦地，他想起了十来岁时经历的一件怪事——

那天，他跟着一位亲戚，从老家吴兴（今浙江湖州）来到京口（今江苏镇江）。晚上，住在旅店里，他总是睡不着。半夜时分，窗外月光如水，让床上无眠的他思绪纷飞。

正在钱起胡思乱想之际，窗外突然传来一人诵诗的声音，那声音显得悠远而神秘。钱起侧耳细听，那人却只是在反复地吟诵着两句：

曲终人不见，江上数峰青。

这是谁？为何要在半夜吟诗且只吟两句？吟这两句又想表达什么意思？

年轻的钱起忍不住内心的好奇，忙悄悄下床，想出门一探究竟。可是，等开门一看，室外静悄悄的，明亮的月光下，一个人影也没有，而那个诵诗的声音也一下消失了。

回到屋内，钱起又惊又怕，整整一夜，耳畔都在回响着"曲终人不见，江上数峰青"的吟诗声。

好多年后，再想起那晚上的经历，

钱起依然还会心有余悸。

现在，在进士考场上，往日情景又重现，那个神秘人吟诵的诗句，在钱起的脑海中有如灵光一现——对呀，就用那两句收尾呀！

钱起默念着，脸上浮现出得意的笑容，然后挥笔写下：

曲终人不见，江上数峰青。

意犹未尽，意味深长，意境非凡。钱起又从头读了两遍，感觉特好。交卷。

这首诗，终于让钱起在众多士子中脱颖而出。

特别是"曲终人不见，江上数峰青"两句，甫一传出，立即征服了整个京城诗坛，连当时的诗坛大佬王维也不得不伸出大拇指点赞。

两句成名，有如神助。

于是，进士及第后的钱起立即火了。他的仕途开始一帆风顺，秘书省校书郎、蓝田县尉、司勋员外郎、考功郎中、翰林学士，平步青云，一路风光。

"大历十才子"中，他是大伙儿公认的老大。

许多重要的仪式和活动上，都少不了钱起在现场赋诗助兴，能请到他的人都觉得倍有面子，请不到的都会大失所望。

在众星捧月般的荣耀中，钱起开始迷失自我，渐渐膨胀了。

当听人将他和另一位名叫郎士元的诗人并称"钱郎"时，他很有意见：郎士元有什么资格和我并列？他配吗？

当李端在郭驸马的酒宴上即兴赋诗，赢得满堂彩后，钱起立即起身表示不服：你不可能是现场做出来的，你是早先准备好的！

钱起当时大概不会想到"江山代有才人出"的道理，他以为他会永远地风光下去。

他也没想到"曲终人不见"会演变成一个"曲终人散"的成语，也不会想到此成语会延伸出另一层含义：天下没有不散的筵席！

当唐朝成为过去，在大多数后人的眼中，钱起渐渐成了一个陌生的人名，他的诗，更是很少有人知道了。

诗人卡片

钱起（约722—780），字仲文，吴兴（今浙江湖州市）人，书法家怀素和尚的叔叔，唐朝"大历十才子"之一。曾任考功郎中，故世称"钱考功"。与同时代的另一诗人郎士元齐名，合称"钱郎"。代表诗作《省试湘灵鼓瑟》。

柳宗元之"黔驴技穷"：
害我去国投荒，你们这帮可恶的禽兽！

【成语】黔驴技穷

【释义】比喻有限的一点本领也已经用完了。

【出处】唐·柳宗元《三戒·黔之驴》："驴不胜怒，蹄之。虎因喜，计之曰：'技止此耳！'"

唐德宗贞元九年（公元793年），柳宗元的名字上了进士榜，这一年，他二十一岁，与他一同上榜的还有刘禹锡。

柳宗元的高兴劲儿还没缓过来，他的父亲柳镇却突然病故了。

由喜入悲，然后开始三年的丁忧。丁忧期满，柳宗元遵照父亲的遗愿，和礼部侍郎杨凭的女儿杨氏成了亲。

结婚一年后，柳宗元又顺利通过了博学宏词科考试，并立即被吏部授了官：集贤殿书院正字（校书郎）。三年后，调往陕西蓝田，任县尉。

丁了两年县尉，柳宗元回京，以见习身份坐上监察御史职位。这期间，翰林院的王伾、王叔文大权在握，意图帮助新上位的顺宗李诵实行"永贞革新"，因柳宗元、刘禹锡与"二王"交好，所以柳、刘就被拉进了革新阵营，柳宗元也火速升职为礼部员外郎。

可惜中了风的顺宗没能将革新进行到底，仅仅维持了一百多天，顺宗便在以宦官俱文珍为首的反对派的逼迫下宣告退位，反对派拥戴的太子李纯上台，是为唐宪宗。

宪宗一上台，柳宗元的噩梦也就开始了。

"二王"及包括柳、刘在内的革新集团八位骨干成员，均被贬为边远地区的州司马，原来的"永贞革新"也就变成了"二王八司马事件"。

起先，柳宗元是被贬到邵州（今湖南邵阳）当刺史的，可走到半道，又改为永州司马了。柳宗元原本还想在邵州刺史位上有一番作为的，这一背上司马头衔，有其名而不谋实事，心中的愿望便一下子落空了。

柳宗元带着老母亲和从弟宗一、表

弟卢遵等人来到了永州，当起了异乡里的异客。

永州治所位于湘粤交界处，初来此地时，因为官舍紧张，柳宗元他们只能住在龙兴寺中。

因水土不服和担惊受怕，柳宗元的母亲不久就病死于龙兴寺。

原配妻子杨氏在柳宗元任蓝田县尉之前，就因难产去世了。第二年，柳宗元有了一非婚女儿，到永州后，这个女儿也病死了。

柳宗元在永州待了一年后，宪宗大赦天下，但唯有"八司马"却享受不了这个待遇。本来就内心郁结的柳宗元，其心头的失望和痛苦可想而知。

在这样的煎熬中，柳宗元开始向附近的山水风景寻求解脱。

好在他有大把的空闲时间，好在总能寻到宜人的去处。他在冉溪边流连，他在西山宴游，他在小石潭边遐想，他在袁家渴（hé）畔感叹……每游完一个赏心悦目的景点，他就会写一篇游记，八处好景催生了他的《永州八记》。

柳宗元很羡慕那些隐于山水之间的渔翁，他有时能从他们的身影中读到孤独和虚无。

千山鸟飞绝，万径人踪灭。
孤舟蓑笠翁，独钓寒江雪。
（《江雪》）

千，万，孤，独。虽在眼前，却分明远离尘世。景，是那么缥缈，人，是那么孤傲。

渔翁夜傍西岩宿，晓汲清湘燃楚竹。
烟销日出不见人，欸乃一声山水绿。
回看天际下中流，岩上无心云相逐。
（《渔翁》）

看似心情轻松，实则有难以摆脱的沉重。

他写《吊屈原文》《吊乐毅文》《牛赋》等文表明理想和操守。

他写《封建论》，表达个人的政治观和历史观。

他写《捕蛇者说》，抨击"猛于虎"的"苛政"。

他写《三戒》，以动物无喻，嘲讽宫中当权者——

临江之麋：作为一只被饲养的鹿，可以与主人的狗亲近，出门后，生狗对它可就不会那么客气了。

黔之驴：一头驴，除了有个空架子和大嗓门外，还能有啥本领？用蹄子踢老虎，那是找死！

永某氏之鼠：主人属鼠，才偏爱老鼠，并让它们在室内横行。一旦换了主人，老鼠们便都歇菜了。

总之，离开了依仗的势力，那些看似炙手可热的权贵，便如黔地的那头驴子一样，立即"技穷"，不得不接受其

181

最终灭亡的命运。

在永州的第五年春天，柳宗元在冉溪畔西小丘盖了一处房子，还找了一个穷苦人家的女子为妻，并生了儿女。

山水虽好，但看山水者却是一个罪人的身份，你想想看，被"囚"在永州的柳宗元，是多么渴望能踏上北归的路途啊！

因此，他特意写了篇《梦归赋》以示心迹。

听到黄鹂鸣叫，他也似乎听到了催归的信号：

倦闻子规朝暮声，不意忽有黄鹂鸣。
一声梦断楚江曲，满眼故园春意生。
（《闻黄鹂》）

等啊盼啊，元和十年（公元815年），在永州困了十个年头的柳宗元，终于被调回京城了。

柳宗元本以为从此可以岁月静好，可是等待他的却是另一个沉重打击——

也许是朝廷死结难解，也许是朝中当权派嫉妒他的文名，回京不到三个月，他又被贬往柳州当刺史了。

柳宗元只得再次折转身，千里迢迢来到柳州。

心情自然是非常不好，在赠给同时被贬的刘禹锡等四人的诗中，柳宗元这样写道：

城上高楼接大荒，海天愁思正茫茫。
惊风乱飐芙蓉水，密雨斜侵薜荔墙。
岭树重遮千里目，江流曲似九回肠。
共来百越文身地，犹自音书滞一乡。
（《登柳州城楼寄漳汀封连四州》）

九曲回肠，哪里仅仅是弯曲的江流，分明是内心的纠结啊！

虽然满怀愁思，但身为刺史的柳宗元，不再是一个徒有其名的司马，他有了实权，他要为柳州百姓做些实事了。

他发展生产，兴办教育，废除陋习，开展植树造林运动，实施了一系列惠民利民的德政。

他还在柳州城的西北角种了二百棵柑橘树，他想"坐待成林"，以林果养老。

可是，他等不到了。

身体本来就不好，再加上操劳过度，无药治病，在柳州只待了四年多的时间，年仅四十七岁的柳宗元便走完了人生全程。

"若为化得身千亿，散上峰头望故乡"，柳宗元带着他的遗憾和伤痛走了，而给后人留下的却是美名、美德和美文。

（除黔驴技穷外，柳宗元还创造了如下成语：垂涎欲滴、背道而驰、臭不可闻、垂涎三尺、掉以轻心、汗牛充栋、鸡犬不宁、慷慨激昂、铭心镂骨、狂犬吠日、南征北战、庞然大物、呶呶不休、蜀犬吠日、绣口锦心、披肝沥血、汪洋恣肆、按行自抑、抵瑕蹈隙、林林总总、比肩迭迹、不亦善夫、车击舟连、尺寸千里、创巨痛仍、流言飞语、末大不掉、深山穷林、誓死不渝、月落参横、遵道秉义、风马云车、力蹙势穷、瓦釜之鸣、犬牙差互、化被万方、迈越常流、视白成黑、茕茕孤立、家人父子、悬断是非、清莹秀彻、朝不图夕、戴头而来、比肩叠迹、谏尸谤屠、臭不可当、斗折蛇行、纷红骇绿、庚癸之呼、抗颜为师、考绩幽明、狂吠狴犴、骈四俪六、粤犬吠雪、齿少心锐、齿牙之猾、抽黄对白、敛发谨饬、披霄决汉、橐驼之技、心凝形释、炫玉贾石、元戎启行、镞砺括羽、炳炳烺烺、逞工炫巧、抵瑕陷厄、蚁溃鼠骇、以售其伎、出位僭言、掩耳蹙頞、衔勇韬力、清酌庶羞、窥伺效慕、榛榛狂狂）

韩愈、柳宗元之"大放厥词"：
都过去了，还计较啥呢？

柳宗元和谁是铁哥们？当然是刘禹锡啦！

先找两人相似点：年龄相仿——柳生于公元773年，刘生于公元772年，彼此只差一岁；同一年考中进士，又一同做过监察御史；都属"二王"一派、"永贞革新"的骨干成员；一同被贬为边远州的司马，回京后，再一同被贬为边远州的刺史。还有一点，两人的老母亲竟然都是卢姓。

两人在京为官、参与革新时，一唱一和，配合默契，该以谁为友，该与谁为敌，两人心照不宣，一拍即合。

永贞革新失败，两人瞬间失势，一被贬为永州司马，一被贬为朗州（今湖南常德）司马。虽分隔两地，相信两人的心还是在互相牵挂着的。

柳宗元在永州写《天说》，抛出观点：天没有意志，它怎能对人进行赏罚呢？刘禹锡马上在朗州写《天论》三篇以回应：兄弟你说得都对，我再来补充几句。

同病又相怜，你表态来我声援。

十年后，柳、刘二人又在京城见了面，短暂的欢乐时光过后，两人再陷深渊：柳被贬往柳州任刺史，刘被贬往播州（今贵州遵义）任刺史。

虽同为南方荒蛮之地，但比较而言，播州的条件要更差些，乃"非人所居"之地。

柳宗元不愧以"子厚"为字——人厚道啊，他此时要出来替朋友说话了：梦得去那么恶劣的地方，还要带着年迈的老母亲，这怎么可以？不如这样，我去播州，让梦得去柳州。

此言一出，立即感动到了那一帮大臣，于是，就有人在朝堂上替刘禹锡说情，结果，刘禹锡的贬所就被改成了连州（今广东连县）。

再没啥可争的了，那就走吧。于是，柳宗元、刘禹锡这一对难兄难弟开始并肩携手、一路向南了，至江陵，下长江，入洞庭，进湘江，到了衡阳，该分手了。

舍不得啊！心里都不好受，千言万语，那就汇成临别的赠诗吧。

柳宗元先写《衡阳与梦得分路赠别》：

十年憔悴到秦京，谁料翻为岭外行。
伏波故道风烟在，翁仲遗墟草树平。
直以慵疏招物议，休将文字占时名。
今朝不用临河别，垂泪行行便濯缨。

临别时的眼泪都能把帽带子打湿了，虽有点言过其实，但伤心总是难免的。

刘禹锡立即以《再授连州至衡阳酬柳柳州赠别》一诗作为回应：

去国十年同赴召，渡湘千里又分歧。
重临事异黄丞相，三黜名惭柳士师。
归目并随回雁尽，愁肠正遇断猿时。
桂江东过连山下，相望长吟有所思。

还是依依不舍，那就继续写诗。柳宗元写《重别梦得》：

二十年来万事同，今朝岐路忽西东。
皇恩若许归田去，晚岁当为邻舍翁。

等到了晚年，隐居也要隐在一处。看来真的是不想分哦。

刘禹锡便写《重答柳柳州》：

弱冠同怀长者忧，临岐回想尽悠悠。
耦耕若便遗身老，黄发相看万事休。

重要的赠诗写三首，柳宗元写《三赠刘员外》：

信书成自误，经事渐知非。
今日临岐别，何年待汝归？

刘以《答柳子厚》回之：

年方伯玉早，恨比四愁多。
会待休车骑，相随出爵罗。

诗不过三，再写就没完没了了，再见吧！

谁知，这一别竟是永别。四年后，柳宗元在柳州去世，刘禹锡回家丁母忧，在衡阳听到这一消息后，立即号啕大哭，"如得狂病"。悲痛过后，他开始整理柳宗元遗稿，又写诗文表达痛惜哀悼之情，还收养了柳的一个幼子。

柳、刘关系怎么样？没啥说的吧！

而柳宗元与韩愈，也通常被人并称"韩柳"。要说他们两人之间的关系，有些复杂。

之所以将韩、柳并称，多半是因

为两人在唐朝古文运动中所做的巨大贡献，韩愈是领头人、倡导者，柳宗元则是积极参与者。至于私交嘛，那还得从"永贞革新"谈起。

你看，韩愈是大宦官俱文珍的人，而柳宗元则跟王伾、王叔文走得近。在"二王"的照应下，柳宗元很快坐上了礼部员外郎的位置，和刘禹锡等七人一起，协助"二王"搞永贞革新。

柳宗元、刘禹锡春风得意时，韩愈却被贬到广东阳山当县令。韩愈心里不服啊，"同官尽才俊，偏善柳与刘"（《赴江陵途中寄赠王二十补阙李十一拾遗李二十六员外翰林三学士》），凭什么？

在《永贞行》一诗中，韩愈还对柳宗元等人的升官程序提出质疑：

夜作诏书朝拜官，超资越序曾无难。

意思是：升这么快，程序合法吗？走后门了吧？

而永贞革新的一个主要目的就是打击宦官势力，你想，作为俱文珍一党的韩愈能拥护这项改革吗？

当然，永贞革新很快就以失败告终了，韩愈和柳宗元的命运也都因此发生了重大改变。

毕竟，韩愈还算是一个正直的文人，特别在经历了潮州之贬后，他心中原有的对柳宗元的那些芥蒂也应渐渐消除了。柳宗元则积极主动地和韩愈共同举起了"文章复古"这面大旗，两人有了更多思想上的共鸣和心灵上的感应。

因此，当柳宗元在柳州病逝以后，时在袁州刺史位上的韩愈也是悲从中来，连写了《祭柳子厚文》《柳子厚墓志铭》《柳州罗池庙碑》三篇文章，极力称颂柳宗元为文、为人和为官的诸般好处，表达心中哀思。

在《祭柳子厚文》中，韩愈感慨："人之生世，如梦一觉；其间厉害，竟亦何校？"又说柳宗元的文章是"玉佩琼琚，大放厥词"。这里的"大放厥词"是会用词、有文采的意思，相信，这是发自内心的赞美，而柳宗元的文章也是当之无愧的。

前尘往事，已成云烟，还有什么放不下的呢？

刘禹锡之"前度刘郎"：
有一种桃花叫新贵

【成语】前度刘郎

【释义】度：次，回。比喻离去后又回来的人。

【出处】唐·刘禹锡《再游玄都观》诗："种桃道士归何处？前度刘郎今又来。"

刘禹锡考进士还是非常顺利的，贞元九年（公元 793 年）进考场，一次过。趁势打铁，他又考了博学宏词科，也是一次过。

然后，刘禹锡就正式入了官场。刚当一年太子校书，他的父亲就去世了。丁忧三年后，他便入了徐泗节度使杜佑的幕府，成了掌书记。干了两年，又改任渭南县主簿。次年，老上司杜佑回京做了宰相，刘禹锡便顺势升为监察御史。

当时，不仅杜佑喜欢刘禹锡，京兆水运使薛謇、翰林待诏兼度支使王叔文也喜欢刘禹锡，结果，薛謇把爱女许配给了刘禹锡，王叔文则把刘禹锡和柳宗元等人拉过去，推行永贞革新，还把刘

的职务提升为屯田员外郎。

没想到的是，支持革新的唐顺宗仅在位八个月，就被一帮宦官逼下了台。接着宪宗李纯上位，宪宗受宦官操控，自然是反对革新的。

永贞革新失败了，"二王"也彻底歇菜了。刘禹锡随即被贬，作为"八司马"之一，他被朝中新势力一下子抛到朗州（今湖南常德）。

打死也想不到是这样的结果！三十出头，俊才一个，有精力，会干事，却要到遥远的南方"享清福"，刘禹锡的心，承受的该是一个多么大的落差？

想到不久前，王叔文还夸他有宰相之才，刘禹锡禁不住苦笑了起来：宰什么相？现在像是被人宰了！

但事已至此，那就面对现实吧。

到朗州的第二年，在朗州城东的招屈亭旁定居后，刘禹锡便开始四处寻山问水，观景探幽。也时常深入民间，听民歌，学民歌，写带有民歌风的诗歌。

当然，对于宪宗及其宠信的宦官大臣们，刘禹锡虽心怀有恨但又无可奈何。意绪难平，那就用诗歌进行鞭挞和嘲讽。

《昏镜词》《聚蚊谣》《百舌吟》《飞鸢操》……一首首寓言诗，揭开了得势权贵的丑恶嘴脸和无耻行径。

失意的日子里，刘禹锡时常会鼓励自己：我刘梦得不是那么容易被打败的！

秋天来了，秋风起了，秋叶落成堆了，刘禹锡看到的却不是萧条和肃杀，他用《秋词》发出宣言：

自古逢秋悲寂寥，我言秋日胜春朝。
晴空一鹤排云上，便引诗情到碧霄。

在朗州委屈了十年，朝中终于有裴度那样的权臣替刘禹锡说话了，宪宗心一软，刘禹锡便被召回了京。

回来了！刘禹锡心中该是一派春暖花开的景象吧？

这是元和十年（公元 816 年）的阳春三月，归京不久的刘禹锡满怀兴致地去城内的玄都观问道访友。在去时的路上，迎面而来的人成群结队，一问，都说是从玄都观里看花回来的。

刘禹锡不禁加快了脚步，边走边想：十年前我曾来过这道观，那时观里哪有什么桃花？带着满腹疑问和好奇，刘禹锡跨进了玄都观的大门，但见桃花灼灼，如霞飘落，游人无数，往来如梭。

刘禹锡很是感慨，想不到十年间竟有这么大的变化。又想：这些桃树不正像前几年那些得势的新贵吗？那些看花的人也就好比是那些趋炎附势之徒。

要不是把我排挤走，哪又能显得着你们这些小人呢？刘禹锡忽然就来了创作灵感，从玄都观回去后，一首《戏赠看花诸君子》的诗就问世了：

紫陌红尘拂面来，无人不道看花回。
玄都观里花千树，尽是刘郎去后栽。

诗出来了，效果也马上有了：有细心的对手开始对号入座，认为这是刘禹锡在公然侮辱和蔑视，诗中夹枪带棍，不怀好意，必须继续对他进行惩罚。

老政敌们的谗言向宪宗那儿一进，刘禹锡立即被打回原形：到播州（今贵州遵义）当刺史。

裴度对宪宗说：你看播州那样的地方，那是猿猴的家，哪是人待的地方？刘梦得还带着个老娘，去那能受得了吗？

宪宗不屑地回应：知道自己要照顾老娘，那还胡呲什么？

隔天，被贬为柳州刺史的柳宗元又出主意：要不，我和梦得换？柳州总比播州强。

经柳宗元和部分官员的求情，朝

廷就给刘禹锡换了个条件相对好点的地方：连州（今广东连县）。

刘禹锡在连州刺史任上兴学重教，关心百姓疾苦，自是办了不少好事，四年多后，母丧，离任。

丁忧期满，年近半百的刘禹锡换了个地儿，成了夔州（今重州奉节）刺史，三年后又调任和州（今安徽和县）刺史。

无论在夔州还是和州，刘禹锡基本上能保持平常心态。在夔州，他继续走群众路线，公务之余与当地人且歌且舞，并创作出了《竹枝词》《踏歌行》等十多首民歌体诗歌；在和县，他还特意盖了一间茅屋，并为此创作了《陋室铭》一文。

外出途中，见到古迹名胜，就怀怀古，抒抒情，先后写了《蜀先主庙》《西塞山怀古》《金陵怀古》《乌衣巷》等名作。

虽有平常心，可刘禹锡还是想回京啊，在和州，他用一首《望夫山》表达思归之情：

终日望夫夫不归，化为孤石苦相思。
望来已是几千载，只是当时初望时。

唐敬宗宝历二年（公元 826 年），不忘初心的刘禹锡的苦日子终于到头了，他奉调回到洛阳，开始在东都尚书省上班。

在回洛阳的途中，刘禹锡与白居易在扬州相遇。酒宴上，白居易赋诗一首，感叹于刘禹锡这二十多年间的遭遇，刘禹锡当场以一首《酬乐天扬州初逢席上见赠》作答：

巴山楚水凄凉地，二十三年弃置身。
怀旧空吟闻笛赋，到乡翻似烂柯人。
沉舟侧畔千帆过，病树前头万木春。
今日听君歌一曲，暂凭杯酒长精神。

二十三年都过去了，啥也别说了，喝酒提精神，从头再来吧。

一年后刘禹锡调到长安。唐文宗大和二年（公元 828 年），刘禹锡升任主客郎中。

枯木逢春，万事向好。阳春三月，刘禹锡要故地重游了，他再次来到了玄都观。

没想到十多年后的玄都观，呈现的却是另一番景象：原先的广场都长满了青苔，一棵桃树也没有了，地上种满了菜花。看花的人没了踪影，种树的道士也不知去了何方。

此情此景，让刘禹锡感慨万千，想想这些年的宫廷风云，想想自己这么多年的艰难苦辛，刘禹锡情不能自己，他回来后，即写下了这首《再游玄都观》：

百亩庭中半是苔，桃花净尽菜花开。

种桃道士归何处？前度刘郎今又来。

是啊，我刘梦得今天又回来了，那些曾经猖狂一时、不可一世的人啊，你们现在又在哪里呢？

保持不屈和乐观，才会笑得更久，不是吗？

诗人卡片

刘禹锡（772—842），字梦得，唐朝洛阳人，有"诗豪"之誉。与柳宗元并称"刘柳"，与韦应物、白居易合称"三杰"，并与白居易合称"刘白"，诗歌代表作有《竹枝词》《杨柳枝词》《乌衣巷》《酬乐天扬州初逢席上见赠》《秋词》等。

刘禹锡之"司空见惯"：
无情亦有情，他乡即故乡

【成语1】平地风波

【释义】指平地上起风浪。比喻突然发生意料不到的纠纷或事故。

【出处】唐·刘禹锡《竹枝词九首·其七》诗："长恨人心不如水，等闲平地起波澜。"

【成语2】一波未平，一波又起

【释义】比喻事情进行波折很多，一个问题还没有解决，另一个问题又发生了。

【出处】唐·刘禹锡《浪淘沙》诗："流水淘沙不暂停，前波未灭后波生。"

【成语3】司空见惯

【释义】司空：古代官名。指某事常见，不足为奇。

【出处】唐·孟棨《本事诗·情感》载刘禹锡诗："司空见惯浑闲事，断尽江南刺史肠。"

心宽的人，就是在逆境中也能找到乐事。

刘禹锡就是这样的人。

贬官期间，无论在朗州、连州，还是在夔州、和州，尽管他心有不平，可他会找平衡，会调适内心。

实在不行，那就多到外面走走，看看异乡风光，感受别样人情。以积极心态面对，总是好的。

初到连州时，刘禹锡经常会微服下乡，看农人们劳作，和他们聊天。这一天，他走到乡下，见农妇农夫们在一处水田内一边插稻一边说笑，就想：农家的生活也真是简单快乐。

就在这时，路上过来一个男子，刘禹锡一看他那身"乌帽衫袖长"的装扮，就知道他是一个"计吏"（地方派到朝廷办公事的书吏）。这计吏站在路旁，面对田里干活的人，一脸的优越感。

有农人见计吏那副德性，就用嘲讽的语气跟他搭讪："哟，去了趟长安，回来就不认人啦？是不是就快要升官了？"

计吏恬不知耻地回道："那是！长安那个大啊，楼房那个高啊，人马那个多啊，不是你们能想象出来的。我到那办事，见了好多高官。现在我已打点好了，要不了两三年，我就真的去官府上任啦。"

刘禹锡听到计束如此不顾廉耻地吹嘘，心里禁不住骂了句：这样的人都能买个官当，那官场真的要成王八池子了！

因此，更多的时候，刘禹锡还是愿意接近那些纯朴的老百姓。

到了夔州后，刘禹锡很喜欢听当地人唱民歌，最喜欢听的就是竹枝词了。那些青年男女在笛子和鼓的伴奏下边歌边舞，歌声婉转，舞姿优美，刘禹锡每每会为之沉醉。

有时，刘禹锡也会兴高采烈地加入到歌舞队伍中去，时日一长，不仅学会了唱和跳，而且还尝试创作民歌体诗歌——

有感于一位少女的纯美初恋，他就写了一首《竹枝词》：

杨柳青青江水平，闻郎江上踏歌声。
东边日出西边雨，道是无晴却有晴。

惊叹于瞿塘峡的艰险，他就写了另一首《竹枝词》：

瞿塘嘈嘈十二滩，人言道路古来难。
长恨人心不如水，等闲平地起波澜。

瞿塘峡里波浪翻滚，那是因为水下有石滩，是被迫的，而人心却连水都不

如，平白无故就会生出事端。

刘禹锡这样感慨，一定是联想到自身遭遇了吧？

看到一群妇女在江边淘金，刘禹锡又有感触，然后就写出了一首首的《浪淘沙》：

日照澄洲江雾开，淘金女伴满江隈。
美人首饰侯王印，尽是沙中浪底来。

权贵们的首饰金印哪里来的？还不是淘金女迎着风浪，在水中一点点淘来的！

莫道谗言如浪深，莫言迁客似沙沉。
千淘万漉虽辛苦，吹尽狂沙始到金。

只要坚持，沉入水底沙堆中的金子，总还会有发光的一天的。

流水淘沙不暂停，前波未灭后波生。
令人忽忆潇湘渚，回唱迎神三两声。

是啊，人生总有不平事，一波未平，一波又起，起伏不定。

刘禹锡的人生不就是"前波未灭后波生"吗？因参与革新被贬朗州，因写一首"桃花诗"被贬连州。可他就是不屈服，从和州调回京后，他再写一首"桃花诗"向权贵叫板，结果又被外放到苏州。

苏州就苏州，苏州还是人间天堂呢！

大和五年（公元 831 年）十月，刘禹锡赴苏州，走到洛阳时，时为河南尹的白居易热情接待了他。

在洛阳前后待了 15 天，刘禹锡吃好喝好玩好之余，还对白居易家中的一个少女动了心思。那女子名叫樊素，十三四岁，是白居易的一个家妓。白设酒宴招待他时，樊素就负责在一旁歌舞助兴。

刘禹锡初次看到樊素，心就动了，虽已年近花甲，他却有了枯木逢春的感觉。

不仅心里想，他还要写诗赠人家：

花面丫头十三四，春来绰约向人时。

终须买取名春草，处处将行步步随。

（《寄赠小樊》）

看人长得好，刘禹锡还想把她从白居易手中买过来，改名春草，日日相伴。

想得倒美，只是白居易舍不得。

刘禹锡到了苏州之后，在与白居易寄诗唱和的过程中，对小樊还是念念不忘。

大和七年（公元 833 年），那个曾写过《锄禾》的李绅来到了苏州。李绅当时是越州长史兼浙东观察史，他于当年七月在苏州建了座楼，用以设宴待客。

这一日，李绅要请刘禹锡。

刘禹锡知道李绅曾在朝中任过司空那样的虚职，人称"李司空"，也听说过其人在当官后生活豪奢，特讲排场。

赴了李绅的席宴，刘禹锡才真正见识什么是"讲究"——富丽堂皇的房间不说，少见的山珍海味不说，单是那一众绝色歌伎就让他瞠目结舌了。

歌伎们歌声悠扬，一曲《杜韦娘》唱得让人心颤；曼妙的舞姿让刘禹锡那双老眼花上加花了。

其中有一歌伎，让他想到了白居易家的小樊。

刘禹锡在酒劲的助推下，当场写了一首诗：

高髻云鬟宫样妆，春风一曲杜韦娘。

司空见惯浑闲事，断尽苏州刺史肠。

写完，他把诗稿交给李绅，然后道："这样的美女，这样的场面，你是习以为常了，我可是头回见呀！你看这些美女，多惹人爱怜，等回去后我可要把肠子想断了。"

李绅看了诗，就醉眼蒙眬地指着歌伎对刘禹锡说："我老李是爽快人，你要是喜欢哪一个，领走！"

刘禹锡一听，喜出望外，问："当真？"

李绅又是连连点头。

结果，席宴一结束，刘禹锡便带上那个很像小樊的歌女，欢天喜地回去了。

当然，作为一个官员，在苏州任上，刘禹锡也是很尽责的，因在救灾赈灾方面业绩突出，他还获得过朝廷"恩赐金紫"的奖励呢。

在苏州干了将近三年的时间，之后又去汝州、同州（今渭南大荔县）干了两年。开成元年（公元836年），他回到洛阳，任分司东都的太子宾客。

虽然人老了，任的又是闲职，可刘禹锡的心中还是有想法的，他在《酬乐天咏老见示》一诗中写道：

> 人谁不愿老，老去有谁怜。
> 身瘦带频减，发稀冠自偏。
> 废书缘惜眼，多灸为随年。
> 经事还谙事，阅人如阅川。

> 细思皆幸矣，下此便翛然。
> 莫道桑榆晚，为霞尚满天。

（翛，读 xiāo）

经过了，看透了，心下便释然了。不再能呼风唤雨，那就当一片扮美天空的晚霞吧。

暮年的刘禹锡安居洛阳，波澜不惊，直至会昌二年（公元842年）病逝。

被后人称作"刘宾客"的刘禹锡，虽大半生身不由己，客居他乡，但他一直是自己那颗心的主人，爱憎分明，表里如一，收放自如，高傲不羁。

卢仝之"搜肠润吻"：
成仙七碗茶，赴死一根钉

【成语1】搜肠润吻

【释义】谓饮茶润泽喉吻，促进文思。极言饮茶的乐趣。

【成语2】搜索枯肠

【释义】搜索：搜查；枯肠：比喻才思苦窘。形容写作时苦思苦想。

【出处】唐·卢仝《走笔谢孟谏议寄新茶》诗："一碗喉吻润，二碗破孤闷，三碗搜枯肠，唯有文字五千卷。"

宪宗元和五年（公元810年）十一月十四日夜，三更时分。

在东都洛阳的一个茅屋内，有一个人，迟迟不能入睡。

他叫卢仝。为了一句诗，他起坐徘徊，绞尽脑汁，也没能得到理想的结果。

茶，已经喝光了好几杯。清醒着，却找不到灵感，这是多么痛苦的事情！

到外面走走吧。

卢仝披衣来到了院中。月光满院，如水泻地。

天上的月，圆如银盘，看上去遥远而又神秘。

茅屋，在月光下更显破败和冷清。

但这毕竟是自己辛苦经营起来的家，在这东都洛阳，能有房有院，已经很不错了。

想到前几日，宫中第二次派人来，力邀他去朝廷做官，且许了明确的官职。

卢仝当时也的确动了心：身份如此一变，不仅可以去施展自己的抱负，还可以改善家里的生活条件。毕竟，他还是这个十多口人之家的顶梁柱啊。

可一想到宪宗皇上正在被宦官集团操控，想到官场一团乱七八糟的景象，卢仝又犹豫了：到朝中还不是得看宦官们的脸？跟他们斗，消耗精力不说，又能有多少胜算？

最后，卢仝拒绝了去朝廷做官的邀请。

卢仝收回思绪，突然感觉眼前似乎变得黯淡了，抬头看，原来那轮圆月被一块黑云遮住了边缘……再细看，哪是什么黑云遮月，分明是发生月食了！

卢仝惊奇万分，这可是难得一见的奇观啊！他立住身子，开始聚精会神地观察月亮的变化。

月亮一点点被"蚕食"，院子里的光线一点点暗下去，暗下去，直至整个世界完全陷入黑暗。

卢仝在这黑暗中，思潮汹涌——这月食多像残酷的宫斗！这黑暗多像无情的官场！

传说月食是因为有蛤蟆精吞食了月亮，那蛤蟆精是怎么炼成的？那些为虎作伥的"邪星"又为什么能够那样猖獗？那些代表正义的"官星"为何不去尽责，以振朝纲？

面对天空，卢仝脑中浮现出一个个朝廷官员的形象。

他开始为宪宗担心，也为李唐王朝担心。

慢慢地，天上的月亮又一点点地露出面目。

月食结束，世界重回光明。

但愿邪能胜正，光明永存。卢仝顿觉新的灵感已来，他的心中升起了难以抑制的兴奋之情。

回到房间，展纸提笔，郑重地写下了诗题：月蚀诗。①

凌晨时分，一首一千六百余字的长诗，终于大功告成：

---

① 注：唐代诗词中"月蚀"即为现在的"月食"。

新天子即位五年，岁次庚寅，
斗柄插子，律调黄钟。
森森万木夜僵立，寒气赑屃顽无风。
烂银盘从海底出，出来照我草屋东。
天色绀滑凝不流，冰光交贯寒瞳矓。
初疑白莲花，浮出龙王宫。
八月十五夜，比并不可双。
此时怪事发，有物吞食来。
轮如壮士斧斫坏，桂似雪山风拉摧。
百炼镜，照见胆，平地埋寒灰。
火龙珠，飞出脑，却入蚌蛤胎。
摧环破璧眼看尽，当天一搭如煤炱。
磨踪灭迹须臾间，便似万古不可开。
……
愿天完两目，照下万方士，
万古更不瞽，万万古，
更不瞽，照万古。

（赑屃，读 bì xì；炱，读 tái；瞽，读 gǔ）

几日后，卢仝将修改定稿后的《月蚀诗》拿给好友韩愈过目，韩愈读完拍案叫绝，连称"极其工"，之后还忍不住作了《月蚀诗效玉川子作》七古一首以回应。

玉川子是卢仝的号，因其家乡是河南济源，济源古名即为玉川。卢仝少时从老家跑到少室山隐居，年过而立，便又从少室山来到洛阳定居。

来到洛阳最大的收获就是结识了河南令韩愈。他们常常一起作诗，一起喝茶。见卢仝的住处只是几间破屋，家里人口又多，生活很是困难，韩愈经常用自己的俸禄去帮助他。

这一天，韩愈来到卢仝家门口，就见一个一脸恶相的少年正在和他们一家人争吵。卢仝气得直跺脚，他妻子怀抱着不满一岁名唤"添丁"的小儿子、手牵着名唤"抱孙"的大儿子，讲着苍白无力的道理，那个胡子拉碴的老家奴和那个光着双脚的老婢女更是不敢吭声。

韩愈过去劝走那个少年，然后进屋问原因。卢仝便说那少年是邻居，无赖又霸道，是个亡命之徒，平时经常欺负卢家人。

韩愈很是气愤，就表示哪天带几个小吏来收拾收拾那恶少。

卢仝连忙阻止："多谢你的好意，今天你来，他知你是县令，应该是怕了，再说你要是带人来收拾他，又不能让他坐牢，得罪他反而对你我不好，我看还是算了吧。以后我小心点就是。"

韩愈就叹口气说："你总是为别人着想。而你平时多数时间都待在家里，也不怎么和外人接触，其实外面也不是如你想象的那样糟；如果你想进官场，机会也是很多的，你现在就可以去见见河南尹，他一直很认可你的。"

卢仝摇摇头，道："你喝茶！"

"要改变现状，只是你一转念的事。"韩愈继续劝道。

"改天我请你到我老家的桃花泉那里，喝好茶去！"卢仝继续岔开话题。

韩愈见卢仝无意入仕，只谈喝茶，就不再劝，便把话题转到茶上面来。

又过了一些时日，卢仝兴高采烈地来到韩愈住处，取出一纸包摆到韩愈面前道："这是孟简从常州那里托人给我送来的新茶，真的很好喝，等你有空时，咱们约几个人，就去桃花泉那儿煮茶品茶去。"

言毕，卢仝又拿出一诗稿，道："这是我为孟简的新茶而写的。"

韩愈接过诗稿，先是默念，接着就兴奋地出声诵读起来：

一碗喉吻润，二碗破孤闷。

三碗搜枯肠，唯有文字五千卷。

四碗发轻汗，平生不平事，尽向毛孔散。

五碗肌骨清，六碗通仙灵。

七碗吃不得也，唯觉两腋习习清风生。

蓬莱山，在何处？

玉川子，乘此清风欲归去。

……

"七碗茶，七碗茶，真的好极了！"韩愈赞道，"知茶者，玉川子也！"

这孟简是诗人孟郊的一个从叔，与卢仝交好，原在京城任谏议大夫，寄新茶时正在常州当刺史，所以卢仝这七碗茶诗的全名是《走笔谢孟谏议寄新茶》。

后来，卢仝还跟孟简去常州玩了一段时间。回来后，他就专心读书、写诗、品茶，批注《春秋》，编写《茶谱》，除偶尔和韩愈、孟郊、贾岛等几人交游外，基本上成了一个隐士。

不知不觉间，二十多年就过去了。

这一年，已是唐文宗大和九年（公元835年），卢仝年已花甲。十一月二十一日，宫中突发骇人听闻的"甘露之变"①。是夜，卢仝恰巧在宰相王涯的相府书馆中，与王的几位幕僚聚餐后又留宿，宦官头目仇士良派来的吏卒深夜赶到，便把卢仝当成王涯的人一块抓捕了。

---

① 甘露之变，即唐文宗和宰相李训等人为铲除宦官势力而策划的一次以失败而告终的事变。因事变以唐文宗带仇士良等人去金吾左仗院内观看祥瑞之兆——石榴树上的"甘露"为幌子，故曰"甘露之变"。

卢仝辩解："我是个隐士，跟宰相素无来往，跟你们也无瓜葛，抓我干啥？"

吏卒斥道："既是隐居之人，那现在跑到相府干什么？想必有事！"

不容分说，卢仝就被抓走了，且很快被定了死罪。

行刑时，需要把犯人的头发散开，系在后面的柱子上（便于砍头），而卢仝因为年纪大，头发都掉光了，所以太监就在他脑后的那块木板上，钉了一颗大钉子，以充当头发的作用。

卢仝死后，有人说：他有个儿子名叫"添丁"，"添丁"读起来不是"添钉"吗？这不是一名成谶吗？

一辈子都在躲避官场纷争的卢仝，最终却莫名其妙遭遇"甘露"之祸而亡。

他是冤死鬼，也是后人心目中的"茶仙"。

诗人卡片

卢仝（约795—835），祖籍范阳（今河北省涿州市），生于河南济源，早年隐少室山，后迁居洛阳，自号玉川子。"初唐四杰"之卢照邻嫡系子孙。博览经史，不愿仕进；嗜茶，以茶诗闻名，被尊称为"茶仙"。代表作品《茶谱》等。

薛涛之"扫眉才子"：
女人花，摇曳在红尘中

【成语】扫眉才子

【释义】扫眉：妇女画眉毛。旧指有才华的女子。

【出处】唐·王建《寄蜀中薛涛校书》诗："扫眉才子知多少，管领春风总不如。"

前面写过"唐代四大才女"之一的李冶，传说她六岁时就作了一首颇显早熟的、令她父亲很是担忧的《蔷薇诗》。而今天介绍的这薛涛，也是"四大才女"之一，她竟然也有与李冶相似的童年传说。

话说在薛涛八岁那年的一个夏日，父亲薛郧（yún）带着她在家院中乘凉，有学识有才华的父亲看到梧桐树高大茂盛，顿时有了诗兴，随口吟道："庭除一古桐，耸入云干中。"

就在薛郧构思着下面的诗句时，谁知身边的小薛涛却脱口而出："枝迎南北鸟，叶送往来风。"

薛郧一听，心中自是得意：有女聪明如此，夫复何求？

薛郧又默念了两遍"枝迎南北鸟，叶送往来风"，心里一揣摩，又觉这诗句出自女孩儿之口，总有点儿不对劲。

看着女儿俊俏的脸蛋，薛郧心头竟掠过一丝隐扰。

薛郧当时正在京城为官，因看不惯官场潜规则，直言敢说而得罪当朝权贵。不久，薛郧就被贬到四川，几年后，竟一病不起，走了。

失去了依靠，薛涛母女俩的生活立即陷入困顿。

人在他乡，举目无亲，万般无奈之下，十六岁的薛涛主动加入乐籍，成了一名乐伎。

薛涛人美，有才——会作诗、写得一手好字、能言善辩且通晓音律，因此，她一入风月场，立即声名远扬。

那么多的显贵和士子，都以能与薛涛结识为荣。薛涛的世界开始喧嚣起来，可她在强颜欢笑的同时，内心感受到的却是无边的寂寞。

等到她十八岁时，韦皋来了。

韦皋身为中书令，奉命来四川出任剑南西川节度使。在他刚到任的欢迎酒宴上，薛涛奉命前来陪酒。

席间，韦皋见薛涛笑颜如花，又妙语连珠，就说："听说你诗书俱佳，可否现场展示一下？"

薛涛未作推辞，提笔写了首《谒巫山庙》：

乱猿啼处访高唐，路入烟霞草木香。
山色未能忘宋玉，水声犹是哭襄王。
朝朝夜夜阳台下，为雨为云楚国亡。
惆怅庙前多少柳，春来空斗画眉长。

韦皋读罢，心中叹道：能将"巫山云雨"写得这么诗情画意，又有思古怀古之幽情，这岂是一般的才华？岂是一般的女子？

韦皋自此就将薛涛留在了他的幕府中。

陪酒，写公文，与韦皋谈情说爱，成了薛涛生活中的三项主要内容。

有薛涛在场，韦皋的酒宴上总是香风阵阵，笑语欢歌，那气氛、那情调，自是相当地令人心摇神荡。

在一次酒宴上，有人提议行《千字文》的酒令，要求：说出《千字文》中的一句，句中需有"禽兽鱼鸟"的其中一字，说不出米或说错的要罚酒。

行令开始，一个颇为自负的官员立即说道："有虞陶唐。"大家一听，不

对呀，没那四字啊，又想，大概行令者把"虞"当成"鱼"了吧？又因那官员是一个尊贵的客人，所以在座的都给了他面子，没当场指出来。

轮到薛涛时，她开口就说："佐时阿衡。"话音刚落，那个"有虞陶唐"的官员便哈哈大笑起来，然后说："你这句没规定的字，该罚酒。"

薛涛立即应道："大人，我说的这句，那个'衡'字中间多少还有条小鱼，你刚才说的那句可是连个鱼鳞也没有啊！"

众人这才笑出声来，都在心里叹服薛涛的机智。那官员回味过来，当场闹了个大红脸。

韦皋愈益欣赏薛涛，他甚至亲自给唐德宗写信，奏请皇上给薛涛授官，让她当秘书省校书郎。因无先例，薛涛的校书郎这一官位没得到，不过官名倒是得到了。

薛涛成了韦皋身边的大红人。有很多来求韦皋办事的人，就把薛涛当成了突破口。他们给她送财物，让她再给韦皋吹"枕边风"。薛涛也不客气，送就收，送多少收多少。但是她并不爱财，来人走后，她就把那些钱物毫无保留地交给韦皋。

次数一多，韦皋就有点不乐意了：这不是有意败坏我的名声吗？

在薛涛又一次接受贿赂后，韦皋一怒之下采取了惩戒措施：到偏远荒凉的

松州（今四川松潘）玩去，看你还这样任性不！

薛涛没料到韦皋会生这么大的气。在去松州的路上，眼见路途越来越艰险，环境越来越恶劣，想到韦皋的好和曾经的繁华，薛涛既伤心又懊悔，她开始边走边写诗：

驯扰朱门四五年，毛香足净主人怜。
无端咬着亲情客，不得红丝毯上眠。
（《犬离主》）

你看，她把自己当成韦皋的宠物狗了。

到松州后，她共写了十首诗，亦即《十离诗》。

不久，《十离诗》就传到韦皋手中。韦皋被诗句感动，马上回心转意，把薛涛又召了回来。

但回来后的薛涛却不想在韦皋的眼皮底下讨生活了，她虽然爱韦皋，但也知道两人并不会有什么结果，她想要更自由的生活。

然后，薛涛就主动脱离乐籍，在成都西郊的浣花溪畔盖了房子，过上了自己想要的生活。

她的院子里种满了枇杷花，院门旁边就是向东北通往长安的大道。

那么多的男人都慕薛涛之名，来浣花溪畔寻觅芳踪。薛涛与他们逢场作戏，但其情始终没有所钟。

一晃，二十年就如流水般匆匆过去了。

元和四年（公元 809 年）三月，帅气又多情的元稹公子来到了四川。他是以监察御史的身份，奉命来此查案的。

久闻薛涛大名，元稹自是不愿放过这次艳遇的机会。在梓州，他约见了薛涛。

都是有才有貌，都是风华绝代，尽管薛涛比元稹年长十岁，但两人还是一见倾心，很快坠入了爱河。

但他们坠河的深度是不一样的。元稹只是在爱河上浮着，薛涛则潜入了水中。

初次相见，薛涛就感到自己被唤回了青春，找到了归宿。她动情地写下了《池上双鸟》：

双栖绿池上，朝暮共飞还。
更忙将雏日，同心莲叶间。

一场轰轰烈烈的"姐弟恋"在浣花溪畔拉开了序幕。

薛涛以为找对人了，结果她错了。

几个月后，元稹要回长安了，薛涛问他："你还会回来找我吗？"

"一定会的。"元稹发誓道。

可元稹走后，再没回来，其间，倒是给薛涛寄来一首诗：

锦江滑腻蛾眉秀，幻出文君与薛涛。

言语巧偷鹦鹉舌，文章分得凤凰毛。
纷纷辞客多停笔，个个公卿欲梦刀。
别后相思隔烟水，菖蒲花发五云高。
（《寄赠薛涛》）

诗歌把薛涛夸了一通，还说自己也正被相思困扰呢。

薛涛迷了，也信了，她开始给元稹一封封地写诗、寄诗。为此，她还对本地造纸工艺进行加工改造，制作出了一种桃红色的小巧信笺，这就是后人所称的"薛涛笺"。

冬去春来，远方的元稹再无消息。

又到杨柳絮飘飞的时节，薛涛触景生景，看清了情如柳絮的实质：

二月杨花轻复微，春风摇荡惹人衣。

他家本是无情物，一任南飞又北飞。

薛涛对世间情再无留恋，心中反而有了许多的释然。多年后，她将住处从浣花溪畔移到了相对僻静的碧鸡坊，在自筑的"吟诗楼"里独享暮年时光。

她远离了人群，但却带不走她留给人们的多彩记忆，正如诗人王建在《寄蜀中薛涛校书》中写道：

万里桥边女校书，枇杷花里闭门居。
扫眉才子知多少，管领春风总不如。

唐文宗大和六年（公元832年），"扫眉才子"薛涛，这朵曾经备受瞩目的女人花终于枯萎，彻底停止了在人世间的摇曳。

诗人卡片

薛涛（约768—832），字洪度，唐朝京兆长安（今陕西西安）人。"唐代四大女诗人"之一，又与卓文君、花蕊夫人、黄娥并称为"蜀中四大才女"。

王建之"金枝玉叶"：
我是妇女之友，我为女性代言

【成语】金枝玉叶

【释义】原形容花木枝叶美好。后多指皇族子孙。现也比喻出身高贵或娇嫩柔弱的人。

【出处】唐·王建《调笑令·胡蝶》词："胡蝶，胡蝶，飞上金枝玉叶。"

王建为美女薛涛创造了一个"扫眉才子"的成语，这只是他对一个女子的总体评价。细读王建的诗，你会有一个印象：他很愿去写女人，且很懂女人的心思。

王建的一生很不得意。刚来世间就被打上低端人口印记，年轻时"终日忧家贫"，为生活所迫不得已离家从军，直到四十多岁，才经人举荐，当上县丞、县尉之类的小官，穆宗时期当过秘书丞，文宗时期当过陕州（今陕县）司马。

在做官前的二十余年时光里，王建的足迹遍及江南塞上，在这些地方，他跟那些底层劳动者广有接触，所以深知他们的艰辛，并对他们的遭遇和苦难报以同情。

在《水夫谣》中，王建写出了一个纤夫在水上服役时的痛苦：

……

逆风上水万斛重，前驿迢迢后森森。
半夜缘堤雪和雨，受他驱遣还复去。
夜寒衣湿披短蓑，臆穿足裂忍痛何！

……

在《田家行》中，他用这样的诗句揭露横征暴敛给农民带来的重压：

不望入口复上身，且免向城卖黄犊。
田家衣食无厚薄，不见县门身即乐。

又有《渡辽水》，揭示战争的残酷：

渡辽水，此去咸阳五千里。
来时父母知隔生，重著衣裳如送死。
亦有白骨归咸阳，营家各与题本乡。
身在应无回渡日，驻马相看辽水傍。

而在王建所有的诗中，最著名的应该就是那首短短的《新嫁娘词三首（其一）》了吧？

　　三日入厨下，洗手作羹汤。
　　未谙姑食性，先遣小姑尝。

一个过门才三天的小媳妇，要开始动手为婆家做饭。等饭做好，又不知合不合当家人婆婆的口味，那就让帮忙做饭的小姑子先尝尝吧。

你看，一个平常的生活细节，在王建的笔下，就成就了一个小有心计的女子形象。

"女人的心思男人你别猜"，可王建偏偏要猜，猜还要猜深猜透猜明白。

王建哪怕是在客居他乡时，也不忘去关注那些陌生的女人，如《江馆》：

　　水面细风生，菱歌慢慢声。
　　客亭临小市，灯火夜妆明。

唱"菱歌"的是女子，着"夜妆"的是女子。美声入耳，美色入目，旅馆夜宿的王建一定会有所思吧？

就是在行旅途中，看到了那块传说中的"望夫石"，王建也要揣摩一下那"石头女人"的心思：

　　望夫石，江悠悠。化为石，不回头。

　　山头日日风复雨，行人归来石应语。
　　（《望夫石》）

日思夜想的人归来后，望夫石会迎上去说哪些话？当然要问王建，他知道。

对于现实中那些穷苦不幸的妇女，王建更愿设身处地为她们着想了。

　　叹息复叹息，园中有枣行人食。
　　贫家女为富家织，翁母隔墙不得力。
　　水寒手涩丝脆断，续来续去心肠烂。
　　草虫促促机下啼，两日催成一匹半。
　　输官上顶有零落，姑未得衣身不著。
　　当窗却羡青楼倡，十指不动衣盈箱。
　　（《当窗织》）

一个为富人家织布的贫家女子，付出那么多，得到那么少，叹息之余，她甚至开始羡慕那些不劳而获的青楼女子了，其心中的无奈悲凉为何如？

某地有女子婚后"长住娘家"的恶俗，于是，王建就在《促刺词》中替她们代言：

　　少年虽嫁不得归，头白犹著父母衣。
　　田边旧宅非所有，我身不及逐鸡飞。
　　出门若有归死处，猛虎当衢向前去。

过了门，还不让去婆家与夫君在一起，这日子过得还有啥意思？不如去死！

当然，你还可以去读王建的《镜听

词》《秋千词》《春燕词》《失钗怨》《两头纤纤》《去妇》等乐府诗，你会发现土建对各个年龄段、社会各界妇女都有关注，他真的称得上是妇女问题专家了。

直到穆宗长庆元年（公元821年）春，年过四十的王建才得以进京为官。在京城，他依然发挥自己的强项：猜女人的心想。因为接近皇宫，要写的首先就是宫女了。不了解宫女生活？好办！不是有个大宦官王守澄吗？跟他套套近乎，聊一聊，后宫生活不就有了吗？

于是，《宫词一百首》就这样诞生了，试看其中一首：

树头树底觅残红，一片西飞一片东。
自是桃花贪结子，错教人恨五更风。

连桃树都能开花结子，可是作为人的宫女呢？她们人生的春天在哪里？

除了完成《宫词一百首》，王建在长安期间还写过一些诸如《宫中调笑》（调笑令）、《宫中三台》等反映宫女生活的小令，读来既有情趣，也让人体味到一种辛酸：

胡蝶，胡蝶，飞上金枝玉叶。君前对舞春风，
百叶桃花树红。红树，红树，燕语莺啼日暮。

"金枝玉叶"既指宫中之景，也指宫女的头饰，但寂寞的宫女们更多的是渴望能拥有金枝玉叶的身份吧？

王建就是这样，走到哪里，就把对妇女的关心带到哪里，他才是名副其实的"妇女之友"。

王建也有一个非常要好的男性朋友，叫张籍，后人将他们并称"张王"。

诗人卡片

王建（约768—约830），字仲初，唐朝颍川（今河南许昌）人。出身寒微，曾任陕州司马，世称王司马；与张籍友善，世称"张王"。代表作有《水夫谣》《羽林行》《新嫁娘词三首》等。

张籍之"床头金尽"：
穷时不移心志，顺时成人之美

【成语】床头金尽

【释义】床头钱财耗尽，比喻钱财用完了，生活受困。形容陷入贫困的境地。

【出处】唐·张籍《行路难》诗："君不见床头黄金尽，壮士无颜色。"

春天到了，要提起写春色的古诗，我们会很容易想到下面这一首吧：

> 天街小雨润如酥，
> 草色遥看近却无。
> 最是一年春好处，
> 绝胜烟柳满皇都。

诗的作者是韩愈，题目是《早春呈水部张十八员外》，"张十八"是指张籍，"十八"是张籍在家里的排行。诗写于唐穆宗长庆三年（公元823年），当时张籍的官职是水部员外郎，所以韩愈就以"张十八员外"称之，而韩愈本人当时是吏部侍郎。

韩愈为何要给张籍写这样一首诗呢？据说是因为那天韩愈想约张籍一块去游春，而张籍才到水部任职不久，就以公务繁忙且岁数大为由婉拒了。韩愈游春结束，就写了两首绝句送给张籍，除了上面一首，另外还有一首：

> 莫道官忙身老大，
> 即无年少逐春心。
> 凭君先到江头看，
> 柳色如今深未深。

韩愈在诗中对张籍说：不要动不动就说什么官事繁杂，什么人也老了，什么已经没有年少时那份追赶春天的心情了。请你不妨到曲江池畔走走，看看眼下的柳色是否已经很深了。

其实韩愈和张籍是同龄人，当年都已五十好几了，张籍为何没随韩愈一同游春，我们根本没必要细究。如果两人同去，也许韩愈就写不出"草色遥看近却无"那样的佳句了。

张籍干了一年多的水部员外郎，第

二年就升职了，成了水部郎中。这年的十二月，韩愈就去世了。张籍从此再没有和韩愈一同赏春的机会了。

在水部员外郎的位子上，张籍成就了韩愈的一首名诗，而在水部郎中的位子上，张籍也成就了另一个人的一首名诗。

那个人叫朱庆余。

朱庆余也是一个诗人，他也想走科举入仕这条路。在参加科考之前，他已经和张籍很熟了，并且两人还互赠过诗作。

唐敬宗宝历二年（公元 826 年）年初的一天，朱庆余如释重负地走出了进士考场。对于考题和考试过程中的个人发挥，朱庆余还是满意的。可转念一想，自己满意有什么用呢？改卷子的又不是自己。

越想，心里越没有底。

朱庆余想到了张籍，毕竟张郎中算是诗坛元老了，他在朝中的影响力是不容小觑的。那就写首诗给他看，先从侧面探个虚实吧。

几天后，再见到张籍，朱庆余就递上了这首新作——《闺意献张水部》：

> 洞房昨夜停红烛，
> 待晓堂前拜舅姑。
> 妆罢低声问夫婿，
> 画眉深浅入时无。

朱庆余表面上写的是一个新媳妇在拜见公婆前，那种诚惶诚恐的举动和心理，实际上表现的是自己在发榜前的不安和期待：我在考场写的诗文，就像是那个新娘子在头晚上化的新妆，入时不入时，入眼不入眼，那就要等当家的来作决定了。

张籍读了朱庆余的诗，自然一下就看出了诗中的言外之意。他觉得眼前的这位才子，应该是很有希望的，于是当场就回了诗——《酬朱庆余》：

> 越女新妆出镜心，
> 自知明艳更沉吟。
> 齐纨未足时人贵，
> 一曲菱歌敌万金。

张籍是这样安慰朱庆余的：你就像那个美丽而又会打扮的越女，因为过分爱美，才对自己要求更高。那些身着齐地出产的精美绸缎的女子，并不值得世人所看重，越女一曲美妙的菱歌就能把她们甩好几条街。——放心吧，你没问题的，我看好你！

朱庆余拿着张籍的答诗，兴高采烈地告辞而去。

发榜的日子到了，朱庆余果然榜上有名，成了一名春风得意的新科进士。

因为有了《闺意献张水部》这首诗，朱庆余才得以进入后来的《唐诗三百首》。张水部，你又做了一件成全他人的好事。

张籍在官场上没有大起大落，特别五十岁之后，仕途一直比较平顺，但在此之前，他还是经历过不少挫折的。

张籍原是苏州人，十七岁时开始去南方的鹊山、漳水一带求学，这一去就是十年。十年里，张籍的生活一度非常窘迫，他在后来写了一首《行路难》，描写了当时的处境：

> 湘东行人长叹息，
> 十年离家归未得。
> 弊裘羸马苦难行，
> 僮仆饥寒少筋力。
> 君不见床头黄金尽，
> 壮士无颜色。
> 龙蟠泥中未有云，
> 不能生彼升天翼。

俗话说，一分钱难倒英雄汉，"床头黄金尽"，那跟龙陷泥潭有何不同？

十年后，张籍北上长安，然后再次南下，并把家安在了和州（今安徽和县）。之后又在孟郊的引荐下，北上汴州，结识了韩愈，直到贞元十五年（公元799年），已经三十二岁的张籍，才在韩愈的推荐下，考中进士。

之后几年，张籍先在家居丧三年，接着就开始在长安、洛阳等地奔走。求仕的日子也是不太好过的，远离故乡，难免会想家。

有段时间，他一直待在洛阳，一个秋日，他写好一封家书，刚要让人寄走，却又感到意犹未尽，于是又从捎信的行人手中要回来，拆开信封，重新读了一遍。等捎信人走后，他还是觉得信里有说得不到的地方，沉思中，不觉吟出了一首《秋思》：

> 洛阳城里见秋风，
> 欲作家书意万重。
> 复恐匆匆说不尽，
> 行人临发又开封。

虽然渴望做官，但张籍却是有原则的，并不是什么官他都愿意做的。

这期间，平卢节度使李师道曾向张籍抛出橄榄枝，希望张籍到节度使幕府中任职。张籍心想：我是准备为朝廷服务的，你是个妄图割据一方的人，我怎能听命于你？于是，张籍就写了一首《节妇吟》，委婉地拒绝了李师道的好意：

> 君知妾有夫，赠妾双明珠。
> 感君缠绵意，系在红罗襦。
> 妾家高楼连苑起，
> 良人执戟明光里。
> 知君用心如日月，
> 事夫誓拟同生死。
> 还君明珠双泪垂，
> 恨不相逢未嫁时。

张籍在诗中将李师道比作"君"，自个儿比作"妾"，意思很明了：我已心有所属，且无法更改，谢谢你的美意！

"恨不相逢未嫁时"，这不过是一个托词罢了。即使真的未嫁，张籍这个"妾"，也不会接受李师道这个"君"的"求婚"的。

直到三十九岁，张籍才得以入朝为官——被授予秘书省校书郎一职，很快又被调任太常寺太祝，成了一个管祭祀的小官。

这一管就是五六年，其间张籍的眼睛出了问题，问题还很严重，都要瞎了。

有孟郊《寄张籍》中的诗句为证：

西明寺后穷瞎张太祝，纵尔有眼谁尔珍。

天子咫尺不得见，不如闭眼且养真。

又穷又瞎，够悲催的！张籍也不得不因病辞官。

三年后，眼初愈，张籍的身份也变了，由太常寺太祝改任国子助教，直至五十岁之后，又在十多年的时间内，历任广文博士、国子博士、水部员外郎、水部郎中、主客郎中，官终国子司业。

诗人卡片

张籍（约 767—约 830），字文昌，唐朝和州乌江（今安徽和县）人。因曾任太常寺太祝、水部员外郎、水部郎中、国子司业等职，世称"张太祝""张水部""张司业"。代表作有《野老歌》《猛虎行》《节妇吟》等。

李绅之"真金不镀"：
"站队"这件事，好辛苦！

【成语】真金不镀

【释义】真的黄金上用不着再镀金。比喻有真才实学的人用不到装饰。

【出处】唐·李绅《答章孝标》诗："假金方用真金镀，若是真金不镀金。"

教育别人要爱惜粮食，你首先想到的应是下面这首《锄禾》诗吧？

> 锄禾日当午，汗滴禾下土。
> 谁知盘中餐，粒粒皆辛苦。

这诗是唐朝一位名叫李绅的诗人写的，他的另一首短诗也比较有名：

> 春种一粒粟，秋收万颗子。
> 四海无闲田，农夫犹饿死。

这两首短诗合起来又叫《〈悯农〉二首》或《〈古风〉二首》。那么，李绅又是在什么情况下写的这两首诗呢？

其实，李绅是名门之后，他的曾祖李敬玄曾官至宰相，到他的父亲李晤一辈，他的家族已不太显赫了，但仍处社会上层。

不幸的是，李绅年仅六岁时，他父亲就死了，这样，李绅就开始和他母亲卢氏一起，在无锡（他父亲生前做官之地）相依为命，因而他很早就见识了世态炎凉，体验到了生活的艰辛。

在母亲的教导下，李绅慢慢成长为一个有学识有担当的青年人，尽管个头"短小精悍"，可他总要走出家门，撑起属于自己的一片天空了。

在漫游江南的过程中，他开阔了眼界，也亲眼见到了农人们在朝廷推行"两税法"后遭受到的苦难，因而，就有了《〈悯农〉二首》的问世。

然后李绅就带着这两首诗，来到了京城，拜谒了一个名叫吕温的京官，得到赏识，也因此渐渐有了名气。接着，李绅就开始参加进士考试。考了两年才及第，那时，他已经三十五岁。

进士及第后的李绅在南下润州（今

镇江）时，遇到镇海军节度使李锜，并成了李锜幕下的掌书记。

李锜是个恃宠而骄的家伙，有独霸一方的野心，皇帝召他入朝，他不想去，就让李绅代为起草奏章，李绅知李锜心中有鬼，便在写字时装出很害怕的样子，写写涂涂，抖抖索索，李锜看出李绅不想写，还演戏，一怒之下，将其关入大牢。直至李锜因叛乱被杀，李绅才被放出。

等到元和四年（公元 809 年），李绅有了校书郎一职，他的官途才正式铺开；在诗歌创作上，李绅也开始和元稹、白居易一起拉开新乐府运动的序幕。

可是，他一踏上官途，朝中的"牛李党争"就开始了，而他作为"李党"中的一员，注定要在此后你死我活的宫廷党争中起起浮浮。

元和十四年（公元 819 年），李绅升任右拾遗，次年入翰林，与李德裕、元稹一起被誉为"翰林三俊"。正在李绅春风得意之时，"党争"之祸降临到他的身上。

唐穆宗长庆三年（公元 823 年），拜相半年的李逢吉，为排挤同样有望登上相位的李德裕，就在皇上面前竭力推荐牛僧孺为相，又把李德裕外放为浙西观察史。

李逢吉在朝中弄权耍横，打击异己，多数人小敢吭声，只有李绅不买他的账。

于是李逢吉就千方百计想把李绅挤出朝廷。不能明着来，那就用计。

李逢吉知道李绅是个爱较真的家伙，而那个韩愈也是这样的人。因此，李逢吉就让李绅当御史中丞，这样李绅就成了御史台的台官，按唐规，外任节度、观察、经略以及京兆尹及其属官在入朝或赴镇之际必须去参拜台官。

韩愈要到京兆尹任上了，按理要去参拜李绅这个台官，可韩愈没去，因为他觉得自己虽是京兆尹，但还身兼御史大夫，虽说御史大夫是个虚职，可名义上还是御史中丞的上级，再说，韩愈自认为比李绅岁数大，不拜也罢。

但李绅不这么认为，他说要按制度办事，不拜就不行。这样，李绅与韩愈之间就有了一场各说各有理的"台参之争"。

见两人都上了套，李逢吉马上出来主持"正义"：说李绅、韩愈没有大局观，特别是那个李绅，还受过韩愈提携，现在如此计较，人品不是有点太那个了吗？

结果李绅和韩愈双双被贬官，李绅由御史中丞贬为江西观察史，好在穆宗觉得这样就贬人家不是那么回事，所以很快又把李绅提为户部侍郎。

次年，穆宗死了，敬宗即位。李逢吉趁势又借机联络张又新、李虞等一帮宵小之辈，集中精力打击李绅，终致李绅被无端挤走：由户部侍郎贬为端州（今广东肇庆）司马。

从此，李绅的官运就与"李党"头

子李德裕的官运，紧紧地绑在了一起。

到端州的第二年，遇大赦，李绅在"牛党"继续得势的情形下，没得到返京机会，开始调任江州刺史，后又任滁州刺史、寿州（今安徽淮南）刺史。

唐文宗太和七年（公元833年），刚登相位的李德裕，立即起用李绅为浙东观察史。开成元年（公元836年）起，李绅先后任河南尹、宣武（今河南省东部）军节度使、淮南节度使等职。开成五年（公元840年），入京拜相，直至会昌四年（公元844年）因中风辞位，后只担任淮南节度使一职，会昌六年（公元846年）在扬州病逝，终年七十五岁。

不久，"牛党"再次压倒"李党"，"牛党"在反攻倒算的过程中，并没放过死去的李绅，他们以李绅生前错判"吴湘案"为由头，逼迫朝廷下诏追削李绅所有的官衔，且剥夺其子孙做官的权利。

纵观李绅一生，作为一个浮沉于党派之争的政治人物，我们确实不好为之定性。

单从《〈悯农〉二首》来看，李绅是一个悲天悯人的才子。

从对李锜、李逢吉之流的态度来看，李绅又是一个刚直不屈的汉子。

而作为"党争"中的骨干分子，为权力而斗，是好是坏又怎么确定呢？

他自己写文说，在浙东离任时，有万人相送。在寿州霍山县，他还亲自带领官民"打老虎"——那可是真正的猛虎哦。这样看，他算是一个为民办实事的好官。

可也有些史料，把他写成一个并不是那么光彩的人。

比如他为官之地闹了蝗灾，他竟上奏说：蝗虫到我辖的地界是不吃庄稼的。

他还曾让百姓在大冬天下水捞文蛤以进贡，又命人把偷鱼的和尚扔进湖里，把不愿摆举子过河赶考的船夫丢进河中……

作为一个官员，他也很懂利用职权去享受，不然，就不会有刘禹锡的"司空见惯寻常事"一说了。

刘禹锡垂涎于他的家妓，他便慷慨地将家妓赠给人家。

他和刘禹锡一样，对白居易家的那个樊素也是念念不忘，在六十二岁时，还曾寄给那小女子一件舞衫呢，白居易有诗专门记录此事。

对朋友如此，对曾经的政敌，李绅也是比较讲究的。

比如那个曾配合李逢吉整过他的张又新，在牛党失势后被一贬再贬，二十年后，此人罢官回乡，坐船遇风，两个儿子被当场淹死。万般无奈之下，张又新便给时任淮南节度使的李绅写信求助。李绅不计前嫌，两人重归于好。

一日，张又新来李绅家中做客，而席间一个陪酒的歌伎竟是张的旧日相好，多年之后，两人在此见面，四目相对却不能表白。就在李绅中间离席的短暂工夫，张又新便用手指蘸上酒水，在酒盘上写了一首情诗给女子看。

李绅回来，见两人眼神不对，便让女子唱歌。结果那女子唱的就是张又新写的那首诗：

云雨分飞二十年，当时求梦不曾眠。
今来头白重相见，还上襄王玳瑁筵。
（《赠广陵妓》）

唱完，李绅一下子就明白了：敢情是分开二十年的恩爱老鸳鸯啊！看两人旧情复燃的样子，李绅当场成全了两人，让张又新把老情人领回家了。

大方，又不计前嫌，这是李绅的又一面。

在李绅刚走上右拾遗之位时，有一个叫章孝标的人进士及第，看榜后，章进士立马写诗一首向李绅炫耀：

及第全胜十政官，金汤镀了出长安。
马头渐入扬州郭，为报时人洗眼看。
（《及第后赠李绅》）

中个进士就等于自己身上"镀金"了，还让人"洗眼"看他，李绅很看不起这种"小人得志"的态度，因此，立即以一首《答章孝标》回应：

假金只用真金镀，若是真金不镀金。
十载长安得一第，何须空腹用高心。

如果是块真金子，何须要用真水去镀呢？李绅以嘲讽的语气把章进士狠狠地教育了一番。

真金不镀，如果单从学识才华来看，李绅的确称得上是一块真金。那他的人品到底是"真金"还是"假金"？你不妨作个判断。

诗人卡片

李绅（772—846），字公垂，唐朝无锡人，祖籍安徽亳州。与元稹、白居易友善，是中唐新乐府运动的参与者。代表作为《悯农二首》。

韦应物之"宝马香车"：
一个京城恶少的华丽转身

【成语1】宝马香车

【释义】珍贵的宝马，华丽的车子。指考究的车骑。

【出处】唐·韦应物《长安道》诗："宝马横来下建章，香车却转避驰道。"

【成语2】山珍海味

【释义】指山野和海里出产的各种珍贵食品。泛指丰富的菜肴。

【出处】唐·韦应物《长安道》诗："山珍海错弃藩篱，烹犊炰羔如折葵。"

【成语3】坚贞不屈

【释义】坚：坚定；贞：有节操；屈：屈服、低头。意志坚定，决不屈服。

【出处】唐·韦应物《江州集·睢阳感怀》诗："甘从锋刃毙，莫夺坚贞志。"

【成语4】风雨对床

【释义】指兄弟或亲友久别后重逢，共处一室倾心交谈的欢乐之情。

【出处】唐·韦应物《示全真元常》诗："宁知风雨夜，复此对床眠。"

安史之乱，在韦应物的心中，绝对是一个挥之不去的梦魇。多年以后，他还记着"长安乱"中的一幕幕。他痛恨兴兵作乱的贼子，也厌恶那些借"平乱"之机而发了战争财的新贵：

> 春雨依微春尚早，长安贵游爱芳草。
> 宝马横来下建章，香车却转避驰道。
> 贵游谁最贵，卫霍世难比。
> ……
> 丽人绮阁情飘飖，头上鸳钗双翠翘。
> 低鬟曳袖回春雪，聚黛一声愁碧霄。
> 山珍海错弃藩篱，烹犊炰羔如折葵。
> （《长安道》）

"宝马香车"坐着，"山珍海错"都吃腻了，新贵族们耀武扬威，不可一世，还不是因为"边尘起"才有的"立功"机会？

而对那些忠诚卫国，甚至为国捐躯的将士们，韦应物还是从内心怀念、敬仰他们的，在《睢阳感怀》一诗中，他这样写道：

饥喉待危巢，悬命中路坠。

甘从锋刃毙，莫夺坚贞志。

宿将降贼庭，儒生独全义。

空城唯白骨，同往无贱贵。

哀哉岂独今，千载当歔欷。

至德二年（公元 757 年），在保卫睢阳（今河南商丘）城的战斗中，张巡、许远带领不足一万的士兵，对抗十余万贼兵，虽在历经数百次战役后，城陷了，人也死了，但其"坚贞不屈"的表现却令人动容。

安史之乱最终被平定，但大唐盛世却一去不复返了。

韦应物怀念盛唐岁月，但他不喜欢那时的自己，因为记忆中的盛唐岁月，既是他的"光辉岁月"，也是他的"荒唐岁月"。

作为一个"离天尺五"的名门望族的后人，一个根深蒂固的宫廷"官二代"，少年韦应物那可是要风得风，要雨得雨。不必去用心读书，也不要去参加什么科举考试，十四五岁就沾门第之光，进身"右千牛卫"（皇帝内围贴身卫兵）之列，整天跟在玄宗皇帝和杨贵妃身后，到处耀武扬威，那所谓的"香车宝马""山珍海味"的生活早已习以为常了。

年少轻狂的韦侍卫，自以为是皇帝身边的人，所以离开皇帝的眼，他就感觉天下是他的了，整天纠集一帮恶少，

打架斗殴，强取豪夺，喝酒赌博，欺男霸女，反正是尽最大的努力去干那些能想到的坏事。

有恃无恐，因为没人敢管他。

等到安贼一起事，京城再也没有往日的和平景象，玄宗皇帝也跑到蜀地避难去了。

肃宗乾元二年（公元 759 年），二十三岁的韦应物没了用武之地，他脱去御前侍卫的服装，一反常态地走进了太学的大门。

或是突变的世事震动了他，或是贤惠的妻子元苹感化了他，青年韦应物像换了一个人似的，开始刻苦攻读了，他身上的无赖习性似乎一夜间荡然无存了。

原来，安静下来的韦应物就是一个地道的书生啊！

不仅用功读书，他也开始用心写诗了。舞棒弄枪的手，耍起笔杆子来，竟也是出神入化。

广德元年（公元 763 年），韦应物要去做地方官了。他先到洛阳丞的位子上，两年后又改任河南军曹。

在军曹任上，韦应物因用过激手段惩治一位犯事的军士，结果被人投诉，一气之下，他干脆辞了官，在洛阳闲居下来。

约十年后，年近四十的韦应物再次走进官场，从唐代宗大历九年（公元 774 年）到唐德宗贞元七年（公元 791 年）

215

客死苏州这十多年时间内，他历任京兆府功曹、鄠（hù）县令、栎阳县令、比部员外郎、滁州刺史、江州刺史、左司郎中、苏州刺史等职。

韦应物是一个尽责称职的官员，可他有时还会担心做得不够好。在任滁州刺史时，他曾写诗寄赠李儋（dān）、元锡两位朋友：

> 去年花里逢君别，今日花开又一年
> 世事茫茫难自料，春愁黯黯独成眠。
> 身多疾病思田里，邑有流亡愧俸钱。
> 闻道欲来相问讯，西楼望月几回圆。
>
> （《寄李儋元锡》）

看到管辖之地还有人流亡，韦应物心生愧疚，感觉拿了俸薪却没能尽到责任。他想把公务做好，可内心里又有归隐的念头，可想而知，当时的他是多么矛盾。

在滁州西涧闲居期间，他种树、栽药、赏景、观鸟，体验着一种闲适的孤独：

> 独怜幽草涧边生，上有黄鹂深树鸣。
> 春潮带雨晚来急，野渡无人舟自横。
>
> （《滁州西涧》）

在远离京城的地方，他更加珍视亲情和友情。他一首首地给弟弟、外甥、昔日好友等人寄赠诗歌，用清新淡远的

诗句，慰藉彼此的心灵。

还是在滁州，韦应物的两个外甥沈全真和赵伉（字元常）来看他，他写了《示全真元常》一诗来表达感受：

> 余辞郡符去，尔为外事牵。
> 宁知风雪夜，复此对床眠。
> 始话南池饮，更咏西楼篇。
> 无将一会易，岁月坐推迁。

"风雨对床"，是寒世中的人情之暖，是岁月推移中的欢乐会面，唯有珍惜时光，珍惜亲情，才能更好地活在当下。

就像他给另一个名叫卢陟的外甥写的一首诗中所说的：

> 涧树含朝雨，山鸟哢（lòng）馀春。
> 我有一瓢酒，可以慰风尘。
>
> （《简卢陟》）

身在外地，韦应物自然也会想念远在京城的弟弟们——《寒食寄京师诸弟》：

> 雨中禁火空斋冷，江上流莺独坐听。
> 把酒看花想诸弟，杜陵寒食草青青。

韦应物还经常和那些道士、僧人交往。年轻时在武功县避乱时，就住在宝意寺，在洛阳时曾住同德精舍，当京兆

府功曹时住善福精舍，苏州罢官后住永定寺。

韦应物的隐逸意识，让他主动与佛、道结缘，或者说，佛、道之缘催生了他的隐逸思想。

在苏州的那个秋夜，他开始思念那个隐居学道的丘丹了：

怀君属秋夜，散步咏凉天。
空山松子落，幽人应未眠。
（《秋雨寄丘二十二员外》）

静静的夜，凉凉的天，不眠的人，空寂的山，思念不要那么多，只要一点点。

韦应物的心是干净的，曾经身居官场的他，手也是干净的——苏州刺史任期结束后，他竟然穷得连回京候选的路费都没有！

一个曾经的京城恶少，最终成长为一个有情有义、清廉自守的高士，这样的转身，能不让人惊奇和赞叹吗？

诗人卡片

韦应物（约737—约791），唐朝长安（今陕西西安）人。因曾任江州刺史和苏州刺史，又有"韦江州""韦苏州"之称。以田园风光诗而著名，代表作有《滁州西涧》《寄全椒山中道士》等。

李贺之"黑云压城城欲摧"：
背景有点远，应举被"避嫌"

【成语1】呕心沥血

【释义】呕：吐；沥：一滴一滴。比喻用尽心思。多形容为事业、工作、文艺创作等用心的艰苦。

【出处】唐·李商隐《李长吉小传》："是儿要当呕出心乃已尔。"

【成语2】黑云压城城欲摧

【释义】敌军已到达城门，好像要把城墙压塌似的。比喻恶势力一时嚣张造成的紧张局面。

【出处】李贺《雁门太守行》："黑云压城城欲摧，甲光向日金鳞开。"

【成语3】天荒地老

【释义】天荒秽，地衰老。指经历的时间极久远。常用于人们的爱情宣言。

【出处】唐·李贺《致酒行》诗："吾闻马周昔作新丰客，天荒地老无人识。"

在讲究门第出身的唐代，很多诗人在介绍自己时，总要把那些曾经功勋卓著或声名赫赫的先人拉出来，以充当个人闪亮骄人的背景。

李贺也不能免俗，成年后，他念念不忘的就是自个儿乃"唐诸王孙"。

的确，李贺的远祖是唐高祖李渊的叔父——大郑王李亮。但到了李贺这一辈，身上的那点皇家血脉也就淡到几乎没有了，作为一个没落贵族的子弟，李贺想沾皇家宗室的光，那也只能是痴心妄想。

李贺的父亲名叫李晋肃，晚年当过县令之类的小官。但李贺尚未成年，他的父亲就死了。李贺兄弟俩和他们的姐姐就跟着母亲守在河南昌谷（今河南省宜阳县西），艰难度日。

虽然穷，但李贺却有一个富有的大脑。他酷爱读书，七岁时，就能像模像样地写诗作文了。

李贺慢慢长大，身体瘦小，手指细长，写字奇快。他的两眉连在一起，看上去很是与众不同。

成年后，几乎每一天，他都会骑着那匹瘦马，出门寻诗觅句去。他让那个剃着光头的小仆人背着一个布袋子跟在他后面，每想出新诗句，他就会及时记下，放进小仆人的袋子里。

一天晚上，李贺的母亲让婢女倒出他那袋子里的东西，见都是儿子写的诗句，她就生气又心疼地说："这孩子是要把心呕出来才肯罢休啊！"

十八岁时，李贺已是当地很有名气的诗人了。

这一年，李贺带着自己的诗稿，去东都洛阳拜谒国子博士韩愈。结果，韩愈就读到了这首《雁门太守行》：

黑云压城城欲摧，甲光向日金鳞开。
角声满天秋色里，塞上燕脂凝夜紫。
半卷红旗临易水，霜重鼓寒声不起。
报君黄金台上意，提携玉龙为君死。

写得太好了！读完，韩愈赞叹不已。一年后，韩愈又和学生皇甫湜一起去昌谷回访李贺。李贺激动万分，挥笔写下了《高轩过》：

华裾织翠青如葱，金环压辔摇玲珑。
马蹄隐耳声隆隆，入门下马气如虹。
云是东京才子，文章巨公。
二十八宿罗心胸，九精照耀贯当中。
殿前作赋声摩空，笔补造化天无功。
庞眉书客感秋蓬，谁知死草生华风。
我今垂翅附冥鸿，他日不羞蛇作龙。

此诗把韩愈、皇甫湜两人猛夸一通，

又说自己是个有抱负的好青年，恳请二位名公给予引荐提携。

这次造访，让李贺的才华在韩愈的心中得到了进一步的确认。

元和五年（公元810年），李贺在家中收到了韩愈让他参加进士考试的信。这年初冬，二十一岁的李贺如约参加了河南府试，得中后，又马不停蹄地赶往长安，准备应进士举。

就在李贺到了长安，踌躇满志地应考时，麻烦来了——有考生举报说：李贺的父亲名叫李晋肃，"晋"与"进"同音，应"避嫌名"，因此，李贺不能参加进士考试。

李贺一听，当时就蒙了：这哪跟哪啊？

韩愈闻知此事，立即写《讳辩》一文为李贺辩解，说："父名中有'晋'，儿子就不能参加进士考试，照此说法，父名中若有'仁'字，那儿子就不能当人了？"

韩愈发声，依然无济于事。

最终，李贺未能参加那次进士考试。

被嫉妒他才华的举子黑了，李贺的天空也黑了，一如"黑云压城城欲摧"般的压抑。

剩下的留在长安的日子，都成了"困居"。

京城已是伤心地，回家吧。

途中，李贺在一客栈落脚，客栈主人知他大名，听说他的遭遇后，不仅请他喝酒，还友好地对他进行开导：

你看汉武帝时的那个主父偃，西行入关，不得志，又没钱，屡遭白眼。再看唐初的那个名臣马周，年轻时总被地方官欺侮得抬不起头来，在去京城时，途中投宿新丰，旅馆主人却待他连商贩都不如。可最后马周还不是凭"两行书"得到皇帝赏识而时来运转？所以，一时倒霉并不等于一世倒霉，不定哪一天就迎来你的出头之日呢！

客栈主人的一席话，让李贺心里稍稍舒坦了些。晚上，他在房间内写下了《致酒行》一诗：

零落栖迟一杯酒，主人奉觞客长寿。
主父西游困不归，家人折断门前柳。
吾闻马周昔作新丰客，天荒地老无人识。
空将笺上两行书，直犯龙颜请恩泽。
我有迷魂招不得，雄鸡一声天下白。
少年心事当拿云，谁念幽寒坐呜呃。

写罢，李贺放下笔，抬眼望着窗外。黑。

诗人卡片

李贺（790—816），字长吉，福昌（今河南洛阳宜阳县）人，家居福昌昌谷，后世称"李昌谷"。因诗歌想象丰富，多用神话传说，又有"诗鬼"之称。"长吉体"诗歌开创者，代表作有《雁门太守行》《李凭箜篌引》《南园十三首》《马诗二十三首》等。

李贺之"石破天惊"：
眼前天地人，笔下"神""马""鬼"

【成语1】石破天惊

【释义】原形容箜篌的声音，忽而高亢，忽而低沉，出人意料，有难以形容的奇境。现形容文章议论新奇惊人。

【出处】唐·李贺《李凭箜篌引》诗："女娲炼石补天处，石破天惊逗秋雨。"

【成语2】牛鬼蛇神

【释义】牛头的鬼，蛇身的神。形容作品虚幻怪诞。比喻形形色色的坏人。

【出处】唐·杜牧《李贺集序》："鲸吸鳌掷，牛鬼蛇神，不足为其虚荒诞幻也。"

【成语3】玉楼赴召

【释义】文人早死的婉词。

【出处】唐·李商隐《李贺小传》诗："长吉将死时，忽昼见一绯衣人，驾赤虬，持一板书，若太古篆或霹雳石文者……绯衣人笑曰：'帝成白玉楼，立召君为记。'"

未能参加进士考试，李贺只得心灰意冷地回到了老家昌谷。

但李贺毕竟是个人才，如果就这样被埋没，岂不是太可惜了？

元和六年（公元811年）五月，在韩愈等人的极力推荐下，李贺被再次召回到长安。经吏部考核后，他有了奉礼郎这样一个官职。

这奉礼郎是一个从九品的小官，日常工作主要是在祭祀时为皇帝及皇亲国戚、王公大臣们提供相应的服务，比如排排君臣位次、主持祭祀音乐的演奏、引导巡陵等。

这样的工作烦琐而无聊，李贺干得很压抑。如果说有什么收获，那就是这个官位让他知道了宫廷是怎么回事，也让他结交了一些志同道合的官场朋友，使他对社会的黑暗有了更深刻的认识。

耳畔整天充斥着那些单调的祭祀音乐，偶尔，李贺也会听到那些技艺高超的梨园弟子的宫廷演奏，其中最让他赞赏的，就是李凭演奏箜篌了。

吴丝蜀桐张高秋，空山凝云颓不流。

江娥啼竹素女愁，李凭中国弹箜篌。
昆山玉碎凤凰叫，芙蓉泣露香兰笑。
十二门前融冷光，二十三丝动紫皇。
女娲炼石补天处，石破天惊逗秋雨。
梦入神山教神妪，老鱼跳波瘦蛟舞。
吴质不眠倚桂树，露脚斜飞湿寒兔。

（《李凭箜篌引》）

李凭的演奏让李贺的思绪上天入地，产生了"石破天惊"的艺术效果。

但这样的快乐总是短暂的，绝大多数时候，李贺还得对着那些冷硬的牌位、陵墓、祭品等，日复一日地做着单调乏味的工作。

他想换个职位，更想向上迈个台阶。可是一年过去了，又一年过去了，一切照旧。

李贺终于受不了了，到了元和八年（公元813年）的春天，他称病回了家。

在由京赴洛的路上，李贺百感交集，写下了《金铜仙人辞汉歌》：

茂陵刘郎秋风客，夜闻马嘶晓无迹。
画栏桂树悬秋香，三十六宫土花碧。
魏官牵车指千里，东关酸风射眸子。
空将汉月出宫门，忆君清泪如铅水。
衰兰送客咸阳道，天若有情天亦老。
携盘独出月荒凉，渭城已远波声小。

"金铜仙人"建造于汉武帝时期，到魏明帝时又被强行拆离汉宫，李贺借

此事表明自己不舍离京的心情，抒写了家国之痛和身世之悲。

曾有凌云志，久存报国心。可惜现实太无奈了——没有用武之地不说，身体也似乎一下子垮了下来。

在昌谷，在自己的这个生身之地，他慨叹着时光易逝和时运不济，也用诗歌抒写着内心的痛楚和愤激之情。

男儿何不带吴钩，收取关山五十州？
请君暂上凌烟阁，若个书生万户侯？

（《南园十三首·其五》）

寻章摘句老雕虫，晓月当帘挂玉弓。
不见年年辽海上，文章何处哭秋风？

（《南园十三首·其六》）

尽管心有怨言，李贺依然是不甘沉沦的。在昌谷卧养一段时间后，他又动身南下，意欲在吴越之地一展才华，最终事与愿违。无奈之下，他又回到长安，于次年（公元814年）辞去奉礼郎的职务。

回到老家后，李贺还是不死心，于是他又跋山涉水地来到潞州（今山西长治），在好友张彻的举荐下，做了昭义军节度使郗士美的幕僚。

元和十一年（公元816），郗士美因讨伐藩镇割据势力没有成效，便托病回家休养，张彻也趁机回了长安，走投无路的李贺只得拖着病体回到昌谷，不久就离开了人世。

李贺短暂的一生，活得痛苦而又压抑。当他的梦彻底破碎，他就开始有意识地去逃离现实世界，任由想象的翅膀翱翔在奇幻的仙界或直接飞入暗黑的鬼域。

在《梦天》中，他梦入天堂，下望人间，感慨人事沧桑：

老兔寒蟾泣天色，云楼半开壁斜白。
玉轮轧露湿团光，鸾珮相逢桂香陌。
黄尘清水三山下，更变千年如走马。
遥望齐州九点烟，一泓海水杯中泻。

在《天上谣》中，他虚构了一个完美的仙境，表达对自由美好世界的向往：

天河夜转漂回星，银浦流云学水声。
玉宫桂树花未落，仙妾采香垂佩缨。
秦妃卷帘北窗晓，窗前植桐青凤小。
王子吹笙鹅管长，呼龙耕烟种瑶草。
粉霞红绶藕丝裙，青洲步拾兰苕春。
东指羲和能走马，海尘新生石山下。

李贺写神仙，也写鬼怪。

在《苏小小墓》中，李贺觉得自己就和那个名妓苏小小一样，"无物结同心"，只能在无情的世界里，接受"风吹雨"的冰冷现实。

秋夜，走在南山的田野间，他听到的是"石脉水流泉滴沙"（《南山田中行》），看到的是"鬼灯如漆点松花"。冷，阴森可怖的冷。

有时，李贺也会借马的形象来抒写心情，表明志向——

此马非凡马，房星本是星。
向前敲瘦骨，犹自带铜声。
（《马诗二十三首·其四》）

李贺多么渴望自己能有"快马踏清秋"那样的时刻啊！

当心火燃尽，剩下的就只有空虚寂寞冷了。

杜牧说李贺的诗歌"鲸吸鳌掷，牛鬼蛇神，不足为其虚荒诞幻也"，这除了性格上的原因，在很大程度上要归咎于现实的挫败吧！

李贺死时年仅二十七岁。人们痛惜于其英年早逝，于是就编了个"玉楼赴召"的故事，说李贺走得这么早，是因为天帝新盖一座白玉楼，召他上天，要他去为楼写记文的。

但这故事就如李贺（字长吉）的名字一样，都只是一种美好愿望的寄托罢了。

元稹之"曾经沧海"：
还将旧时意，怜取眼前人

【成语】曾经沧海

【释义】曾经：经历过；沧海：大海。比喻曾经见过大世面，不把平常事物放在眼里。

【出处】唐·元稹《离思》诗："曾经沧海难为水，除却巫山不是云。"

尽管十五岁就已经明经及第了，但元稹觉得自己年龄尚小，不如再考个进士，以使自己以后能更顺利地得以授官。

于是，他回到家，继续刻苦攻读。刚过二十岁时，他来到蒲州（今山西永济），住在母亲一个远亲的家里，还在河中府找了个差使，算是当官前的实习。

在实习期间，元稹认识了一个名叫双文的女子。双文的家和他的住处离得并不远，两人一见钟情。

男女都是才貌双全，又彼此情投意合，自然很快进入热恋状态。该说的都说了，该做的也都做了。

双文对元稹说："你要对我负责。"

元稹说："必须的！考完进士后我就娶你。"

贞元十七年（公元801年），二十三岁的元稹来京考试了，可惜未考中。虽然失落，但在之后的时间里他却积累了一些京城人脉。尤为关键的是，京兆尹韦夏卿认识了他，且对他颇有好感。

有人就对元稹说："你看韦大人这么喜欢你，他又有个女儿叫韦丛，这你心里还没有数吗？"

韦丛给元稹的印象的确不错，端庄贤淑，善解人意。要是能与她结合，不仅会收获个贤妻，还会攀上个有用的老丈人。

韦夏卿和元稹见过几次面后，也有了把女儿许配给元稹的意思。

然后，这门亲事就定下来了。

第二年，元稹毫无悬念地通过了制科考试，并被授予秘书省校书郎一职。

官位有了，前途有了，可以结婚了。

可，那个初恋咋办？元稹心里权衡了一番，最终还是放弃了双文。

二十五岁的元稹和二十岁的韦丛成亲了。

婚后，因岳父要到洛阳上班，而韦丛又是岳父最疼爱的小女儿，所以元稹夫妇就把家安在了洛阳。此后的一段日子里，元稹便常在长安和洛阳两地之间来回。

元稹在长安住于靖安里第，一个人的时候，他常常会想起双文姑娘，心里也很是愧疚。

干校书郎不久，元稹认识了来京应举的李绅。李绅寄居他家期间，他就把自己和双文的故事讲给李绅听，还把故事中双文的名字改成了莺莺。

李绅被元稹的爱情故事所打动，很快为之创作了一首《莺莺歌》。接着，元稹自己又写了一篇《莺莺传》。

过去的事就让它过去吧，现在有了靠山，有了家，元稹准备在官场上一展身手了。

当了两年校书郎，元稹登上了左拾遗的职位。在其位则谋其政，元稹开始频繁地给皇上提意见、挑毛病，结果就得罪了朝中的一些权臣。

权臣们一生气，就开始反挑元稹的毛病。等韦夏卿一病故，元稹便被贬为河南县丞。被贬的诏书刚下来，老家又传来消息：母亲郑氏去世了。元稹要回家丁忧，县丞之任不能赴。

韦丛也陪着一同回去。居丧期间，家里穷得简直揭不开锅。幸亏，当年一同登科的白居易借钱来资助；幸亏，妻子韦丛是个通情达理、能够与丈夫同甘共苦的女子。要不然，元稹恐怕真要撑不下去了。

看到元稹衣服要换洗了，韦丛就翻箱倒柜去找，看看还有没有稍微新一点的；

元稹想喝点小酒，没钱买，韦丛就拔下头上的金钗去换钱；

家里只有豆叶吃了，可看上去韦丛却吃得津津有味；

家里没柴禾了，韦丛就仰着脸看着门前的那棵老槐树，希望多飘下点落叶用来烧火。

很多的时候，元稹会在一旁默默地看着妻子做针线活或整理妆容，心中满是怜爱。

有一次，元稹突然谈到了"谁先走"这个话题，没说两句，韦丛就慌忙捂住了他的嘴。

这样的日子虽苦，但元稹感受到的却是妻子带给他的浓浓爱意。

三年服丧期满，元稹在新任宰相的关照下，升为监察御史，并被安排到东川（今四川东部）负责查案。

办案期间，元稹结识了蜀中名妓薛涛，上演了一出年龄相差十岁的"姐弟恋"。薛涛动了真情，但元稹只是逢场作戏，在他心中，还是韦丛值得相守终生，所以，一回京，他就用一首赠给薛涛的诗，为两人的关系作了小结。

在监察御史任上，元稹的待遇大幅提高了。可家中的好日子刚要开头，韦丛却病故了。这突然的打击让元稹哀痛万分，爱妻仅仅和自己相守七年，还没尝到多少生活的甜头，就撇下一个女儿走了。

此后多年内，每想到韦丛的音容笑貌和两人在一起的生活细节，元稹都会黯然神伤。

元和五年（公元810年），元稹在出差途中，因和偶遇的大宦官仇士良争夺旅馆"上厅"而被打，到京告状没赢不说，还被那个宠宦官的宪宗贬为江陵士曹参军。

到了江陵，他自是不爽，伤心往事也一齐涌上心头。

那就用一首首悼念亡妻的诗来"遣悲怀"吧：

谢公最小偏怜女，自嫁黔娄百事乖。
顾我无衣搜荩箧，泥他沽酒拔金钗。
野蔬充膳甘长藿，落叶添薪仰古槐。
今日俸钱过十万，与君营奠复营斋。

昔日戏言身后事，今朝都到眼前来。
衣裳已施行看尽，针线犹存未忍开。
尚想旧情怜婢仆，也曾因梦送钱财。
诚知此恨人人有，贫贱夫妻百事哀。

闲坐悲君亦自悲，百年都是几多时。
邓攸无子寻知命，潘岳悼亡犹费辞。
同穴窅冥何所望，他生缘会更难期。

惟将终夜长开眼，报答平生未展眉。

走的人永远地走了，留下的只是生者无边的相思。

曾经沧海难为水，除却巫山不是云。
取次花丛懒回顾，半缘修道半缘君。

（《离思五首·其四》）

元稹想：哪个女子还能比韦丛好呢？自此之后，谁还会走进我的心中？

一天，元稹和一位朋友一起喝酒，说起了韦丛，不觉就醉倒了。醒来后，元稹见朋友泪湿眼眶，惊问原因，友答：你醉时，嘴里还不断喊着韦丛的名字，念叨着你们以前相处的事情。

也许，真的没有别的女人能走进元稹心里了，但并不等于他不容许别的女人走进他的生活啊！

在江陵这个陌生地方生活了几个月，美男子元稹终于没耐住寂寞，他要纳妾了。所纳之妾姓安，元稹为之取名安仙嫔。

安仙嫔为元稹留下一子一女后，就病死了。

元和十年（公元815年），元稹调任为通州（今四川达县）司马。刚到通州，他就大病了一场，差点送了小命。

好在大难不死，病愈后又被前涪州刺史裴郧的女儿看上，于是元大才子又梅开三度，娶了那个名叫裴淑的女子。

元和十三年（公元818年），元稹又开始连年升官，先后任虢州长史，膳食员外郎，祠部郎中，中书舍人，工部侍郎，同中书门下平章事（宰相）。

在宰相位仅三个月，元稹便被排挤出朝，先任同州（今陕西大荔县）刺史，两年后又任越州刺史、御史大夫兼浙东观察史。

到越州时的元稹，已经四十好几了，但一见到美女，多情又风流的他怎能不演绎点故事出来呢？

其时，元稹已和老相好薛涛联系上了，还准备将人家接过来呢！可他又遇到歌女刘采春了，元稹一比较，还是刘采春的优势明显，年轻又漂亮，还多才多艺。薛涛？那算了。

因此，一见到刘采春，元稹便准备"采春"了。尽管对方有丈夫，但这又有什么问题呢？

先赠诗赞美：

新妆巧样画双蛾，谩里常州透额罗。
正面偷匀光滑笋，缓行轻踏破纹波。
言辞雅措风流足，举止低回秀媚多。
更有恼人肠断处，选词能唱望夫歌。

（《赠刘采春》）

然后，就是暗通款曲了。

说好的"报答平生未展眉"呢？说好的"取次花丛懒回顾"呢？

这问题得让元稹的好友白居易来回答：

男儿若丧妇，能不暂伤情？
应似门前柳，逢春易发荣。
风吹一枝折，还有一枝生。

（《妇人苦》）

元稹在越州任上干了六年后，唐文宗把他调入京城任尚书左丞，在朝中又受排挤，被贬为武昌军节度使，直至一年后暴病而死，年五十三岁。

元稹爱美女，也被美女爱。他懂得欣赏，心存感念，也会快速移情别恋。他深知没爱的人生是可悲的，所以他见到上阳宫那些白发宫女们，才会写出《行宫》这样短小精悍而又意味悠长的"哀怨"之诗：

寥落古行宫，宫花寂寞红。
白头宫女在，闲坐说玄宗。

诗人卡片

元稹（779—831），字微之，唐朝洛阳（今河南洛阳）人。与白居易关系亲密，同为新乐府运动倡导者，世称"元白"。代表作有《遣悲怀三首》《行宫》《离思五首》《连昌宫词》等。

崔郊之"侯门似海"：
把我的爱情还给我

【成语】侯门似海

【释义】王公贵族的门庭像大海一般深邃。用来比喻过去相识的人，后因地位悬殊而疏远隔绝。

【出处】唐·崔郊《赠去婢》诗："侯门一入深似海，从此萧郎是路人。"

自考中秀才后，崔郊就开始寄居在姑姑家。姑姑所在的小村依山傍水，真是个风景绝佳的地方。

在这儿读书也好，养心也好，都是不错的选择。

明年就走出这襄阳地界，去参加省试，然后再去京城考进士，金榜题名之日，便是报答姑姑之时。崔郊常常暗下决心。

可是，这几日，他的心思开始纷乱起来，读书时总是走神。

他想努力控制自己，可心神就是不受管束。

——皆因为那个名叫红袖的婢女。

其实一开始他并没有在意红袖。刚入姑姑家时，红袖低着头站在一旁，他进门来也没多看她一眼，所以对她并没什么具体的印象。

那天下午，他正坐在自己的房间里读书，红袖进来为他送茶。当她把茶杯放到书案上，提醒他喝茶时，他抬头看了她一眼。

这一眼，让崔郊顿时心跳加快——那是一张多么精致的脸，美得无可挑剔，明亮的双眸，分明是在说话。

见崔郊呆痴的模样，红袖轻笑了一下，离开了。

好半天，崔郊的大脑都是空荡荡的。此后，他的面前时不时就会出现红袖的容颜，心神总是难以收拢。再见到红袖，心情也没有了以前的平静。

又一个和暖的春日。院子里的桃花都开了。崔郊在院中踱步吟诗，见红袖走过，他竟开口喊了她一声：红袖！

红袖闻声走到他面前，惊问何事。

崔郊一时语塞，半晌，方回首指着身后的桃树曰：我看桃花那么红，就想到你的名字了。

红袖脸上升起红晕，又抬手看了看袖子，笑而不言。

见姑姑、姑父都没在家，崔郊突然很想和红袖说说话。

红袖的眼睛里也似乎有很多话要说。

崔郊问了红袖"家住哪里""何时到姑姑家里来的"等问题，红袖笑着一一作答。

红袖的言语轻柔、得体，每一句都如一缕春风吹进崔郊心里。

以后的日子里，两人一有机会就互奏心曲，不见的时候，也都会互相想着。

崔郊有时会把自己刚写好的诗读给红袖听，红袖虽不全懂，可她懂他的那份情意。

崔郊还给红袖讲西晋婢女绿珠的故事，绿珠美丽重情还忠诚，可惜后来被逼跳楼了，结局真是很惨。

春深时节，崔郊终于向红袖表白：我要娶你！

这当然是红袖想要听的话。可想听的话听到了，红袖却又摇了摇头。她知道她只是崔郊姑姑家的一个婢女，她和崔郊两人最终走到一起的可能性不大。

毕竟爱了，珍惜眼前人吧。未来暂且交给未来。

崔郊和红袖就这样偷偷沉浸在热恋之中。

哪知姑姑家竟突遭横祸——姑父乘船外出，不慎溺水而亡。

姑父是个生意人，一家人全靠他挣钱养家糊口。他这一走，姑姑家的天瞬间塌了。

往下的日子，一天不如一天。几个月后，便到了连吃饭都成问题的地步。

崔郊忙着应考，内心虽着急，却帮不上什么忙。

那天，姑姑带着红袖进城。回来时，却只有姑姑一人。

崔郊满腹疑惑，忙问：红袖呢？

姑姑叹了口气道：卖了。

卖了！卖给谁了？崔郊简直不敢相信自己的耳朵。

姑姑又叹了几口气，道：不卖红袖，你看能行吗？现在你姑父不在了，我怎么也得让咱这一家人活下去啊，也好让你安心读书。前些日子，我带红袖进城，正巧碰到了襄州城的连帅于頔（dí）大人，他看中了红袖，当时就跟我说想买她。我当时舍不得，就没立即答应。现在看，不卖是不行了。所以今天就把她卖给了于大人，换了四十万钱。

崔郊听完，大声道：怎么能把红袖给卖了呢？

姑姑见崔郊的表现有点异常，就说：一个婢女，卖了就卖了，再说，红袖到于大人那里不比在咱家强？你急什么呢？

崔郊转身进了屋子，整个人似乎一下子垮了。

红袖这一走，也把崔郊的心全部带走了。

在家闷了一些时日，崔郊去了襄州城，他找到于頔的府第，开始在大门外来回观望，他不信见不到红袖。

隔几日，崔郊就会到连帅府前守望。

半年过去了，竟连红袖的影子也没见到。

那天，崔郊听到路人闲谈，说于连帅新买了一个名叫红袖的婢女，人长得那是花容月貌，连帅很是喜欢她，还让人教她学会了弹琴和跳舞。

崔郊既为红袖高兴，也为她担心，见她的心情也更加迫切。

一天晚上，崔郊翻来覆去睡不着，他想：可能从此以后，再也没有和红袖相见的机会了。想到此，他很是伤感，眼前也满是红袖的笑颜。

闭上眼，一首诗在心中慢慢成形。

等诗在心中定稿，崔郊便起身，在书案上铺开一张纸，挥笔而就：

公子王孙逐后尘，绿珠垂泪滴罗巾。
侯门一入深如海，从此萧郎是路人。
（《赠去婢》）

转眼到了寒食节。

这天上午，崔郊带着那首为红袖写的诗，又来到连帅府门口。没过多会，就见紧闭的大门忽然打开了，里面的家丁、婢女、主人依次出了门，上了门前早已停放在那里的几辆车子。

崔郊一眼就看到了红袖，可他不敢喊她。

车子渐次驶向城东。崔郊听街上人说，于大人一家是去东郊桃园游玩。

崔郊便随着车队，直奔桃园。

到了地方，崔郊发现桃园里游人并不是太多，一进园他就看到站在一棵桃树下的红袖。

崔郊突然出现在红袖视线里，红袖很是惊讶，她张了张口，又看了看左右，一时不知如何是好。

崔郊反而镇静下来，他悄悄走到红袖身边，趁其他人不注意之机，将那首诗递到红袖手中。

然后，崔郊快步离开了桃园。

游园回来没几天，崔郊赠给红袖的诗还是被于頔家人发现了。很快，那首诗就交到了于頔手上。

红袖害怕极了。她为自己担心，更为崔郊担心。

于頔把红袖喊了过去。出乎意料的是，一向暴躁的于连帅竟然没有动怒，而是和颜悦色地问诗从何来。

红袖没敢隐瞒，照实说了。

然后，崔郊就被召到了连帅府。

于頔问崔郊为何将这样一首诗送给自己的婢女。崔郊虽惊慌，但还是如实作了交代。

于頔听完以后，突然哈哈大笑起来。笑毕，他拿起那诗稿，朗声道：好个"侯门一入深似海，从此萧郎是路人"！这样的好诗要比我买红袖的那四十万钱有分量多了！既然你们两人一个有情一个有意，那我今天就成全你们。

崔郊不知真假，一时忐忑万分。

只见于頔走到崔郊身边，爽快地说：崔公子如此有才又有情，红袖与你相伴也是一种福分呢！今天，你就可以把红袖领走，择日成亲，首饰嫁妆的费用我全包了，另赠钱一万贯作为你们以后的费用。

说完，于頔就让家人将红袖领到了崔郊面前。

眼前发生的一切，恍若在梦中，崔郊一时幸福得有些晕眩。

"萧郎"不再是路人。

走出"侯门"，崔郊和红袖双双沐浴在暖暖的春风中……

诗人卡片

崔郊，唐朝元和年间的秀才，今仅存其《赠去婢》诗一首。

白居易之"居大不易"：
先安心，再安居

【成语】居大不易

【释义】本为唐代诗人顾况以白居易的名字开玩笑。后比喻居住在大城市，生活不容易维持。

【出处】唐·张固《幽闲鼓吹》诗："白尚书应举，初至京，以诗谒著作顾况，顾睹姓名，熟视白公曰：'米价方贵，居亦弗易。'"

因为父亲白季庚在外地做官，所以白居易在十岁之前，一直在出生地新郑东郭宅，和母亲陈氏一起生活。直到德宗建中三年（公元782年），十一岁的他才跟着时任徐州别驾的父亲白季庚，来到符离这个地方住下。

来符离本是为躲避河南那儿的藩镇之乱的，但到了符离后，两河（河北道与河南道）用兵仍然猛烈，且随时会波及徐州。为了确保孩子安全，白季庚便把几个孩子分别送到几个相对安全的地方避难。在父亲的安排下，白居易到了越中，投奔在那里当县尉的堂兄。

在美丽的吴越之乡，在叔父和堂兄的照应下，白居易度过了四年多衣食无忧的时光。他以一个少年的眼光打量着这个世界，看到了烟雨江南的美，看到了下层劳动者的艰辛。

少年白居易也体验到了一种身在异乡的孤独。他读书学诗更加卖力刻苦，他想用苦学来排解寂寞，也为以后科场胜出作准备。

听说如果进士及第就可以进身官场后，白居易的学习就近乎疯狂了，一天天下来，他的身体渐渐出了毛病，除了虚弱之外，因用眼过度，视力也开始模糊；天天不断握笔写字的手指也磨出了茧子。

他打定主意：要当官，就当一个正直无私、真心为民办事的好官，用手中的权力将劳苦的民众从水火中解救出来。

一天，他来到野外，看到了遍地返青的野草，联想到自己住在新郑和符离时，时常会在冬天和小伙伴一起去田野烧荒的情景，枯草虽被烧了，但来年春天，原来的地方依然会草青花艳。

回到住处，十六岁的白居易脑中作着参加科举考试的设想，提笔写下了这首《赋得古原草送别》：

离离原上草，一岁一枯荣。
野火烧不尽，春风吹又生。
远芳侵古道，晴翠接荒城。
又送王孙去，萋萋满别情。

写完这首诗，白居易告别了堂兄，只身来到了京城长安。

一入长安，白居易才见识到什么是繁华，什么是希望。

来京之前，有人告诉他，要想在京城立足，诗文写得好只是其一，最关键的还得要有人举荐。

所以，到长安后，白居易就开始打听京城那些官员和文人的名字和住处。

他听得最多的名字是：顾况。

顾况眼下最受宰相李泌的赏识，已被引荐入朝，任著作郎。

经人指点，白居易找到了顾况的住处。

这日，白居易揣着那首《赋得古原草送别》，来到了顾况的府中。

年近花甲的顾况，见一稚气未脱的少年冒冒失失地前来拜访，就笑问："叫什么名字啊？"

"白居易。"白居易怯怯地答道。

顾况一听白居易报上名字，就笑了，他重复了两遍"居易"，然后就用嘲讽的语气道："长安米贵，居大不易啊！"

白居易羞羞地笑了下，没作回应。

"既然来了，那就看看你的本事吧，带诗文来了吗？"顾况伸手道。

白居易立即掏出那首《赋得古原草送别》，恭敬地递上去。

不读不要紧，这一读，顾老先生脸上的表情慢慢就变了，由不屑，到疑惑，到惊讶，最后到大喜。

"野火烧不尽，春风吹又生。"顾况出声念完这两句诗后，又指着诗稿，大声对白居易说，"能写出这样的诗，别说居长安，就是居天下都不是一件难事！老夫刚才说的'居大不易'，你就当是玩笑话好了。"

顾况这一夸，立即让白居易的诗名在京城四处传播开来。

因为还不具备参加进士考试的资格，加上身体又出了状况，面见顾况后，白居易很快又回到了江南。

次年，白居易的父亲转任衢州别驾，白居易随父到了衢州。其后，他经历了父亡、守丧、移家洛阳等事，直到贞元十五年（公元 799 年）二十八岁时，才到长安参加进士考试，次年二月以第四名登第。

三十三岁，白居易又通过书判拔萃科试，与元稹同被授予秘书省校书郎一职。

终于做官了，有了稳定的薪俸收入了，白居易的基本生活有了保障，且上班又不忙，他对这样的状态还是比较满意的：

小才难大用，典校在秘书。
三旬两入省，因得养顽疏。
茅屋四五间，一马二仆夫。
俸钱万六千，月给亦有馀。
既无衣食牵，亦少人事拘。
遂使少年心，日日常晏如。
（《常乐里闲居偶题十六韵》）

刚参加工作，要想在京城买房，那还是不现实的，所以白居易只能在新安里租四五间茅屋来住。

在此后的四十余年时间里，白居易一直在升官，工资待遇也一直在提高。可自从有了元和十年（公元 815 年）的那次因上疏而被贬为江州司马的经历，又亲眼见证过"牛李党争"中的互相倾轧，白居易逐渐认识到现实的黑暗和斗争的残酷，也充分看清了"人在官场，身不由己"的实质，因此，他开始主动避开京城，远离斗争旋涡，尽可能在相对平静的环境中，做一个独善其身的乐天派。

白居易结束在江州、忠州两地的贬谪生活，回到京城当上客郎中，当时既受赐绯鱼袋，又在不久之后被皇上赐予上柱国勋号，一时风光无限。

有了条件，当然要买房。所买房子位于大雁塔附近的昭国坊。住进属于自己的新房，白居易算是了却了心中的一个夙愿，他在《卜居》一诗中感慨道：

游宦京都二十春，贫中无处可安贫。
长羡蜗牛犹有舍，不如硕鼠解藏身。
且求容立锥头地，免似漂流木偶人。
但道吾庐心便足，敢辞湫隘与嚣尘。

文宗大和三年（公元 829 年），白居易始任太子宾客分司东都，这一年起，他开始在洛阳履道里第安家并着手经营自己的宅院。

六年后，宫中又发生了甘露事变，看透了时局的白居易终于要选择彻底退出朝政了：

祸福茫茫不可期，大都早退似先知。
当君白首同归日，是我青山独往时。
（《九年十一月二十一日感事而作》）

退居二线的白居易没有"独往青山"，而是悠然回到那个洛阳的小家，享受天伦之乐去了，这正如他的《池上篇》所言：

十亩之宅，五亩之园。有水一池，有竹千竿。勿谓土狭。勿谓地偏。足以容膝，足以息肩。有堂有庭，有桥有船。有书有酒，有歌有弦。有叟在中，白须飘然。识分知足，外无求焉。如鸟择木，姑务巢安。如龟居坎，不知海宽。灵鹤怪石，紫菱白莲。皆吾所好，尽在吾前。时饮一杯，或吟一篇。妻孥熙熙，鸡犬闲闲。优哉游哉，吾将终老乎其间。

连"宅"带"园"，共十五亩，真正实现了"居大""居易"的目标。虽然不是在长安，只是在东都，但白居易是满足的，是逍遥自在的，而他在为官期间又没有主动或被动害人，坦然面世，这或许是他最后能活到七十五岁高龄的原因吧。

诗人卡片

　　白居易（772—846），字乐天，晚号香山居士、醉吟先生。祖籍太原，后迁居下邽（今陕西渭南）。是与李白、杜甫并列的唐代三大诗人之一。与元稹共同倡导新乐府运动，世称"元白"，与刘禹锡并称"刘白"。在文学上主张"文章合为时而著，歌诗合为事而作"，其诗歌语言通俗易懂，代表作有《赋得古原草送别》《琵琶行》《长恨歌》《卖炭翁》《上阳白发人》《钱塘湖春行》等。

白居易之"此恨绵绵"：
有个女孩名叫湘灵

【成语1】比翼连枝

【释义】比翼：鸟名。传说此鸟一目一翼，须两两齐飞。比喻夫妇亲密不离。

【出处】唐·白居易《长恨歌》诗："在天愿作比翼鸟，在地愿为连理枝。"

【成语2】此恨绵绵

【释义】绵绵：延续不断的样子。这种遗恨缠绕心头，永远不能逝去。

【出处】唐·白居易《长恨歌》诗："天长地久有时尽，此恨绵绵无绝期。"

宪宗元和元年（公元806年）里的一天，时任盩厔（今陕西周至县）县尉的白居易，与友人陈鸿、王质夫前往马嵬驿附近的仙游寺游赏。游赏期间，三人谈起了唐玄宗李隆基与杨贵妃的情事。

白居易觉得唐玄宗与杨贵妃虽是导致安史之乱的祸首，但他们两人的爱情故事却是可歌可泣的。本是恩爱无比的一对，却被生生拆散，阴阳两隔，这不能不说是一个悲剧。

相爱，却不能在一起，是一件多么无奈的事情。白居易对此是深有感触的，这让他想起了一个女子，她的名字叫湘灵。

湘灵的形象重新占据他的脑海，挥之难去。游寺回来，回想他和湘灵那些年相处的一幕幕，又联系到李隆基与杨贵妃的传说，他再也抑制不住内心的情感，连夜写出了《长恨歌》这首长诗。

在天愿作比翼鸟，在地愿为连理枝。
天长地久有时尽，此恨绵绵无绝期。

在诗的最后，白居易表达了一种要和心上人"比翼连枝"的愿望，又表达了在希望破灭之后的"绵绵"之"恨"。

这"长恨"存于李隆基和杨贵妃心中，也存于他和湘灵两人的心中。

初识湘灵时，白居易才十一岁。

那年，他跟着父亲从新郑老家来到这个名叫符离的地方。一开始，他很不习惯这里的生活，人生地不熟的，连个玩伴也没有。

好在，很快就有一个可爱的小女孩，出现在他的面前。

女孩叫湘灵，比他小四岁，是附近一户农家的女儿。

湘灵有俊秀的脸庞，也有着活泼开朗的性格。读书累了的时候，白居易就常常走出室外和湘灵一起玩耍。湘灵会教他玩那些农家孩子常玩的游戏，也教他辨认路边和田间的野草。

湘灵也会唱歌，她的嗓音真动听。只要和湘灵在一起，白居易总会觉得时间过得太快。

可两人相处不到一年时间，白居易便被父亲送到越中去躲战乱了。十七岁，他又随父亲到了衢州。

从衢州再回符离，白居易已经十九岁，而湘灵也已是十五岁的大女孩了。八年之后再见面，两人目光相触的刹那，内心竟都有了异样的感觉。那感觉朦胧又美妙，是彼此以前从未体验过的。

可来也匆匆，去也匆匆，两人没来得及互诉衷肠，白居易便又要回南方去了。

告别了湘灵，回到衢州，白居易脑中还是湘灵美丽可人的形象，在思念的驱使下，他写下了《邻女》一诗：

娉婷十五胜天仙，白日嫦娥旱地莲。
何处闲教鹦鹉语，碧纱窗下绣床前。

贞元十年（公元 794 年），父亲

白季庚在襄州别驾的官舍突然病逝，二十三岁的白居易只好和兄弟一起将父亲的遗体运到符离，开始了三年的守丧生活。

守丧期间，湘灵经常会来宽慰白居易，有时也会帮他料理一些家务。

面前的湘灵亭亭玉立，贤淑大方，白居易越看越喜欢。两人每一次的目光相触，都有难以言表的美妙体验。

三年服孝期满，白居易心中那份失去亲人的伤痛渐渐淡了，他开始主动去接近湘灵。

两个心心相印的人儿，双双坠入了情网。

白居易把心中所恋说与母亲，并恳求母亲答应他娶湘灵过门。

结果母亲兜头给他泼了一盆凉水：想都别想！你一个官家的孩子，怎能和农家女成亲？你以后要进官场，总得要找个门当户对的吧？

无论怎么求，都是没用。

一年后，在母亲的督促下，白居易开始到江南去投奔叔父白季康，以备应举。

离开符离，白居易心中最难割舍的当然是湘灵了，但母命难违，只能以诗来传递内心的不舍：

泪眼凌寒冻不流，每经高处即回头。
遥知别后西楼上，应凭栏干独自愁。
（《寄湘灵》）

他还想象着湘灵一人独守寒夜的
凄凉：

> 夜半衾裯冷，孤眠懒未能。
> 笼香销尽火，巾泪滴成冰。
> 为惜影相伴，通宵不灭灯。

　　　　　　（《寒闺夜》）

白居易也在远方猜着心上人的
心思：

> 十五即相识，今年二十三。
> 有如女萝草，生在松之侧。
> 蔓短枝苦高，萦回上不得。
> 人言人有愿，愿至天必成。
> 愿作远方兽，步步比肩行。
> 愿作深山木，枝枝连理生。

　　　　　　（《长相思》）

情场不如意，却迎来了科场上的
得意：贞元十六年（公元 800 年），
二十八岁的白居易终于进士及第。在展
望美好前程的同时，白居易又开始哀求
母亲成全他和湘灵的婚事，但母亲态度
依旧。

一边是亲情，一边是爱情。左右为
难的白居易陷入深深的痛苦之中，无奈
之下写了《生离别》：

> 食檗不易食梅难，檗能苦兮梅能酸。
> 未如生别之为难，苦在心兮酸在肝。

> 晨鸡再鸣残月没，征马连嘶行人出。
> 回看骨肉哭一声，梅酸檗苦甘如蜜。
> 黄河水白黄云秋，行人河边相对愁。
> 天寒野旷何处宿，棠梨叶战风飕飕。
> 生离别，生离别，忧从中来无断绝。
> 忧极心劳血气衰，未年三十生白发。

　　　　　（檗，读 bò）

四年后，白居易已是秘书省校书郎
了，在回符离搬家时，他特意约见了湘
灵。此次相见，虽感觉依旧，但湘灵清
楚白居易母亲的态度，所以不再对两人
的未来寄予希望，表示要选择放弃。她
不想再让白居易为难下去。

白居易伤心欲绝，分手之际，两人
相拥痛哭。

> 不得哭，潜别离。不得语，暗相思。
> 两心之外无人知。深笼夜锁独栖鸟，利
> 剑春断连理枝。河水虽浊有清日，乌头
> 虽黑有白时。惟有潜离与暗别，彼此甘
> 心无后期。

　　　　　（《潜别离》）

一年后，白居易借游览徐州的机会，
又专程去了一趟符离。他去那个熟悉的
村子去找湘灵，可湘灵一家却搬走了。
白居易只得失望而归，并在归途的客栈
中写下了《冬至夜怀湘灵》：

> 艳质无由见，寒衾不可亲。

何堪最长夜，俱作独眠人。

不能与所爱的人在一起，白居易不再关心自己的婚姻大事，母亲有时催他，他也是能避就避，能拖就拖。

这样直到任螯屋县尉，三十六岁的白居易还是光棍一根。没老婆，那就将门前栽种的花草当夫人吧：

移根易地莫憔悴，野外庭前一种春。
少府无妻春寂寞，花开将尔当夫人。
（《戏题新栽蔷薇》）

但玩笑归玩笑，"无后为大"的训示又岂能违背？眼见老母亲一天天为自己的婚事着急上火，白居易也开始觉得这样下去终究不是个事。

那天，游了仙游寺，又写了《长恨歌》，白居易开始正视自己的婚事。

第二年，已为翰林学士的白居易与同僚的从妹杨氏结了婚。

杨氏是个温柔体贴的女子，自进入白家门，她就陪着白居易，一直到老。

白居易和杨氏，和和气气地过着日子。当然，白居易有时还会想起湘灵：

我有所念人，隔在远远乡。
我有所感事，结在深深肠。
（《夜雨》）

结婚七年后，白居易被贬为江州司马。在赴任的途中，他竟意外地碰到了流落此地的湘灵父女。互诉衷肠后，百感交集的白居易写下了《逢旧》：

我梳白发添新恨，君扫青蛾减旧容。
应被傍人怪惆怅，少年离别老相逢。

尽管湘灵那时尚未婚配，但时过境迁，两人再见面，都已没有了再在一起的冲动。

又过了将近十年，五十三岁的白居易在任杭州刺史期间，有次回京，正巧又经过湘灵父女曾经住过的那个村庄。白居易进村一看，才发现村庄已不复昔日的模样，湘灵的住处和其人都已了无踪影。

杭州任期一满，白居易回到洛阳，开始享受安闲自在的晚年生活。在他的大宅院里，多了两个能歌善舞的家姬：小蛮和樊素。

不知白居易在欣赏小蛮跳舞和樊素歌唱时，会不会想起曾经痴恋的湘灵呢？

花非花，雾非雾。夜半来，天明去。
来如春梦几多时？去似朝云无觅处。
（《花非花》）

往梦依稀，世事如烟。情，没法看清，也不必说透。

（出自《长恨歌》一诗中的成语还有：碧落黄泉、天长地久、镜破钗分、梨花带雨、梨园弟子、天旋地转、仙山琼阁、虚无缥缈、回眸一笑、缓歌缦舞、金钗钿合、天生丽质、渔阳鞞鼓、一笑百媚、珠箔银屏）

白居易之"司马青衫"：
天涯沦落人，相逢即相知

【成语】司马青衫

【释义】司马：古代官名，唐代诗人白居易曾被贬官为江州司马。司马的衣衫为泪水所湿。形容极度悲伤。

【出处】白居易《琵琶行》诗："座中泣下谁最多，江州司马青衫湿。"

在进士及第前，白居易曾经走过了许多地方：从新郑到符离，从符离到越中，从越中到浮梁，从浮梁到洛阳，从洛阳到宣州。他还跟湘灵这样的农家女谈过恋爱，所以他知道下层民众生活的艰辛，也对他们的遭遇深表同情。

在南北辗转中，白居易也看到了当下社会所存在的各种不良现象和弊端，权贵和基层统治者在各处制造不公，让看似平静的局面下，矛盾丛生，隐患重重。

贞元十九年（公元803年），白居易始入官场。先是在秘书省当了三年相对清闲的校书郎。元和元年（公元806年），从校书郎任上下来之后，他开始将关注点投射到现时的政策时事上，他要为时代发声了。

那一年，白居易和好友元稹，在长安永崇里的华阳观，闭门几个月，分析形势，研究对策，共同完成了七十五篇时事论文，合称《策林》。

写《策林》一是为了应对下一步的殿试，二是想帮皇上查找问题，解决问题。当年通过"才识兼茂明于体用科"的制举考试后，白居易被授予盩厔（今陕西周至县）县尉一职。

从任县尉起，到之后任翰林学士、左拾遗、京兆府户曹参军期间，白居易一直用诗、文和奏折持续发声，他要实现"为民请命""兼济天下"的承诺。

"文章合为时而著，歌诗合为事而作"，他是这样说的，也是这样写作的。

在五六年的时间内，白居易先后创作了《秦中吟十首》和《新乐府五十首》等讽喻诗，首首直面现实，句句切中要害。如果要概括这些诗的中心思想，那就是"我看不下去"或"我看不惯"。

看不下去的有：

"可怜身上衣正单，心忧炭贱愿天寒"的卖炭翁；

"力尽不知热，但惜夏日长"的刈麦者；

"惟烧蒿棘火，愁坐夜待晨"的苦寒村人；

"玄宗末岁初选入，入时十六今六十"的上阳白发人；

"典桑卖地纳官租，明年衣食将何如"的杜陵叟；

……

看不惯的有：

"手持尺牒牓乡村"的里胥；

"手把文书口称敕"的宫使；

"樽罍溢九酝，水陆罗八珍"的内臣；

"口称采造家，身属神策军"的暴卒；

……

特别是在任左拾遗期间，白居易更是实实在在地履行着一个谏官的职责，一天又一天，一条又一条地给皇帝提意见和建议。减免地方租税负担啦，放走部分宫女啦，严禁贩卖人口啦，装坦违规进奉银器啦，宦官吐突承璀不适合当制军首领啦，等等，从宫中到地方诸事，白居易能提则提，宪宗皇帝倒很有耐心，不仅不反感白居易多事，而且还采纳了他的好多建议。

元和六年（公元 811 年）到元和八年（公元 813 年），白居易因为在乡下为母丁忧，消停了三年。次年，开始担任太子左赞善大夫。

这左赞善大夫的职责也是规劝讽喻的，是东宫太子的属官。白居易只需对太子负责就行了，可他好像还没有从左拾遗这一角色中走出来。

元和十年（公元 815 年）六月三日一大早，京城发生了一桩血案：宰相武元衡在从家赶赴大明宫上朝时，途中遇刺身亡，一同上朝的副手裴度也被刺伤。

血案一时震惊朝野。因为案情复杂，个中关系微妙，朝中官员都不敢过问此事。敢于谏言的白居易却管不了这么多，他大胆站了出来，上疏宪宗请彻查此案，尽快抓捕刺客。

白居易这一奏，本来很正常，可那些一向对他不满的大臣却趁机开始攻击他了：你已不是朝中谏官了，不好好在东宫待着，来这里多嘴干啥？抓不抓刺客，关你啥事？

又有被白居易讽喻诗"刺"到的权贵，私下里挑白诗里面的刺——有人说白居易母亲就是看花时不小心坠井而死的，而他却还写《赏花》《新井》这样的诗，这样做，人性何在？孝道何在？

在权贵们的合力围攻和排挤下，白居易终遭贬官，从京城来到了南方的江州，成为　名有名无实的司马。

这次受挫，让白居易真正认识到宫廷斗争的残酷，也使他那颗"兼济天下"

的心慢慢冷却下来。

不让说，那就不说好了，惹不起，躲得起，独善其身总可以了吧？

来到江州，白居易时有孤独落寞之感，但他心有所寄，情有所归，且衣食无忧，又远离官场纷扰，有大把的时间去庐山、东西林寺、陶渊明故居等处游赏，所以他的日子还算悠然自在。

这年秋天，有一个朋友来看望白居易。晚上，他送客到浔阳江头，在客船上设宴饯别。饮酒时，忽听到邻船有人在弹琵琶，那琵琶曲非常熟悉，白居易感觉以前曾在长安听过。

在琵琶曲的吸引下，白居易让船家将船靠过去，并把琵琶女邀进船来。

在白居易的要求下，琵琶女弹了两支曲子，先是《霓裳羽衣曲》，再是《六玄》。弹奏的水平那是相当的高，一船人都陶醉了。

在此后的交流中，白居易才知道这琵琶女原是长安的当红歌女，其高超的弹琴技艺和迷人风采，曾让无数的富豪子弟为之倾倒而一掷千金。

而今，时过境迁，风光不再。年老色衰的琵琶女只得嫁给一个卖茶叶的生意人，一年里两人总是聚少离多。现在那茶商去了外地，一个多月了，还没有回来，琵琶女只能在船上靠弹琵琶来打发漫长孤寂的时光。

琵琶女的遭遇让白居易很受触动，

他想到自己这四十五年来走过的路，想到自己这次被莫名其妙地贬官，做这个江州司马和琵琶女独守空船又有什么区别呢？

最后，白居易又让那女子弹奏一曲，在凄然的乐声中，白居易情不能自已，不觉泪湿衣襟。

送走客人后，白居易当晚就赶写出了六百一十六字的《琵琶行》一诗，第二天，将诗赠给了那琵琶女。

"同是天涯沦落人，相逢何必曾相识"，因为同命而相怜。

"座中泣下谁最多，江州司马青衫湿"，因为同感而伤悲。

人沦落天涯，但不要让心也随之沦落。官场不可亲，那就亲近自然、朋友和那些美好的事物吧。

人间四月芳菲尽，山寺桃花始盛开。
长恨春归无觅处，不知转入此中来。
（《大林寺桃花》）

白居易想通了：只要用心寻找，转角处，便是春天。

（出自《琵琶行》的成语还有：千呼万唤、窃窃私语、珠盘玉落、整衣敛容、秋月春风、暮去朝来、门前冷落、杜鹃啼血、此时无声胜有声、同是天涯沦落人、相逢何必曾相识）

白居易之"肺腑之言"：
在梦里，在诗里，在心里

【成语】肺腑之言

【释义】发自内心的真诚的话。

【出处】唐·白居易《代书诗一百韵寄微之》诗："肺腑都无隔，形骸两不羁。"

我们在谈论白居易时，又怎能忽略元稹？

"元白"，是一个不可分割的组合，忽视了其中一个，另一个就会失色不少。

贞元十八年（公元 802 年），白居易与元稹相遇于长安，两人准备一块参加书判拔萃科考试，且一见如故。考前，白居易写了首《秋雨中赠元九》：

不堪红叶青苔地，又是凉风暮雨天。
莫怪独吟秋思苦，比君校近二毛年。

诗中的"二毛"指的是白发，"二毛年"即老年。白居易比元稹年长七岁，初识时，白三十一岁，元二十四岁。

白居易为元稹写下了这首赠诗，元稹立即以一首《酬乐天秋兴见赠本句》作了回应：

劝君休作悲秋赋，白发如星也任垂。
毕竟百年同是梦，长年何异少何为。

白此，两个才高情深的男子拉开了长达二十七年亲密交往的序幕。

第二年的春天，白居易和元稹一同制科登第，一同进入秘书省担任校书郎，住处也离得很近。"朋友一生一起走"，好吧，走起！

三年的校书郎生活，白居易有很多的日子与元稹一同交游，其中的快乐自是不言而喻。

校书郎任期结束后，两人又携手走进永崇里华阳观，关门闭户几个月，共同研究探讨政策时事问题，写下了七十五篇时政论文，以应对接下来的"才识兼茂明于体用科"考试。

自然，两人义是顺利通过了"才识科"考试，不过，再分配工作，两人就分开了：白居易去盩厔（今陕西周至县）

当了县尉，元稹则在岳父韦夏卿的关照下，在京当上了左拾遗。

这期间，元稹在《酬乐天》一诗中这样写道：

> 官家事拘束，安得携手期。
> 愿为云与雨，会合天之垂。

"愿为云与雨"，不是一般的哥俩好！

在左拾遗任上，元稹因为年轻气盛，结果得罪了一些朝臣，终被贬为河南县尉。恰遇母亲去世，所以他就没去上任。

在元稹丁母忧期间，白居易借钱给没有经济来源的元稹，帮他度过那段艰难时期。

三年后，元稹升为监察御史，元和五年（公元810年），因为得罪宦官仇士良，元稹再被贬为江陵士曹参军。次年，白居易的母亲陈氏病故，白回到渭南下邽丁忧。此间，两人频繁互赠诗歌，或抒写心中不平，或讽喻现实不公，或互相安慰，或互相劝勉。

白说：

> 言是商州使，送君书一封。
> 枕上忽惊起，颠倒著衣裳。

——听说你给我寄信来了，我惊喜得连忙从床上爬起来，连衣服都穿颠倒了。

元说：

> 封题乐天字，未坼已沾裳。
> 坼书八九读，泪落千万行。

——拿到信，一看信封上你的名字，我就忍不住落泪了；拆开后，我把信读了好多遍，边读边哭。

元和十年（公元815年），元稹自唐州（今河南泌阳）奉召回京，来到长安附近的蓝桥驿时，有感而发，在驿亭壁上写下一首诗。时隔八个月后，由左赞善大夫被贬为江州司马的白居易，经过此处，恰巧读到元稹的诗，百感交集，立即写下了《蓝桥驿见元九诗》：

> 蓝桥春雪君归日，秦岭秋风我去时。
> 每到驿亭先下马，循墙绕柱觅君诗。

元稹回到长安不久，就又被安排到偏远的通州（今四川达县）当司马去了。

通州环境恶劣，加之心情郁闷，元稹到此不久就得了一场大病，差点死了。病中得知白居易被贬江州的消息时，很是惊讶，带病写下了《闻乐天授江州司马》：

> 残灯无焰影幢幢，此夕闻君谪九江。
> 垂死病中惊坐起，暗风吹雨入寒窗。

白居易到了江州后，听说元稹生了

病，很是着急，怕他耐不住热，就买了轻薄的夏衣寄过去，还在包装纸上题了《寄生衣与微之，因题封上》一诗：

浅色縠衫轻似雾，纺花纱袴薄于云。
莫嫌轻薄但知著，犹恐通州热杀君。

不仅送衣服，还要送凉席——蕲州簟：

笛竹出蕲春，霜刀劈翠筠。
织成双锁簟，寄与独眠人。
卷作筒中信，舒为席上珍。
滑如铺莳叶，冷似卧龙鳞。
清润宜乘露，鲜华不受尘。
通州炎瘴地，此物最关身。

如此体贴入微，是一般的朋友能做到的吗？可以想象，每当元稹一家人收到白居易寄来的书信时，该是怎样的激动。元稹《得乐天书》一诗给出的答案是：

远信入门先有泪，妻惊女哭问何如。
寻常不省曾如此，应是江州司马书。

一个在通州，一个在江州，两个沦落的司马，同命相怜，同声相应。

元稹在江陵时曾写过《放言五首》，白居易在江州也写《放言五首》。"试玉要烧三日满，辨材须待七年期"，事

物的真伪优劣须经时间的考验，友情何尝不是如此？

就是在梦中，白居易和元稹也经常会面。元和十二年八月二十日夜，白居易又梦见元稹了，他把这事用《梦微之》一诗向元稹作了汇报：

晨起临风一惆怅，通川溢水断相闻。
不知忆我因何事，昨夜三更梦见君。

元稹见诗后，马上写了《酬乐天频梦微之》回赠：

山水万重书断绝，念君怜我梦相闻。
我今因病魂颠倒，唯梦闲人不梦君。

白居易江州任满，又赴忠州（今重庆忠县）刺史任，走到夷陵，竟与日思夜想的元稹意外相遇了。

元稹是去赴虢州长史任的。两人于是抓住这欢聚时刻，同船同宿，喝酒赋诗，互诉相思，三日别去。白居易给元稹的赠别诗，记述了当时的情景：

一别五年方见面，相携三宿未回船。
坐从日暮唯长叹，语到天明竟未眠。

长庆三年（公元823年），元稹去赴越州刺史任时，在杭州又与时任杭州刺史的白居易欢聚了数日。此后，两人继续以诗唱和，次年冬，元稹还编成

五十卷《白氏长庆集》并作了序。

就这样，慢慢步入晚年的元、白二人一边牵挂着，一边唱和着，大和二年（828 年），白居易还把他们的唱和诗作编成两卷的集子——《因继集》。

大和三年（公元 829 年）冬天，两人同时迎来老来得子的喜事：白居易添了儿子阿崔，元稹添了道保。

白居易写了《阿崔》一诗，还写了首《和微之道保生三日》。

可是，元稹只活到了大和五年（公元 831 年），年仅五十三岁。我们可以想象到白居易在失去挚友后的哀痛。

次年，白居易为元稹写墓志铭，元家人执意给他润笔费。实在推辞不过，他就把收下的钱全部捐给了洛阳香山寺。

在白居易余下的十几年时光里，他对元稹的思念从未间断过。

这个被称作"诗魔"的诗人，又被一种心魔所困扰。

在元稹去世两年后的一天，白居易听到一歌女唱起元的诗句，歌女刚开口，他便不胜其悲：

新诗绝笔声名歇，旧卷生尘箧笥深。
时向歌中闻一句，未容倾耳已伤心。
（《闻歌者唱微之诗》）

九年后，白居易依然在梦中与元稹携手同游：

夜来携手梦同游，晨起盈巾泪莫收。
漳浦老身三度病，咸阳宿草八回秋。
君埋泉下泥销骨，我寄人间雪满头。
阿卫韩郎相次去，夜台茫昧得知不？
（《梦微之》）

就是在朋友家中，看到元稹与别人唱和的旧作，白居易也会禁不住伤心流泪。

白居易和元稹，关系就是这样的好，好得甚至让无干的人都会心生醋意。

他们哥儿俩互相活在对方的心里，活在对方的诗句里。

还是在元和五年（公元 810 年）的时候，时为翰林学士的白居易为遭遇不公的元稹鸣不平，洋洋洒洒地写下了一千字的《代书诗一百韵寄微之》，诗开头在回忆到两人当初同授校书郎时，这样写道：

忆在贞元岁，初登典校司。
身名同日授，心事一言知。
肺腑都无隔，形骸两不羁。
疏狂属年少，闲散为官卑。

肺腑无隔，自然肝胆相照，荣辱与共。

白居易与元稹，让一种友情浓到极致之境。

白居易之"彩云易散"：
燕子楼空，佳人何在

【成语】彩云易散

【释义】美丽的彩云容易消散，比喻好景不长。

【出处】唐·白居易《简简吟》诗："大都好物不坚牢，彩云易散琉璃脆。"

不能和农家女湘灵相守一生，白居易耿耿于怀了大半辈子。

和杨氏结婚后，他决意与之好好过日子，还多次写诗赠给她，表达心中关爱和两人白头到老的期盼：

> 生为同室亲，死为同穴尘。
> 他人尚相勉，而况我与君。
> ……
> 我亦贞苦士，与君新结婚。
> 庶保贫与素，偕老同欣欣。
> （《赠内》）

> 漠漠暗苔新雨地，微微凉露欲秋天。
> 莫对月明思往事，损君颜色减君年。
> （《赠内》）

> 白发长兴叹，青娥亦伴愁。
> 寒衣补灯下，小女戏床头。
> （《赠内子》）

一个叫苏简简的少女不幸夭亡了，白居易满怀悲痛地写下了《简简吟》，还在诗末感叹：

> 恐是天仙谪人世，只合人间十三岁。
> 大都好物不坚牢，彩云易散琉璃脆。

好花不常开，好景不长在，"彩云易散"的无奈让白居易心生悲悯。

白居易深爱世间那些美好的事物，也对遭遇不幸的广大妇女们深表同情，为此还专门写了首为女同胞鸣不平的诗——《女人苦》：

> 蝉鬓加意梳，蛾眉用心扫。
> 几度晓妆成，君看不言好。
> 妾身重同穴，君意轻偕老。
> 惆怅去年来，心知未能道。

今朝一开口，语少意何深。
愿引他时事，移君此日心。
人言夫妇亲，义合如一身。
及至死生际，何曾苦乐均。
妇人一丧夫，终身守孤子。
有如林中竹，忽被风吹折。
一折不重生，枯死犹抱节。
……

好了，写到这里，本篇的关键人物该闪亮登场了，她就是色艺俱佳的一代名妓——关盼盼！

关盼盼原本出身书香人家，从小身上就有着浓浓的艺术气质——不仅脸蛋好，诗文、歌舞也都是一学就会，且出类拔萃。不幸的是，等她刚长成为一位亭亭玉立的少女，家庭却突遭变故并从此衰落下去。

为了生存，关盼盼最终沦为歌妓。

色、艺皆出众，关盼盼自然成为众多豪门子弟追逐求欢的对象。

经历了一个又一个强颜欢笑的日子后，关盼盼遇到了一个人，他叫张愔（yīn）。

那天，刚到彭城（今徐州）的武宁军节度使张愔，在酒宴上亲见了关盼盼的表演。

一见倾心。张愔当日就将关盼盼重金购回，使之成为他的私妓。

关盼盼进入张府后，开始接受张愔安排的更加专业的训练，以致很快便能

完整地演唱白居易的《长恨歌》，出神入化地表演《霓裳羽衣舞》。

张愔爱关盼盼爱得不行，不久就将她纳为了妾。

贞元二十年（公元804年）春天，校书郎白居易来徐州游玩，张愔特意设宴招待了他。

席间，张愔特意把爱妾关盼盼召唤过来，让她以歌舞来给大家助兴。

关盼盼的出场，让酒宴的气氛欢快了好多，其歌声、舞姿也让白居易深深陶醉。

渐入佳境时，白居易禁不住现场赠上诗句："醉娇胜不得，风袅牡丹花。"

可等白居易回京不久，便传来张愔病逝的消息。刚被提为工部尚书，未上任就倒下，白居易很为张愔惋惜。

随后的日子里，张愔和关盼盼就在白居易的记忆中慢慢地淡了下去，直到十年后张仲素的那次来访。

那时，白居易已在京城任左赞善大夫，作为司勋员外郎的张仲素，时常会找他饮酒和诗。

这天，张仲素又来了，还带来了《燕子楼》诗三首：

楼上残灯伴晓霜，独眠人起合欢床。
相思一夜情多少，地角天涯未是长。

北邙松柏锁愁烟，燕子楼中思悄然。
自埋剑履歌尘散，红袖香销已十年。

适看鸿雁洛阳回，又睹玄禽逼社来。
瑶瑟玉箫无意绪，任从蛛网任从灰。

白居易读完三首诗，问张仲素："你写这诗是什么意思？"

张仲素反问："关盼盼，你还记得吗？"

白居易想了一会，问："是那个张愔的爱妾关盼盼吗？她怎么了？"

张仲素便如此这般地说了起来："张愔生前不是在自己府第中为关盼盼建座燕子楼吗？张愔死后，埋在了洛阳北邙山，那之后张府中的人各找投靠，一大家人便散了，可关盼盼念旧情，执意不走，就住在燕子楼中，一直到现在，你看痴情不？"

白居易眼前立即浮现出关盼盼当初唱歌跳舞的情景，禁不住叹道："十年了，不嫁也不出走，真是不容易！"

"所以我就为关盼盼写了这三首诗，就等着你来和呢！"张仲素道。

白居易没有推辞，很快写出了三首和诗：

满床明月满帘霜，被冷灯残拂卧床。
燕子楼中霜月夜，秋来只为一人长。

钿晕罗衫色似烟，几回欲著即潸然。
自从不舞霓裳曲，叠在空箱十一年。

今春有客洛阳回，曾到尚书墓上来。
见说白杨堪作柱，争教红粉不成灰？

张仲素和白居易唱和的这《燕子楼》诗，不久就传到燕子楼中的关盼盼手里。

关盼盼读了诗，自然是思潮翻滚。又想到白居易和张仲素两位大人还牵挂着她，并专门为她写诗，心中又升起万般感激。

她反复地读这几首诗，回忆起和张愔的过往，禁不住泪流满面。

"见说白杨堪作柱，争教红粉不成灰？"白居易的这两句诗尤叫关盼盼心碎：郎君坟边的杨树都已长成材了，岁月又岂能留住红颜，到头来还不是化为尘灰？

从前的一幕幕又在脑海里鲜活起来，形容憔悴的关盼盼觉得该追所爱的人而去了。

于是，她开始不思茶饭，几日后，便在恍惚中寂然离开了人世。

白居易获知关盼盼死去的消息后，震惊又同情，念及与张家的交情，又感动于关盼盼的一片痴情，他特地找人将关盼盼的遗体运到洛阳，安葬于张愔的墓侧。

白居易到了晚年，开始在洛阳定居。等到他年近古稀时，考虑到自己将不久于人世，为使家中的两个年轻侍姬樊素和小蛮，不至于落到关盼盼那样的命运，他把她们遣送回了杭州。

在认识关盼盼之前，白居易曾因张愔的父亲张建封蓄妓一事而戏赠一诗——《感故张仆射诸妓》：

黄金不惜买蛾眉，拣得如花四五枝。
歌舞教成心力尽，一朝身去不相随。

白居易在诗中跟张建封开玩笑说：你看你花了那么多钱，买了四五个如花似玉的家妓，又是教唱歌又是教跳舞的，可等你死了之后，她们还会陪在你身边吗？

后来有人说这诗是写给故去的张愔的，白居易也因"一朝身去不相随"一句"逼"死了关盼盼，实在是冤枉了白大诗人。

因为张建封生前当过"仆射"，而张愔没有。

戎昱之"风卷残云"：
岁月匆匆，悲喜一阵风

【成语】风卷残云

【释义】大风把残云卷走。比喻一下子把残存的东西一扫而光。

【出处】唐·戎昱《霁雪》诗："风卷寒云暮雪晴，红烟洗尽柳条轻。"

这里要说的这位诗人的姓，是非常少见的，他姓戎，名昱，你不妨读作"荣誉"。

那我们就先来看看传说中的戎昱的"荣誉"吧。

荣誉传说一：戎昱曾在桂州观察史李昌巙的幕府中当幕僚，因为有才又有貌，所以当地的一位官员非常喜欢他，想让他成为自己的女婿。可那官员却不喜欢戎昱的姓，跟人说如果戎昱把姓改了，婚事也就成了。戎昱听说此事后，立即用诗句作了回绝："千金未必能移性，一诺从来许杀身。"

荣誉传说二：唐宪宗有次召集朝臣，廷议边塞政策，结果多数大臣都主张结亲讲和。宪宗未置可否，只是问道：

"之前听说有个姓名比较少见的诗人，他是谁？"大臣纷纷给出答案，有说是"冷朝阳"的，有说是"包子虚"的，一连说出几个名字都不是宪宗印象中的那个，于是宪宗便吟了那个人的一句诗，宰相就说："那诗人叫戎昱。"宪宗点头称是，接着就当众背出了戎昱的《咏史》：

> 汉家青史上，计拙是和亲。
> 社稷依明主，安危托妇人。
> 岂能将玉貌，便拟静胡尘。
> 地下千年骨，谁为辅佐臣。

背完诗，宪宗便笑道："把国家的安危托付给女人，这的确是拙计，汉时主张和亲的那个魏绛是多么懦弱无能啊！写《咏史》这诗的人如果还在，我就让他做朗州（今湖南常德）刺史，还会把武陵的桃花源赏给他。"

可惜，戎昱在德宗贞元年间就去世了，宪宗给他的赏赐，他自然无法享受了。

第一个传说中，戎昱不因权贵和美色而改性，表现出了"贫贱不能移"的品格。而第二个传说中，皇上之所以赞赏他，或许是因为他的诗里展现了"威武不能屈"的风骨吧。

除了人品好，诗也写得好，这应该是戎昱在当时受待见的主要原因。

戎昱生于盛唐临近结束的公元740年左右，等他长大成人，安史之乱便爆发了。经历过一次进士考试的失败之后，他便开始四处漫游，在名山名水和名城之间流连。

二十岁时，入浙西节度使颜真卿之幕，一年后又至长安、洛阳一带游历。大历二年秋（公元767年）至大历四年（公元769年）秋，入荆南节度观察史卫伯玉幕。之后，又去四川成都待了一段时间，回到湖南后，又曾入湖南都团练观察处置使崔瓘幕。后又两入桂州刺史李昌巙幕。

直至德宗建中三年（公元782年），四十多岁的戎昱才开始在御史台任职，后又先后担任过辰州（今湖北怀化北部）刺史、虔州（今江西赣州）刺史和永州刺史。

你看，戎昱一生的经历还是挺丰富的，荆、湘、桂、蜀、京、洛……从一个地方到另一个地方，奔走不停。搬家，对他来说应该是家常便饭了。一个诗人，离开一个曾经的居处，心里难免会有些

感触的，他的《移家别湖上亭》一诗表达的就是这样的心情：

好是春风湖上亭，柳条藤蔓系离情。
黄莺久住浑相识，欲别频啼四五声。

依依不舍，连柳条、藤蔓、黄莺都似乎带有留人之意了。

走得多了，自然见得广了。因戎昱诗歌创作受杜甫影响较深，所以他的诗大多都是直面现实的，表现了一种忧国忧民的情怀。安史之乱中，他曾亲眼看到贼兵作乱的情景，也目睹朝廷所借的回纥兵在东都洛阳的恶行：

彼鼠侵我厨，纵狸授梁肉。
鼠虽为君却，狸食自须足。
冀雪大国耻，翻是大国辱。
膻腥逼绮罗，砖瓦杂珠玉。
登楼非骋望，目笑是心哭。
何意天乐中，至今奏胡曲。
（《苦哉行五首·其一》）

几年后，到了四川，他看到的依然是十室九空的景象：

剑门兵革后，万事尽堪悲。
鸟鼠无巢穴，儿童话别离。
山川同昔日，荆棘是今时。
征战何年定，家家有画旗。
（《入剑门》）

戎昱有多年的为多名官员做幕僚的经历，也曾随军出征，对边塞生活自是非常了解：

> 昔从李都尉，双鞬照马蹄。
> 擒生黑山北，杀敌黄云西。
> （《从军行》）
> 惨惨寒日没，北风卷蓬根。
> 将军领疲兵，却入古塞门。
> 回头指阴山，杀气成黄云。
> 上山望胡兵，胡马驰骤速。
> （《塞下曲》）

在外地当官期间，他也不忘"心忧其君"：

> 务退门多掩，愁来酒独斟。
> 无涯忧国泪，无日不沾襟。
> （《辰州建中四年多怀》）

远在异地，又怎能不思念家乡。在桂州任幕宾时的一年岁暮，他写了首《桂州腊夜》：

> 坐到三更尽，归仍万里赊。
> 雪声偏傍竹，寒梦不离家。
> 晓角分残漏，孤灯落碎花。
> 二年随骠骑，辛苦向天涯。

更鼓声中看灯花，思乡的人儿在天涯。一个人的除夕，孤独而凄凉。

用笔沉郁的戎昱，有时也会发清新之语，比如《早梅》：

> 一树寒梅白玉条，迥临村路傍溪桥。
> 应缘近水花先发，疑是经春雪未销。

再如这首《霁雪》：

> 风卷寒云暮雪晴，江烟洗尽柳条轻。
> 檐前数片无人扫，又得书窗一夜明。

寒云被吹散，雪后又晴天。作为一个诗人，此时的心空也应是一碧如洗的吧！

诗人卡片

戎昱（约744—800），唐朝荆南（今湖北江陵）人。中唐前期比较重视反映现实的诗人之一。诗歌代表作有《苦哉行》《移家别湖上亭》《咏史》《桂州腊夜》等。

徐凝之"二分明月"：
那个人，那座城，那个撩人的月夜

【成语】二分明月

【释义】古人认为天下明月共三分，扬州独占二分。原用于形容扬州繁华的景象。今用以比喻当地的月色格外明朗。后来也用"二分明月"来指扬州。

【出处】唐·徐凝《忆扬州》诗："天下三分明月夜，二分无赖是扬州。"

徐凝虽然也喜欢读书，但他不想去考什么进士，当什么官，他钟情的是诗文和风景，而不是金钱和权势。

但家人希望他能用才学换来名望和地位，以光宗耀祖，亲戚朋友也都盼着在他发达后跟着沾光。于是都劝他：去京城吧，去京城吧，考个功名回来，你行的！

被劝烦了，徐凝一生气，就从家乡睦州（今浙江桐庐）来到了长安。

在应考期间，徐凝若无其事地在城中东游西逛，有人就对他说：想上榜得先铺路啊，拿你的诗作，多拜拜那些官员、名流的门庭，有人家替你美言，机会可就大多了。

徐凝自语：能写诗，有何值得炫耀的呢？还要去低声下气求人家举荐？我才不去做这样的事呢！

到底没有去四处拜门子，徐凝自然也没考出个什么好结果来。

又在京城逗留了一段时间，徐凝意外地结识了元稹和白居易，元、白二人对他很是欣赏，鼓励他继续考进士，他婉言谢绝了。

不久，他又遇到了韩愈。离开京城前，徐凝以一首诗跟韩愈作别：

一生所遇唯元白，天下无人重布衣。
欲别朱门泪先尽，白头游子白身归。

回到家乡，徐凝便找一僻静处隐居起来。每日观山问水，饮酒赋诗，倒也悠然自在。

有时，徐凝也会外出漫游，在风景名胜间打发时光。

这一年春天，他游完富春江，来到杭州城。听说城中开元寺院内植有牡丹，徐凝立即前往观赏。

进入寺院内，果见一片盛开的牡丹，美艳得令人惊叹。徐凝忍不住当场题诗：

此花南地知难种，惭愧僧闲用意栽。
海燕解怜频睥睨，胡蜂未识更徘徊。
虚生芍药徒劳妒，羞杀玫瑰不敢开。
惟有数苞红萼在，含芳只待舍人来。

（《题开元寺牡丹》）

令徐凝想不到的是，他正题诗时，也是专程前来赏牡丹的白居易已站在了他身边。

诗刚题完，白居易马上鼓掌叫好。徐凝转头一看，见是旧时相识、今日的杭州刺史白大人，自是喜出望外。

两人一起赏完牡丹，白居易便邀徐凝去喝酒谈心。

端起酒杯，说到那些长安往事，又说到白居易几年前被贬江州，两人皆唏嘘不已。

当年在长安时，徐凝曾和白居易一起看过牡丹花，当白居易后来被贬为江州司马时，徐凝曾写过一首《寄白司马》，回忆到当年观赏牡丹的情景：

三条九陌花时节，万户千车看牡丹。
争遣江州白司马，五年风景忆长安。

这次能在杭州巧遇白居易，徐凝倍感亲切，心情也是格外的好，话说到知无不言，酒喝到一醉方休。

后来，离开杭州，每看到牡丹花，徐凝就会自然想起白居易，还专门写了一首《牡丹》诗：

何人不爱牡丹花，占断城中好物华。
疑是洛川神女作，千娇万态破彩霞。

这一年，徐凝来到了另一个烟柳繁华之地——扬州。

扬州是个好地方，徐凝一来便被迷住了。

景美自不必说，物华自不必说，单是如云的美女，就让徐凝目不暇接了。

徐凝就在扬州多停留了一些时日，然后便遇到了她。

她是一位歌妓，歌美人也美。第一次见到她，徐凝便恍若见到前世情人。

然后两人就有了私下里的来往。她觉得徐凝和那些官员、商贾太不一样了，这个懂情调、有才华的男人让她怦然心动。

都动了情，接下来的相处就不是逢场作戏了。可再好再真，终还是有一别的。她无法获得自由身，徐凝也无能力将她赎走，带她远走高飞。

临别的那一夜，月光照着窗外的一切，那么静，那么明，让室内的一对人儿双双沦陷。

月光无言，她亦无言。她靠在徐凝的怀里，默默流泪。

徐凝也不知如何去安慰这带雨牡丹一样的人儿，他想：若是不相见，或许就没了这痛苦的分别时刻。

第二天，徐凝在那双泪眼的关注下，再次踏上了远行的路。

许多年后，徐凝还会时时想起扬州，想起和她共处的那些日子，想起那些夜晚的撩人月色，想起她的泪她的好，和那醉人的缠绵。

又是一个月夜，徐凝又陷入深深的思念中，望着窗外的那轮月，他轻声吟出了一首诗：

萧娘脸薄难胜泪，桃叶眉尖易觉愁。
天下三分明月夜，二分无赖是扬州。

这就是那首著名的《忆扬州》。在徐凝的心目中，那个远方的她就是俏萧娘，就是桃叶女，时隔多年，他还记得那晚写在她脸上的伤心离愁。往事不愿再想了，可月光却来强迫你去回忆。这月光分明是那晚照亮扬州的月光，天下月光如果有三分，那扬州就应该占去两分了吧，不想陷相思，却被月光惹，直让人无奈啊！

又是一年七夕，徐凝看到天上的星河，他再次为人间的离别而感慨：

一道鹊桥横渺渺，千声玉佩过玲玲。
别离还有经年客，怅望不如河鼓星。

（《七夕》）

当人在旅途，心有所想的时候，所见的树木都已化为相思树，树林也是《相思林》：

游客远游新过岭，每逢芳树同芳名。
长林遍是相思树，争遣愁人独自行。
人有情，天有月，何处不风流？
情有属，月有华，何处不扬州？

扬州，最终成为徐凝心中一个美丽的梦。

诗人卡片

徐凝（生卒不详），唐朝睦州（今浙江建德）人。与白居易、元稹友善。诗朴实无华，意境高远，笔墨流畅。书法著称于时。诗歌代表作有《忆扬州》《七夕》《题开元寺牡丹》等。

张祜之"淡扫蛾眉"：
心死长安，身死扬州

【成语1】淡扫蛾眉

【释义】轻淡地画眉。指妇女淡雅地化妆。

【出处】唐·张祜《集灵台》诗之二："却嫌脂粉污颜色，淡扫蛾眉朝至尊。"

【成语2】智珠在握

【释义】比喻具有高深的智慧并能应付任何事情。

【出处】唐·张祜《题赠志凝上人》诗："愿为尘外契，一就智珠明。"

作为清河（今邢台市清河县）名门之后的张祜（hù），从小就受到了很好的家庭教育，寓居苏州后，诗名渐起。

张祜在青年时期还是非常积极地要求仕进的，他带着自己的诗作去京城和其他地方，四处去拜访那些朝中大员和地方名士，但都是无果而终。

屡屡碰壁，也使他一度沉湎酒色，在愤世嫉俗中过着放荡的生活：

一年江海恣狂游，夜宿倡家晓上楼。

嗜酒几曾群众小，为文多是讽诸侯。

（《到广陵》）

那些年所拜访的人中，多数对他的诗歌还是持赞赏态度的，其中最推崇他的当数太平军节度使令狐楚了。

令狐楚甚至还亲自起草奏章向朝廷荐举张祜，说他多年流落江湖，精于诗赋，风格独特，希望皇上能重用这个人才。

穆宗看到令狐楚的奏章，就把张祜的诗歌拿给元稹看。元稹一听是令狐楚推荐的，心中马上就对张祜没了好感——因为当时正值"牛李党争"时期，令狐楚属牛党，而元稹则倾向李党。

穆宗问："这个张祜的诗到底怎么样？"

元稹就以鄙夷的语气说："这张祜的诗只能算是雕虫小技，大丈夫哪会像他这样写？这样的人如果得到重用，恐怕会使陛下的风俗教化受到不好的影响。"

唐穆宗是非常信服元稹的，如此，张祜便没有仕进的机会了。

入仕的大门被堵上，张祜只得懊恼地离开京城。

他在扬州住了下来。

访山水，逛都市，纵酒赋诗，寻欢作乐，张祜以另一种方式去寻找内心的满足。

他深深地爱上了扬州这个地方，还写下了《纵游淮南》一诗：

十里长街市井连，月明桥上看神仙。
人生只合扬州死，禅智山光好墓田。

张祜性格中有侠义的一面，他和那个同样崇尚侠义的崔涯是好朋友。一天，两人同去拜访淮南节度使李绅。

在李绅面前，张祜自称是"钓鳌客"。李绅觉得他很是与众不同，就问："你钓鳌用什么作鱼竿？"张祜答："用彩虹。""那用什么当鱼钩呢？""用弯月。""鱼饵呢？""就用你这个短李相公作鱼饵。"

虽然张祜说话显得有些不恭，但其答语让李绅觉得很有气势，想象大胆且非凡，李绅不仅没有计较，还当场赠给他很多礼物。

在诗歌创作中，张祜似乎更愿意去关注那些女子，在那些诗句里，寄托着他对弱者的同情，对命运不公的抗争，对黑暗的鞭挞和对权贵的嘲讽。

他用《宫词》（其一），替那些被幽禁多年的宫女表达"恨君"之情：

故国三千里，深宫二十年。
一声《何满子》，双泪落君前。

在《拔蒲歌》中，你能体会到少男少女的那份清纯爱恋：

拔蒲来，领郎镜湖边。
郎心在何处，莫趁新莲去。
拔得无心蒲，问郎看好无。

那些艺妓，在迎来送往中虚耗芳华，他为她们发出哀叹：

寂寞春风旧柘枝，舞人休唱曲休吹。
鸳鸯钿带抛何处，孔雀罗衫付阿谁。
画鼓不闻招节拍，锦靴空想挫腰肢。
今来座上偏惆怅，曾是堂前教彻时。
（《感王将军柘枝妓殁》）

他用《太真香囊子》，抒写唐玄宗与杨贵妃两人的情事：

蹙金妃子小花囊，销耗胸前结旧香。
谁为君王重解得，一生遗恨系心肠。

他还用《集灵台》（其二），揭露虢国夫人与唐玄宗的暧昧关系：

虢国夫人承主恩，平明骑马入宫门。
却嫌脂粉污颜色，淡扫蛾眉朝至尊。

虢国夫人是杨玉环的三姐，虽不是玄宗的妃嫔，却能"承主恩"，这是因为她和皇上有特殊的关系啊。仗着这点，她可骑马径直进入皇宫禁地。且自认为美貌无人可比，只简单化了下妆就敢去直面皇上。

"淡扫蛾眉"是一种自信，也是一种刻意求欢的风骚啊！

难怪大诗人杜牧会写诗猛夸张祜：

百感中来不自由，角声孤起夕阳楼。
碧山终日思无尽，芳草何年恨即休。
睫在眼前长不见，道非身外更何求。
谁人得似张公子，千首诗轻万户侯。

（《登池州九峰楼寄张祜》）

会昌年间，杜牧任池州刺史，张祜曾专程去拜访过他，杜牧在和诗中对张祜极尽赞美之辞，又对其命运深表同情：

七子论诗谁似公，曹刘须在指挥中。

荐衡昔日知文举，乞火无人作蒯通。
北极楼台长挂梦，西江波浪远吞空。
可怜故国三千里，虚唱歌词满六宫。

（《酬张祜处士见寄长句四韵》）

"张生故国三千里，知者唯应杜紫微。"晚唐诗人郑谷如是说，实不为过。

张祜也非常喜欢游览佛寺，杭州的灵隐寺、天竺寺，苏州的灵岩寺、楞伽寺，常州的惠山寺、善权寺，镇江的甘露寺、招隐寺，各处都留下他的足迹，他为那些寺庙题写诗赋，也和寺僧多有交往。

与佛禅接触，张祜大概是想寻找生存智慧，以求内心安稳。他写有《题赠志凝上人》一诗：

悟色身无染，观空事不生。
道心长日笑，觉路几年行。
片月山林静，孤云海梓轻。
愿为尘外契，一就智珠明。

智珠在握，谁不希望如此呢？
张祜晚年隐居在丹阳曲阿地，并最后终老那里，这也算实现了他"人生只合扬州死"的生前愿望。

诗人卡片

张祜（785—约852），字承吉，唐代贝州清河（今邢台市清河县）人。时人称作"张公子"，又有"海内名士"之誉。代表作有《＜宫词二首＞其一》《集灵台二首》。

杜牧之"豆蔻年华"：
诗人的风月情，大叔的萝莉梦

【成语1】豆蔻年华

【释义】指少女十三四岁。代指少女的青春年华。

【出处】唐·杜牧《赠别·其一》诗："娉娉袅袅十三余，豆蔻梢头二月初。"

【成语2】春风十里

【释义】指（扬州的城里）歌楼妓院的繁华。

【出处】唐·杜牧《赠别·其一》诗："春风十里扬州路，卷上珠帘总不如。"

【成语3】楚腰纤细

【释义】楚腰：妇人的细腰。形容美人的细腰，曲线玲珑。

【出处】唐·杜牧《遣怀》诗："落魄江湖载酒行，楚腰纤细掌中轻。"

【成语4】绿叶成阴

【释义】指女子出嫁生了子女。 也比喻绿叶繁茂覆盖成荫。

【出处】唐·杜牧《叹花》诗："如今风摆花狼藉，绿叶成阴子满枝。"

当你诵读"清明时节雨纷纷""南朝四百八十寺""霜叶红于二月花""商女不知亡国恨"这些诗句的时候，如果有人对你说：作者杜牧其实是个风流成性的诗人，他非常喜欢年轻漂亮的小女孩，是个萝莉控，你会相信吗？

还是先从扬州写起吧。

文宗大和七年（公元833年），三十一岁的杜牧投奔淮南节度使牛僧孺，在其幕府中担任掌书记。因此，杜牧第一次来到了扬州。

扬州好美好繁华，杜牧一来就爱上了这个地方。

杜牧爱扬州的白天，更爱扬州的夜晚。

向晚时分，扬州城内的灯光，次第亮了起来。最让杜牧心摇神荡的，应数那些宣示着欲望的"青楼之光"了："倡楼之上常有绛纱灯万数，辉罗耀列空中，九里三十步，街中珠翠填咽，邈若仙境。"

每一个夜晚，杜牧都会换上便服，奔上那灯光映照下的"仙境"，如鱼得水，纵情寻欢。

他是一个美男子，身上又散发着一股公子哥儿的富贵气息，在风月场自然是很受欢迎的。

杜牧在挥霍中享受着，在享受中挥霍着，红唇，细腰，媚眼，曼舞，甜言，娇喘……一如浪里白条，在欲海情波中浮沉翻滚，欲罢不能，流连忘返。

有时候，杜牧还会与那个叫韩绰的判官一块去寻欢，韩绰不仅擅长与女子们调笑，还经常教她们吹箫。

愉快总是那么快，一晃就到了第三个年头。要回京城了，临别，杜牧用两首诗跟那个最中意的女孩道别：

娉娉袅袅十三余，豆蔻梢头二月初。
春风十里扬州路，卷上珠帘总不如。

（《赠别·其一》）

多情却似总无情，唯觉樽前笑不成。
蜡烛有心还惜别，替人垂泪到天明。

（《赠别·其二》）

夸人家年轻又好看，又借蜡烛流泪说自己实在不舍离开。

不舍，也许是真的，但离开，却真的是真的。

杜牧离开扬州后，还不忘那个曾经一起"作战"的判官韩绰，回味着曾经一同历经的一幕幕，便也忍不住给人家赠诗一首：

青山隐隐水迢迢，秋尽江南草木凋。

二十四桥明月夜，玉人何处教吹箫。

（《寄扬州韩绰判官》）

回到京城长安，杜牧的身份变成了监察御史，他看到宫中形势太复杂，于是就要求分司东都，去了洛阳。

到洛阳，他偶然间在街头发现一个卖酒的女子，仔细一辨认，原是旧日相识——张好好。

杜牧是在大和四年（公元 830 年）于宣州认识张好好的。当时，他还是宣歙观察史沈传师幕中的推官，张好好则是沈幕中的歌妓。

张好好当年只有十三岁，能歌善舞，容貌姣好，杜牧一见到她就喜欢得不行，还写了首《赠沈学士张歌人》夸人家：

拖袖事当年，郎教唱客前。
断时轻裂玉，收处远缲烟。
孤直綆云定，光明滴水圆。
泥情迟急管，流恨咽长弦。
吴苑春风起，河桥酒斾悬。
凭君更一醉，家在杜陵边。

（綆，读 gēng；斾，读 pèi）

自然，杜牧从心里想和张好好演上一出爱情故事，可是，他这一愿望最终落空了，因为沈传师的弟弟沈述师也喜欢张好好，并很快将其纳为侍妾。杜牧得到的只有失望。

没想到五年后会在洛阳见到张好

好，更没想到张好好会沦落到街头卖酒的地步。一番交谈后，杜牧自是感慨万分，最后给张好好赠送了一首《张好好诗》：

君为豫章妹，十三才有余。
翠苗凤生尾，丹叶莲含跗。
……
洛城重相见，婥婥为当垆。
怪我苦何事，少年垂白须。
朋游今在否，落拓更能无。
门馆恸哭后，水云秋景初。
斜日挂衰柳，凉风生座隅。
洒尽满襟泪，短歌聊一书。

曾经暗恋的人，这次突然出现在面前，杜牧却没有把她带回家。

张好好成了过时的风景，杜牧开始寻找新的景点。听说在洛阳闲居的李司徒家中歌女最多，杜牧就想去开开眼。但因他是御史台官员，李司徒即使宴请朝官也不敢邀请他。

杜牧便派人去暗示李司徒：但邀无妨。

被邀赴宴后，杜牧始终没有收敛，还公然点名要见那个名叫"紫云"的姑娘，紫云到他面前，他还赠诗一首呢：

华堂今日绮筵开，谁唤分司御史来？
忽发狂言惊四座，两行红袖一时回。

其现场表现真的令人咋舌。

三十五岁时，杜牧第二次来到扬州。这次来不是为了风花雪月，而是为照顾他那个患了严重眼疾的弟弟杜颤（yǐ）的。

四十岁时，杜牧第三次来到扬州。这次来，他已没有了之前的任性放诞，更多的是故地重游后的感慨——《遣怀》：

落魄江湖载酒行，楚腰纤细掌中轻。
十年一觉扬州梦，赢得青楼薄幸名。

有点自嘲，又有些惆怅，杜牧是要悔改了吗？

四十二岁，杜牧来到了池州刺史任上。在这期间，他旧病复发，又和一程姓年轻女子好上了，还弄大了对方的肚子。

因担心老婆裴氏吃醋，所以杜牧不能将程某纳为妾，可他又希望程某生下的孩子姓杜，怎么办呢？最后他想了个办法：安排程某嫁给了一个叫杜筠的男人。

程某生下了一个儿子，取名：杜荀鹤。杜荀鹤长大后，也成了一个著名诗人，这是后话了。

六年后，杜牧升为吏部员外郎，可他在这个位子上只干了一年，就自请外任，到湖州当了刺史。

来这湖州，杜牧还想了却一个心愿。因为在十四年前，他曾来过湖州一次，在时任刺史举办的一次大型活动上，他看上了观众群里一个十二三岁的漂亮女孩。

当时，杜牧就跟女孩的母亲说要娶她这个女儿。那母亲觉得自己女儿太小了，就没同意。杜牧就说："十年后，我会来这做官，到时再娶你女儿，十年之内我要不来，你女儿便可嫁人。"承诺完，还交了礼金。

这次来做湖州刺史，杜牧没忘兑现承诺。可一见面，那女子不仅已经嫁了人，而且还有了两个孩子。杜牧问女子为何不守信，女子反问：你不说十年为期吗？你要是一直不来，我该怎么办？

杜牧无话可说了。花已落，种已结，别再多想了，写首《叹诗》安慰一下自己吧：

自恨寻芳到已迟，往年曾见未开时。
如今风摆花狼藉，绿叶成阴子满枝。

写到这里，再将时光回溯一下。那年，三十一岁的杜牧由宣州赶赴扬州的途中，在金陵遇到那个名叫杜秋的女人，看到原本风华绝代，而今却年老且穷的一代歌女，杜牧深感岁月无情，人事沧桑，于是满怀同情地写下《杜秋娘》这首长诗：

京江水清滑，生女白如脂。
其间杜秋者，不劳朱粉施。
……
因倾一樽酒，题作杜秋诗。
愁来独长咏，聊可以自怡。

杜秋曾唱过一首《金缕衣》，歌词为：

劝君莫惜金缕衣，劝君须惜少年时。
有花堪折直须折，莫待无花空折枝。

这歌，是不是在那时就唱到杜牧心坎里去了呢？

诗人卡片

杜牧（803—约852），字牧之，唐朝京兆万年（今陕西西安）人。晚年曾居长安南樊川别墅，故称"杜樊川""樊川居士"。后人称杜甫为"老杜"，称其为"小杜"，与李商隐合称"小李杜"。诗以七绝著名，名作有《过华清宫绝句三首》《江南春绝句》《赤壁》《泊秦淮》《寄扬州韩绰判官》《赠别二首》《遣怀》《山行》《秋夕》等。

杜牧之"搔到痒处"：
有一种痒，源于"我想"

【成语1】搔到痒处

【释义】比喻说话说到点子上、事情恰到好处。

【出处】唐·杜牧《读韩杜集》诗："杜诗韩笔愁来读，似倩麻姑痒处抓。"

【成语2】钩心斗角

【释义】原指宫室建筑结构的交错和精巧。后比喻用尽心机，明争暗斗。

【出处】唐·杜牧《阿房宫赋》："各抱地势，钩心斗角。"

【成语3】折戟沉沙

【释义】断戟沉没在泥沙里，成了废铁，形容失败十分惨重。

【出处】唐·杜牧《赤壁》诗："折戟沉沙铁未销，自将磨洗认前朝。"

【成语4】包羞忍耻

【释义】容忍羞愧与耻辱。

【出处】唐·杜牧《题乌江亭》诗："胜败兵家事不期，包羞忍耻是男儿。"

【成语5】卷土重来

【释义】卷土：人马奔跑时尘土飞卷。比喻失败之后，重新恢复势力。

【出处】唐·杜牧《题乌江亭》诗："江东子弟多才俊，卷土重来未可知。"

　　上一篇主要写了诗人杜牧的风流事。实际上，杜牧并不是一味地轻浮浪漫，他也有担当的一面，他是一个内心充满忧患意识的诗人。

　　杜牧曾写过一首诗，叫《读韩杜集》：

　　杜诗韩笔愁来读，似倩麻姑痒处搔。
　　天外凤凰谁得髓？无人解合续弦胶。

　　诗意是：在愁闷的时候，诵读杜甫的诗歌和韩愈的文章，那舒爽的感觉就如仙女麻姑用指尖在痒处抓挠。可如今还有谁能得到杜诗韩笔的精髓呢？恐怕已经没人能像他们那样，以独有的才情和思想写出史诗般的杰作了。

　　杜甫和韩愈都具有忧国忧民的意识，都敢于直面黑暗，抨击时弊，期望国家重新走向复兴。杜牧也是如此，杜甫是"大杜",他是"小杜"。

在《读韩杜集》中,杜牧强调了"愁来读",那他到底愁什么?"痒处搔"的"痒"又是指的啥?

那就要看他所处的时代背景了。

杜牧生于德宗贞元十九年(公元803年),死于宣宗大中六年(公元852年)。在五十年的岁月里,德宗、顺宗、宪宗、敬宗、文宗、武宗、宣宗先后上台执政,尽管文宗、武宗、宣宗诸帝想方设法挽救国运,但藩镇割据、宦官专权、牛李党争、吐蕃犯边等乱象还是愈演愈烈,大唐眼见国势已去,积重难返。

杜牧生于官宦之家,是宰相杜佑的孙子。受家风熏染,他很小的时候就学会了写诗作文。及至成年后,他开始把关注的目光投向宫廷和整个社会。

杜牧二十岁左右,两个大昏君先后坐上了龙椅。

先是穆宗李恒——这个昏庸的家伙只知道整日游乐,看戏、打马球,朝政全部交给宰相打理,宫斗和边患一概不问。

再是敬宗李湛——这位比他爹李恒还会玩:政事扔一边,他自己则全身心投入龙舟、百戏、马球等各类游戏中,晚上除宴饮歌舞,与妃嫔宫娥在床笫纠缠外,有时还会带侍从去宫外捉狐狸玩,还曾带着千余人去水塘抓鱼。且经常大兴土木,修建各类娱乐场所,弄得宫廷

上下怨声连天。

杜牧耳闻目睹了这一切,作为一个有责任感的青年才子,他岂能选择袖手旁观?

敬宗宝历元年(公元825年),杜牧的那篇借古讽今的《阿房宫赋》便横空出世了。

阿房宫再雄伟,再壮观,但反抗者只需点一把火,就能使它很快化为一片焦土。如今的统治者,难道不应该从中吸取什么教训吗?因此,杜牧在文末写道:"秦人不暇自哀,而后人哀之。后人哀之而不鉴之,亦使后人而复哀后人也。"可谓用心良苦。

二十三岁就有了这样的见识和眼界,的确令人惊叹,何况写得又是如此文采飞扬呢?

因此《阿房宫赋》甫一面世,众多文士便争相传阅,最后传到了太学博士吴武陵的手上。吴武陵一读,自然是击节赞叹,直夸杜牧是个难得的人才。

大和二年(公元828年),杜牧参加完进士考试后,吴武陵便去找主考官——礼部侍郎崔郾,直接向其推荐杜牧,还当面读了《阿房宫赋》。读完,吴武陵要求崔郾让杜牧当状元。崔郾说状元已安排他人了,吴武陵就又要定杜牧第五名及第。

在吴武陵的极力争取下,杜牧最终上榜,随后又及时参加制举考试,也是如愿登科。

接着，杜牧就入官场了。

总的来说，杜牧的仕途还是比较顺利的，从二十六岁到生命终结的五十岁，二十多年间由弘文馆的从九品小校书郎，一直升至正五品上的中书舍人。

但这"顺"中也有许多让人郁闷的结，比如那个叫杜悰（cóng）的堂兄，就因为当了驸马爷，二十多岁便被封为从三品的银青光禄大夫，还兼任殿中少监、驸马都尉都职。杜牧与他一比，心里能平衡吗？

还有，杜牧当官之时，也正是牛李两党争得你死我活之时。他投靠的是牛党头子牛僧儒，牛党得势，他便跟着得意，牛党失势，他也随之失意。

你看，牛僧儒任淮南节度使时，杜牧便跟去做掌书记，在扬州过的那日子，简直是在欲海里冲浪，人家牛老板还暗中派人保护他的安全。

当武宗即位，李党掌权时，杜牧便被调到偏远的黄州当刺史了。直到宣宗上台，牛党重新归位，杜牧才被召进京，得以重用。

杜牧虽是宰相之后，但他却不是倚势弄权的人，也相对耿直，又不屑于官场争斗，所以常常会陷于比较被动的地位。

朝中的问题那么多，盛世图景越来越远，这难免会使杜牧时常陷入忧愁之中。

《阿房宫赋》中说："各抱地势，钩心斗角"，对于建筑来说，这是一种技巧，一种美，而对于人来说，则是残酷而无奈的现实了。

有时，杜牧就想用诗来警醒一下当世的统治者。

千秋佳节名空在，承露丝囊世已无。（《过勤政楼》）——唐玄宗曾专门建了勤政楼，还定了"千秋节"，可如今不都成了空？

一骑红尘妃子笑，无人知是荔枝来。（《过华清宫绝句三首·其一》）——为了心爱的女人能吃上新鲜的荔枝，不惜劳民伤财，这是一国之君该做的吗？

商女不知亡国恨，隔江犹唱《后庭花》。（《泊秦淮》）——国家处于危难之中，达官显贵们却还陶醉于歌舞升平，这怎能不让人心生担忧？

杜牧有想法，也总能以独到的视角来咏史，比如《赤壁》：

折戟沉沙铁未销，自将磨洗认前朝。
东风不与周郎便，铜雀春深锁二乔。

周瑜在赤壁之战中，之所以能战胜曹军，取得胜利，还不是东风的作用？

又如《乌江亭》：

胜败兵家事不期，包羞忍耻是男儿。
江东子弟多才俊，卷土重来未可知。

项羽战败了，为了面子就自杀了，

要是能包羞忍耻，回到江东重整旗鼓，卷土重来，那天下不定是谁的呢！

杜牧在黄州时，曾写过一篇兵法研读心得给宰相李德裕，想获赏识，结果未能如愿。由此可见，他写《赤壁》和《乌江亭》是不是想曲折地表达胸中不平呢？

杜牧还写有《齐安郡中偶题二首》，其中一首是：

两竿落日溪桥上，半缕轻烟柳影中。
多少绿荷相倚恨，一时回首背北风。

满塘荷叶被北风吹得翻卷起来，相偎相依的荷叶，也似乎满怀"恨"意。是荷叶在恨吗？分明是志不得酬的诗人在诉说心中哀愁。

那愁也是一种痒，一种发乎内心的、难以抑制的痒。

银烛秋光冷画屏，轻罗小扇扑流萤。
天阶夜色凉如水，卧看牵牛织女星。
（《秋夕》）

就如那个宫女一样，杜牧心中的那份孤独和凄凉，只有本人最清楚。

武元衡之"柳暗花明"：
一个大唐宰相的铁血柔情

【成语1】卖刀买犊

【释义】刀：武器；犊：牛犊。指卖掉武器，从事农业生产。

【出处】唐·武元衡《兵行褒斜谷作》诗："三川顿使气象清，卖刀买犊消忧患。"

【成语2】柳暗花明

【释义】指前面花红柳绿，树木花草繁茂锦盛的景象，之后又比喻绝处之中找到出路，突然出现的好形势。

【出处】唐·武元衡《摩诃池送李侍御之凤翔》诗："柳暗花明池上山，高楼歌酒换离颜。"

唐代诗人中，武元衡的名字并不为后世人所熟知，但他生前却是一个风光无限的人物。

他的曾祖父是武则天的堂兄弟，因此，他就是武则天的曾侄孙。

他有很高的颜值，甚至有"唐代第一美男子"的称号。

他二十六岁时进士及第，状元郎一个。

唐末张为著的《诗人主客图》中，称武元衡为"瑰奇美丽主"，以赞其诗歌之美。

作为官员，武元衡又有"铁血宰相"之称。何谓铁血？坚韧、顽强、不惧挑战是也。

下面，我们就来看看武元衡走过的"铁血之路"吧。

武元衡进士及第后，先是入廊坊幕担任掌书记，三年后又入河东节度使幕，又过了两年，入京任监察御史，此后便开始为期六年的为其父、母先后丁忧的生活，四十岁时，方重入官场，任华原县令。

贞元十六年（公元800年），德宗因获知武元衡是个有才能的人，便召他入朝，授予比部员外郎一职，次年，武元衡始任右司郎中，三年后又至御史中丞位。

公元805年，德宗驾崩，顺宗李诵继位，时为永贞元年。当时，王伾、王叔文和刘禹锡、柳宗元等人辅佐顺宗施行革新，王叔文邀请武元衡加入革新阵营，遭谢绝。

安葬德宗时，武元衡担任山陵仪仗史，其下属、监察御史刘禹锡要求当仪仗判官，又被他拒绝。

因此，二王集团对武元衡颇为不满。王叔文更是在顺宗面前肆意诋毁他，结果，武元衡就被贬为伺候太子的右庶子。几个月后，宪宗李纯就即位了，武元衡很快便官复原职。

宪宗念及武元衡在当右庶子时忠心伺主，又看他确实是个能办事的人才，便马上给他升职——由正五品上的御史中丞，升为正四品下的户部侍郎。

户部侍郎还没干满一年，宪宗就任命武元衡为门下侍郎平章事，自此，五十岁的武元衡正式登上相位。

既然被大当家的看重，那就赴汤蹈火地尽责尽忠吧。

拜相当年，机遇就来了——宪宗征镇海节度使李琦入朝，李琦称病不去，还借机领兵在润州发动叛乱。武元衡认为对割据势力不能姑息，主张削藩。宪宗同意，发兵讨伐，一月后，李琦被捉，叛乱平息。

浙西暂得安稳了，可宪宗还有个心病——剑南西川代理节度使刘崇文，虽然领兵平定了西川，可作为一个武将，他治理地方的功大就很欠火候了。

为全面改善西川的民生状况，宪宗

一番权衡后，便派武元衡出马了。

武元衡二说不说，立即带领人马，以宰相和西川节度使的双重身份，雄心勃勃地向西川出发。

当队伍走到褒斜谷时，武元衡有感而发，写了首《兵行褒斜谷作》，诗的最后说：

> 注意奏凯赴都畿，速令提兵还石坂。
> 三川顿使气象清，卖刀买犊消忧患。

"卖刀买犊消忧患"，停止战争，发展农业生产，维护一方平安，这是皇帝的心愿，是西川老百姓的心愿，也是武宰相的心愿。

走马上任的武元衡，果然没有辜负宪宗皇上对他的重托。在西川，他前后主政七年。七年间，蜀地局势逐渐稳定，百姓生活也日益好转起来，整个地区呈现出明显的复苏迹象。

据说，此间武元衡还和"扫眉才子"薛涛有过来往，下面的这首《赠道者》就是他写给薛涛的：

> 麻衣如雪一枝梅，笑掩微妆入梦来。
> 若到越溪逢越女，红莲池里白莲开。

看来，武宰相也好像不太能过美人关。

武元衡归朝后的第二年，也就是元

和九年（公元814年），淮西那儿又开始不平静了——节度使吴少阳死后，其子吴元济自作主张接过大权，意图谋反。宪宗便决定派武元衡率军队去平定淮西蔡州。

皇上旨意一下，素与淮西有勾结的成德节度使王承宗和淄青节度使李师道等割据势力便都害怕起来了，他们密谋刺杀主战大臣，借以打消皇上出兵念头，从而在保蔡州的前提下保全自己。

元和十年（公元815年）的六月二日晚上，武元衡临睡前，下意识地写了一首诗：

夜久喧暂息，池台唯月明。

无因驻清景，日出事还生。

（《夏夜作》）

次日一大早，天还黑着，武元衡像往常一样，带着随从，顺着门前的大道赶往大明宫去上朝。

没走多远，突然有暗箭射灭了随从手中的灯笼，武元衡的肩膀也中了一箭。接着，就见黑暗中迅速窜出几名刺客，其中一人拉住武元衡的马缰，跟着奔跑十几步后，挥刀割下了武元衡的头颅……

"无因驻清景，日出事还生"，没想到一诗成谶。

一代名相，就这样在顷刻间身首异处。

武元衡，以他的强硬手腕，为宪宗削藩立下了赫赫功勋，也最终把自己送上了不归之路。

从政，武元衡是强硬派，但日常为人，他却是非常温和的。据说，他刚到西川时，在宴请他的酒局上，有官员逼他用大杯喝酒，他不愿喝，那官员就把酒倒在他身上。他没生气，只是回去换了一件衣服，继续回来赴宴。

作为一个诗人，他是爱美、尚美的，不然怎会有"瑰奇美丽主"之誉呢？

在西川时，武元衡曾游原西川节度使韦皋旧宅，见到宅中有主人活着时养的一只孔雀，便满怀同情和伤感赋诗一首，回朝后引得王建、韩愈、白居易等多位诗友唱和。

他还曾于成都摩诃池，送那个名叫李锽的侍御史去凤翔，临别赠诗曰：

柳暗花明池上山，高楼歌酒换离颜。

他时欲寄相思字，何处黄云是陇间。

这诗写的是离情，虽然水平一般，但却给我们贡献了一个美妙的成语：柳暗花明。

柳暗花明是令人赏心悦目的景致，但到了落花时节，景中人便常会有伤春思乡之感，就如武元衡在《春兴》中写的那样：

杨柳阴阴细雨晴，残花落尽见流莺。
春风一夜吹乡梦，又逐春风到洛城。

对了，武元衡是缑（gōu）氏（今

河南偃师东南）人，思乡梦跟着春风跑
到洛阳，那离家已经不远了吧？

诗人卡片

　　武元衡（758—815），字伯苍，唐朝缑氏（今河南偃师东南）人，诗人中的"铁血宰相"。著名诗作有《春兴》《赠道者》。

项斯、杨敬之之"逢人说项"：
为你点个赞，双双把名传

【成语】逢人说项

【释义】项：指唐朝诗人项斯。遇人便赞扬项斯。比喻到处为某人某事吹嘘，说好话。

【出处】唐·杨敬之《赠项斯》诗："平生不解藏人善，到处逢人说项斯。"

杨敬之，又一个陌生的名字。

但若把时光回溯到唐文宗时期，在京城长安，杨敬之绝对是个响当当的人物。因为在大和九年（公元835年），杨敬之由户部郎中升为了国子祭酒、太常少卿。

这国子祭酒，相当于今天的国家最高学府的校长，在唐代官场上，这可是个仅次于宰相的角色，在以文取仕的社会大背景下，其说话的力度可想而知。

能登上如此高位，没有一定的文学实力，那可不是容易办到的。杨敬之因之前有一篇《华山赋》为韩愈所称道，所以他在当时的士林中很受追捧。

杨敬之乐于与喜欢写诗作文的人结交，也不管对方有名，还是无名。

会昌三年（公元843年），一个四十多岁的中年书生，带着自己的诗卷，从南方来到了长安。他叫项斯。

项斯是浙江台州人，二十多年前，他二十来岁就曾到长安参加过进士考试，可是连考几次，均遭失败。

当时，项斯也曾主动去结交京城名士，以期得到荐引。在所结交的人中，水部员外郎张籍对他最为赞赏，但对他的仕进却没起到实质性的作用。

连续落榜，让项斯很是沮丧。像很多失意文人一样，他也有了隐居的念头。

那年，他离开京城，来到杭州，登上径山的朝阳峰，在峰顶修筑了一间草舍，真的隐居下来了。

隐居期间，他不修边幅，任性放达，就像一个野人一样。

很多的时候，他会头戴一顶野草和苔藓做成的花冠，身披一件用鹤鸟羽毛做成的蓑衣，走到松树林中，头枕着白色的山石，或念念有词，或高声吟诗。

有时，他也会在清幽的路上漫步，听溪水淙淙和缫丝声声，看峰影移动和鹿群飞奔：

青枥林深亦有人，一渠流水数家分。
山当日午回峰影，草带泥痕过鹿群。
蒸茗气从茅舍出，缫丝声隔竹篱闻。
行逢卖药归来客，不惜相随入岛云。

（《山行》）

有时，他也会和元瑞、道阳等僧人交流谈心，以消内心烦忧。一个人的时候，他也会常常思念着那些熟悉的寺僧——"寂寥犹欠伴，谁为报僧知。"（《宿胡氏溪亭》）

他在隐居处待一段时间，就会下得山来，寻找属于他自己的诗和远方。

他去绍兴、衢州、永嘉、天台……

他去江苏淮阴、安徽当涂、江西彭蠡湖、湖北襄阳、湖南苍梧山……

他去云南宁州、四川平武、广西边州、甘肃泾州、山西舜城……

他去咸阳、临潼、渭南……

在异乡的路途中，有时，那声声蝉鸣，也能勾起他心中的思乡之情：

动叶复惊神，声声断续匀。
坐来同听者，俱是未归人。
一棹二湘浪，单车二蜀尘。
伤秋各有日，千可念因循。

（《闻蝉》）

累了，他就再回到隐居处，用清心寡欲的方式慢慢调理自己的内心。

春天里，山洞旁一朵迟开的野花，让他禁不住联想到自己的处境：

阴洞日光薄，花开不及时。
当春无半树，经烧足空枝。
疏与香风会，细将泉影移。
此中人到少，开尽几人知。

（《晚春花》）

项斯有意将自己与外界隔绝起来，但他却并不想因此被埋没下去，内心里，他还是憧憬着能有春风得意的那一天，能有一片可以施展个人才能的天地，"此怀难自遣，期在振儒衣"（《归家山行》）。

终于，已到奔五之年的项斯再一次出山了，他来到了长安。

杨敬之和项斯两个人有了一次至关重要的会面。

在国子祭酒杨大人面前，项斯恭敬地呈上自己的诗稿。

杨敬之一首首读下去，他读到了作者的孤独，也读到了作者的志向，更读到了他所中意的那种才气。

自然，杨敬之读完诗后，给项斯的反馈应是：好，是可造之才，我给你点赞！

此后，杨敬之见人就夸项斯，说项斯的诗如何如何好，人品如何如何优秀。

他这样一下定论，别人便都以为项斯是

个了不得的诗人，项斯在京城也就一下子红了起来。

项斯再见到杨敬之时，杨敬之还专门写了首《赠项斯》给他：

几度见诗诗总好，及观标格过于诗。

平生不解藏人善，到处逢人说项斯。

有了杨祭酒的赞赏，第二年（公元844年），项斯再去参加进士考试，岂有不中之理？

中了，刹那间有春暖花开的美妙。趁着得意时刻，项斯与一同上榜的几位进士，来到樊川竹亭摆宴庆贺：

相知皆是旧，每恨独游频。

幸此同芳夕，宁辞倒醉身。

灯光遥映烛，萼粉暗飘茵。

明月分归骑，重来更几春。

（《春夜樊川竹亭诸同年宴》）

得意之后，项斯就被授予润州丹徒县尉，若干年后，卒于任所。

纵观项斯一生，如果没有杨敬之的“逢人说项”之举，他的名字可能真的会消失在历史云烟中，不再被人记取。而如果没有项斯，后世谁又会记取杨敬之这个名字呢？

诗人卡片

项斯（生卒不详），字子迁，唐朝台州府乐安县（今浙江仙居）人。主要作品有《长安退将》《中秋夜怀》等。

杨敬之（生卒不详），字茂孝，虢州弘农（今河南灵宝）人。以《赠项斯》一诗著名。

李商隐之"锦瑟年华":
仕途梦碎,追忆似水流年

【成语】锦瑟年华

【释义】比喻十八岁以上三十岁以下的女子。形容青春时期。

【出处】唐·李商隐《锦瑟》诗:"锦瑟无端五十弦,一弦一柱思华年。"

唐宣宗大中十二年(公元858年),四十六岁的李商隐辞去了盐铁推官一职,回到了老家郑州。

他真的累了。在官场上屈身前行了二十多年,原有的一腔热血早已冷却。

那个晚上,他拖着疲惫的身躯坐到书案前,想写一首诗,回顾一下自己的从前。

一时不好落笔。

蓦地,李商隐的耳畔突然响起一阵幽怨的瑟声,那瑟声渐渐明晰,忽而又渐消渐无。

恍惚中,他看到了那个弹瑟的端庄女子。

那还是他十七岁的时候吧?那一年他刚到天平军节度使令狐楚的幕府不久。

令狐楚真是个好人!李商隐自认识令狐楚后,这样的看法就从未改变过。

九岁时,父亲去世,李商隐就只好跟着堂叔读书习文。若不是堂叔的教导,他就不会在十六岁时写出《文论》和《才论》那样的文章,也就不会受到令狐楚大人的赏识。

在认识令狐楚之前,李商隐一家的生活非常窘迫,李商隐不得不常常外出帮人抄书或碾谷米挣点零钱花。

当令狐楚走进他的生活,他的生活就不再是原来的样子了。令大人不仅经常给他家提供经济援助,而且还专门把他请进幕府之中,让他当起了幕僚。

公务之余,令狐楚还耐心地教李商隐"偶对"的创作技巧,系统地为其传授奏章之学。

对此,李商隐怎能不满怀感激?

微意何曾有一毫,空携笔砚奉龙韬。

自蒙半夜传衣后,不羡王祥得佩刀。

(《谢书》)

又一日，令狐楚宴请宾客，席间，有一乐姬弹瑟助兴。

李商隐第一眼看到她，心就禁不住为之一动。在她弹瑟过程中，他看她俊秀的脸，看她灵巧的纤指，看她微带哀怨的神态。

李商隐在瑟音中渐渐迷失。

曲罢，他的目光和那乐姬的目光短暂触碰，他的心又猛地跳了一下，他觉得她应该不会无动于衷的。

但那次宴会后，李商隐竟再没见过她。

又过了一段时日，李商隐稍稍收了心，他知道自己作为一个饱读诗书的男儿，该去科场上一试身手了。否则，该如何对得起令狐大人的一番苦心呢？

大和四年（公元850年），十八岁的李商隐首次参加进士考试，结果竟未上榜，而与他一同应试的令狐楚的儿子令狐绚却金榜题名。

李商隐很是失落，也想不通。

随后，令狐楚调任太原节度使，李商隐便随之去了太原。

三年后，李商隐赴京再考，又没考上。

再回太原？太原已回不去了。因为令狐楚已入朝当吏部尚书了，且有了朝廷指派的下属。

李商隐只好再寻依靠。不久，他又投到一个远房亲戚——华州刺史崔戎的门下。

可到了第二年六月，崔戎就在兖海观察使的任上暴病而亡了，李商隐只好回到自己家乡。

又是三年过去，李商隐已经二十五岁了。这年春天，在令狐绚的引荐下，他终于考中了进士。

可上榜的喜悦没维持多长时间，一个噩耗却给了李商隐重重一击——恩人令狐楚突然病故！

在这样的悲痛时刻，又有一个人出现在李商隐面前，他就是泾原节度使王茂元。

王茂元很欣赏李商隐的人品和才华，不仅邀请李商隐做幕僚，还让他做了自己的女婿。

李商隐有了新依靠，却也从此陷入朋党之争的泥潭中——因为王茂元是"李党"的人，而令狐家则是"牛党"的人。

牛李两党水火不容，李商隐夹在其中，非常尴尬。

李商隐投靠王茂元，令狐绚太感意外，连骂李商隐是忘恩负义之徒。

李商隐当时心里一定很委屈：你们对我都好，都是好人，可我真没过多考虑党派这一层呀！

有了岳父这座靠山，李商隐很快就通过了授官考试，并当上了秘书省校书郎，因受牛党人士的排挤，三个多月后，他又被调到弘农县（今河南灵宝）

当县尉。

县尉难当，干了一段时间，李商隐便辞了职，搬至长安，之后又去华州幕府待了一些时日。

这一年，文宗去世，武宗上台。

武宗最为信任李德裕，因而李党人都得到了重用。王茂元也调到了京城，一切都似乎在为李商隐的青云直上作准备。

三十岁的李商隐又回到朝中，当起了秘书省正字。可就在这关键时期，他的母亲却突然去世了。

只好回家丁忧。丁忧期间，岳父王茂元也一命归西了。

丁忧期满，李商隐回朝。半年后，武宗驾崩。

宣宗即位，朝廷又立即成为牛党人的舞台。

李商隐没去找令狐绹套近乎，而是跟着被排挤出京的李党成员郑亚，去桂州当观察副史和掌书记了。

直到两年后郑亚被贬到循州（今广东龙川县），李商隐再回长安时，他才又想起了令狐绹。

可此时的令狐绹岂有帮他之心？在此情形下，李商隐只能再次通过授官考试，捞了个盩厔（今陕西周至县）县尉当当。

以前吃过当县尉的苦，李商隐再当这样的角色，自然不会心甘。他不久就去京兆尹手下当了文书，其间遇到司勋员外郎杜牧，于是就连写两首赞诗给人家，其中一首是《杜司勋》：

高楼风雨感斯文，短翼差池不及群。
刻意伤春复伤别，人间惟有杜司勋。

诗中夸杜牧的才华能感天动地，伤春伤别的诗作简直是天下第一。

可惜，杜牧没当回事。

那就只好去找令狐绹了。

令狐绹已是御史中丞。听说李商隐还来找他，他干脆闭门不见。

故旧连个冷脸也不给，李商隐又能怎样呢？

京中孤苦无依，那就去别地寻找依靠吧。

于是，李商隐又来到徐州，在武宁军节度使卢弘正幕中当起了职判官。

三年后，卢弘正病死，李商隐一下子又成了无巢之鸟。正在他愁着下一步该往何处去之时，他的妻子又病故了。

想到膝下一双年幼的儿女，想到自己越行越窘的官路，李商隐一时间失魂落魄。

而令狐绹此时已是当朝宰相了。没办法，再去求他一次吧。

出于同情，这次令狐绹伸手扶了李商隐一把，给了他一个太常博士的职位。

叮令狐绹周围的人，能看得起李商隐的又有几个？在这样的目光里活着，又有个什么劲呢？

因此，在大中五年（公元851年），当东川节度使柳仲郢邀请李商隐到梓州任职时，他毫不犹豫地随之前往，再当幕僚。

这一去，就是五年。

在梓州，李商隐衣食无忧，也无多少公务上的烦忧，可他总是高兴不起来。有时，他会问自己：这些年，在求功名、图仕进的路上，到底求到了什么又图个啥呢？我没做什么坏事，为什么走的每一步似乎都是错的？

大中九年（公元855年），柳仲郢入朝任吏部侍郎，李商隐跟着回去，被安排在盐铁推官的位子上。

……

李商隐握着笔，过往的一幕幕不断在脑海中呈现，思绪也越飞越远。

他看到了拨动的瑟弦，看到时光在一根根瑟弦上飞速流逝。

瑟声中，他仿佛置身梦境，像庄周梦蝶一般，迷失中又似乎听到杜鹃的悲凄叫声。

俄顷，眼前又展现出月落沧海的奇异景象，如鲛人泣泪成珠，斗转星移间，暖阳映照蓝田，美玉朦胧如烟。

此情此景让李商隐想起了那么多那么多的往事，而每一件往事带给他的都是怅然若失。

沉思中，李商隐落笔成诗：

锦瑟无端五十弦，一弦一柱思华年。
庄生晓梦迷蝴蝶，望帝春心托杜鹃。
沧海月明珠有泪，蓝田日暖玉生烟。
此情可待成追忆，只是当时已惘然。

写完这首《锦瑟》不久，日渐病重的李商隐便带着满腹的忧郁和伤痛，离开了这个令他有太多困惑的人间。

诗人卡片

李商隐（约813—约858），字义山，号玉溪生，又号樊南生，唐朝怀州河内（今河南沁阳）人。与杜牧合称"小李杜"，与温庭筠合称"温李"。受"牛李党争"影响，仕途坎坷。代表作有《锦瑟》《乐游原》《夜雨寄北》和多首《无题》诗。

李商隐之"心有灵犀"：
心无尘，爱无言，诗无题

【成语1】冶叶倡条

【释义】原形容杨柳的枝叶婀娜多姿，后比喻任人玩赏攀折的花草枝叶，借指妓女。

【出处】唐·李商隐《燕台·春》诗："蜜房羽客类芳心，冶叶倡条遍相识。"

【成语2】心有灵犀

【释义】灵犀：旧说犀牛是灵兽，它的角中有白纹如线，贯通两端，感应灵异。指双方心意相通，对于彼此的意蕴都心领神会。比喻恋爱着的双方心心相印。现多比喻双方对彼此的心思都能心领神会。

【出处】唐·李商隐《无题》诗："身无彩凤双飞翼，心有灵犀一点通。"

玉阳山，位于河南济源市约十公里处，是一座道教名山。

李商隐在参加进士考试之前，曾在玉阳山度过几年读书学道的时光。

玉阳山有东、西两座，中间有一条溪叫玉溪，这也应该是李商隐"玉溪生"

之号的由来吧。

李商隐在玉阳山学道的那个道观，隔溪而望的就是玉真公主的故院灵都宫，当时里面住着另一位入道的公主和一些侍女，其中有位侍女名叫宋华阳。一个偶然的机会里，李商隐和宋华阳相识了，一对少男少女的心彼此擦出了爱情的火花。

但当他们的情事显山露水后，一切便都不往期待的方向发展了。

在一些宫人的极力阻挠下，一对有情人终被无情地拆开。

在被思念填满的日子里，李商隐开始一首又一首地写诗，他在诗中寻找、追忆、留恋、想往，无奈又惆怅。

他在《碧城》中写道：

星沉海底当窗见，雨过河源隔座看。

——抬头望着那窗外，星沉海底多么令人心寒。一阵雨云从银河上飘过，而我们俩却只能隔河相望。

他在《燕台·春》中写道：

风光冉冉东西陌，几日娇魂寻不得。
蜜房羽客类芳心，冶叶倡条遍相识。

——东西小路上处处都是好风光，可娇美的你到底在哪儿呢？我找了几天都没找着。我要像蜜蜂追逐花儿那样，追寻你的芳心，哪怕找遍每一个枝条每一片叶子。

终也寻不着，只有无尽的思念日日折磨着他。

不久，李商隐就离开玉阳山，到了天平军节度使令狐楚的幕中。后又居住在洛阳，准备参加进士考试。

李商隐的堂兄李让山当时也住在洛阳，李让山的邻家有个姑娘，名叫柳枝。那姑娘模样俊美，开朗大方，且很有音乐天赋，吹弦按管的水平很高。

一天，李让山在柳枝面前背诵李商隐的《燕台》诗，柳枝听了，十分喜欢，就连声问："这是谁写的？怎么能写出这么好的诗？"

李让山就说是堂弟李商隐写的。

柳枝不容分说，要李让山带李商隐来跟她相见。

就这样，李商隐在李让山的引导下，和柳枝见了面，李商隐对对方也颇有好感。

一番交谈后，柳枝对李商隐说："三天后我在城东的河边等你，不见不散。"

但到了约定的那天，李商隐的一位去长安的朋友，却误把李商隐的行李带走了。李商隐因去追那朋友，最后错过了和柳枝见面的机会。

等让山再来，李商隐问起柳枝的情况，让山答："她已被一个豪强娶走了。"

李商隐很是吃惊，也非常懊悔，他觉得对不起柳枝。

此后几日，柳枝的遭遇总是让李商隐感到不安。又想到柳枝毕竟是商人的女儿，跟自己门不当户不说，而且她的性格又不太温柔。这样一想，李商隐的心情又稍稍有些释然了。

还是放不下，那就写诗。于是，李商隐一连写了五首题为"柳枝"的诗，其中第四首是这样的：

柳枝井上蟠，莲叶浦中干。
锦鳞与绣羽，水陆有伤残。

意思是说：两个人，一个如柳，一个如莲，一个如水里的鱼，一个如天上的鸟，如强行在一起，那只会给彼此造成伤害呀！

那就在心里默默地为柳枝送上祝福吧。

后来，李商隐就考中了进士，成了官家人。

在当秘书省校书郎期间，李商隐很是厌倦单调乏味的案牍生活。

一个晚上，他应邀去一个官员的家

里赴宴。

宴席上，那官员的美貌侍妾引起了李商隐的注意。

那侍妾春风满面地给客人们敬酒，饶有兴致地跟大家一起玩"送钩"和"射覆"的游戏，笑意盈盈，让人心动。

有一刻，李商隐正盯着她看，她不自觉地抬起头，两个人的目光便触到了一起。

她瞬间愣了一下，李商隐也一时间手足无措。

好像从前在哪儿见过。李商隐脑中立即出现令狐大人家那个弹瑟女的形象，一忽儿又现出宋华阳和柳枝的影子。

怦然心动，就是李商隐那一刻的真实感觉。

但眼前的女子毕竟是人家的侍妾，喜欢，也只能想想而已。

第二天晚上，在秘书省值班，李商隐又忆及头晚赴宴的情景，那侍妾的身影总是在眼前挥之不去，他灵感又来，即刻写就《无题》二首，其一是：

昨夜星辰昨夜风，画楼西畔桂堂东。
身无彩凤双飞翼，心有灵犀一点通。

隔座送钩春酒暖，分曹射覆蜡灯红。
嗟余听鼓应官去，走马兰台类转蓬。

其时，身为校书郎的李商隐已经结过婚了，妻子是泾原节度使的女儿王氏。李商隐在酒宴上"窥"人家的侍妾，不是因为有什么非分之想，更多的是对一种纯粹而美好爱情的怀想。

李商隐对自己的婚姻是忠诚的，但对纯爱的赞美也是由衷的。

在以后坎坷的人生上，李商隐会不时回望自己年轻时的激情岁月，想到那些曾经的美好，想到那些缠绵的时刻，想到每次见面后分手的难舍。他也会放飞思绪，让另一个自己在情爱天空中自由翱翔。

但，再纯再真再美的爱，到最后还不都是一场离别？正如李商隐下面这首《无题》诗中写的那样：

相见时难别亦难，东风无力百花残。
春蚕到死丝方尽，蜡炬成灰泪始干。
晓镜但愁云鬓改，夜吟应觉月光寒。
蓬山此去无多路，青鸟殷勤为探看。

李商隐之"巴山夜雨"：
情场，官场，立场

【成语1】巴山夜雨

【释义】客居异地又逢夜雨缠绵的孤寂情景。

【成语2】剪烛西窗

【释义】原指思念远方妻子，盼望相聚夜语。后泛指亲友聚谈。

【出处】唐·李商隐《夜雨寄北》诗："君问归期未有期，巴山夜雨涨秋池。何当共剪西窗烛，却话巴山夜雨时。"

【成语3】碧海青天

【释义】原意是形容嫦娥在广寒宫夜夜看着空阔的碧海青天，心情孤寂凄凉。后比喻女子对爱情的坚贞。

【出处】唐·李商隐《嫦娥》诗："嫦娥应悔偷灵药，碧海青天夜夜心。"

你如果问我，李商隐爱他的妻子吗？

这个问题我当然回答不好，但李商隐对他妻子很有感情，这是没什么问题的，不管这感情是亲情的成分多，还是爱情的成分多。

先受到泾原节度使王茂元的赏识，

李商隐才有机会认识王茂元的女儿——那个名叫王晏媄的女子。

二十六岁那年，李商隐当了王茂元的幕僚，不久又成为王家的女婿，可谓一举两得。

此后，李商隐便与王晏媄彼此相安无事地过下去，夫妻之间也算得上互敬互爱。八年后，他们还有了一个聪明伶俐的儿子——衮师。

衮师四岁时，李商隐在《骄儿诗》中夸他："衮师我骄儿，美秀乃无匹。"

能有这样一个优秀的儿子，李商隐对孩子妈王晏媄应该是充满感激的。

出门在外的日子，李商隐自然会想家，想妻儿：

远书归梦两悠悠，只有空床敌素秋。

阶下青苔与红树，雨中寥落月中愁。

（《端居》）

——很久没有收到爱妻的家书了，梦中常回故乡；在这清凉的秋夜，一个人躺在床上，怎能不心生凄凉？住处台阶下的青苔与红树，迷蒙的冷雨以及夜晚朦胧的月色，处处都打上了浓重的乡愁。

可是两人仅仅相伴了十三年，王晏媄便被病魔夺去生命，永远地离李商隐而去了。

李商隐自然是哀痛万分。

王晏媄是在那年的春夏之交去世的。到了秋天的时候，李商隐的那个排行十二的小舅子和他的连襟韩瞻去看望他，之后邀他去王家喝酒，李商隐因妻子才亡不久，没心情，所以就没有赴约，后来还为此事专门写了一首诗——《王十二兄与畏之员外相访见招小饮时予以悼亡日近不去因寄》：

谢傅门庭旧末行，今朝歌管属檀郎。
更无人处帘垂地，欲拂尘时簟竟床。
嵇氏幼男犹可悯，左家娇女岂能忘？
愁霖腹疾俱难遣，万里西风夜正长。

大意是：我虽是王家的亲戚，可现在这处境怎有心情去享受歌吹宴饮呢？看到家里如今的状况，物还在，人已走，孩子也年幼，我心里不好受啊，感觉自己正迎着万里西风，走进了漫漫长夜中。

到了冬天，李商隐以节度判官的身份，跟着东川节度使柳仲郢到了四川梓州。

在梓州，柳仲郢对李商隐很是关照，除了给予优厚的工作待遇外，还十分关心李商隐的个人生活。

有个歌女名叫张懿仙，柳仲郢认为她不错，便欲将其介绍给李商隐当老婆。柳把想法说给李商隐听后，李商隐摇了摇头——他不想再娶了。

又是一个秋夜，李商隐又梦到妻子王晏媄了。在梦中，爱妻问他什么时候回家，他刚要回答，却突然醒来了。

清醒后的李商隐回想着梦中妻子的音容笑貌，一时怅然若失。

外面下着冷冷的雨，雨点滴滴打在心头。李商隐失眠了，他披衣下床，点亮灯盏，想象与爱妻一起剪烛西窗的情景，轻声吟出了这首《夜雨寄北》：

君问归期未有期，巴山夜雨涨秋池。
何当共剪西窗烛，却话巴山夜雨时。

从梓州回来后，李商隐开始在京城任盐铁推官。

大中十一年（公元857年），李商隐去洛阳，重访王茂元旧居——崇让宅，熟悉的故宅再次勾起对亡妻的回忆，回来后他便写了《正月崇让宅》一诗：

密锁重关掩绿苔，廊深阁迥此徘徊。
先知风起月含晕，尚自露寒花未开。
蝙拂帘旌终展转，鼠翻窗网小惊猜。
背灯独共馀香语，不觉犹歌起夜来。

王茂元是个好岳丈，王晏媄也是好妻子，但令李商隐始料不及的是，他的这桩婚事会被涂上这么浓的政治色彩。

谁叫王茂元是李党的人呢？谁又叫恩师令狐楚是牛党的人呢？跟王家亲近，就是对令狐家的背叛；跟令狐家亲近，那就是对王家的背叛。

左右为难啊！

处在夹缝中的李商隐，从此身不由己了。

原以为靠上王家，从此可以顺风顺水，哪曾料会因此使自己的人品打了折扣，一口从天而降的黑锅，不背也得背了。

他在《为有》一诗中，这样写道：

为有云屏无限娇，凤城寒尽怕春宵。
无端嫁得金龟婿，辜负香衾事早朝。

诗中说一个娇美的富家女子，嫁给了一个当官的男子，丈夫因要赶着上早朝，每天早上都不能多陪她一会，白白浪费了一个香暖的被窝。

写的是富家女的委屈，我们是否可以从中体会到，攀上高枝后又陷党争旋涡的李商隐的委屈呢？

除此之外，李商隐还有一首名为《嫦娥》的诗：

云母屏风烛影深，长河渐落晓星沉。
嫦娥应悔偷灵药，碧海青天夜夜心。

李商隐认为，嫦娥偷吃了飞天的灵药，现在天天待在广寒宫里，那么孤独寂寞；面对着碧海青天，她一定后悔了吧？

而成为李党人王茂元的女婿，在遭遇一系列挫折后，李商隐是否也会偶尔有后悔之感呢？料想是应该有的吧。

尽管有过委屈，也曾后悔过，但李商隐却从未对王家抱怨过，对妻子王晏媄的好也是一如既往。

从这点来看，李商隐还是配得上"义山"这两个字的。

皮日休之"岑牟单绞"：
只眼看世界，谁让谁蒙羞？

【名称】岑牟单绞

【解释】岑牟：古时鼓角吏的帽子；单绞：苍黄色的单衣。穿戴上敲鼓人的衣帽。比喻蒙受羞辱。

【出处】唐·皮日休《襄州春游》诗："岑牟单绞何曾著，莫道猖狂似祢衡。"

古之官人也，以天下为己累，故己忧之；今之官人也，以己为天下累，故人忧之。

——古代那些当官的，因为以天下事为重，所以自己常常忧心忡忡；而今天那些当官的，心里只装着自己的事，所以他们总是让老百姓忧心忡忡。

才望显于时者，殆哉！一君子爱之，百小人妒之。一爱固不胜于百妒，其为进也难。

——在当今拥有出众的才气和名望，是一件多么危险的事啊！一个君子喜欢他，却有一百个小人妒忌他。一人喜欢怎敌得过一百人的妒忌？所以那个有才望的人想出人头地，真的很难哦。

不思而立言，不知而定交，吾其惮也！

——不经过深思熟虑就著书立说，不了解一个人就和他交朋友，我真应该警惕这样的事呀。

古之置吏也，将以逐盗；今之置吏也，将以为盗。

——古代设置官吏，是为了驱逐盗贼的；而当今安设的那些官吏，自己本身就是盗贼。

上面摘选的几段话，是晚唐诗人皮日休的语录，出自他的《鹿门隐书》六十篇。

鹿门隐书，即在鹿门隐居时写的书。

皮日休是襄阳人，作为一地道的寒

门子弟，他是最能真切地体会到当时社会的黑暗和底层的苦难的。

当然，他并没有完全绝望。年轻时，他还是希望自己能通过读书应举进入官场，在改变个人境况的同时，也能为改变社会现状出点力的。

二十岁左右，他在家乡的鹿门山隐居了五年，其间一边苦读，一边思考，最后写就《鹿门隐书》，书中文字直面当下，抨击朝政，针砭时弊，表现出了一个热血书生的社会责任感。

现实日益不堪，眼睁睁看着却也无能为力，皮日休常常会借酒浇愁，在麻醉中作暂时的逃避。

隐居处风景秀美，皮日休也会花很多的时间寄情山水，游赏散心。一次畅游归来，他乘兴写了一首《襄州春游》的诗：

信马腾腾触处行，春风相引与诗情。
等闲遇事成歌咏，取次冲筵隐姓名。
映柳认人多错误，透花窥鸟最分明。
岑牟单绞何曾著，莫道猖狂似祢衡。

诗中说自己经常骑着马到处游玩，让春风来引发诗情。遇到事情就写诗，见到宴会就隐名参加。在游玩时，隔着柳条时常会认错人，而透过花叶的空隙去看小鸟，却能看得最清楚。我并没有穿着"岑牟单绞"那样的衣服，可别说我像祢衡那样的狂放。

岑牟单绞，这是用的一个典故。"岑牟"是指古代鼓角吏所戴的帽子；"单绞"是指黄色的薄衣。祢衡是汉末人，有才且狂傲。孔融想把祢衡推荐给曹操，但祢衡看不起曹操，不仅不去晋见人家，还出言不逊。曹操知道后，就对祢衡怀恨在心，硬让他当个不起眼的小官——鼓吏。等大宴宾客之时，曹操就命令祢衡改穿鼓吏的"制服"——岑牟单绞，借以羞辱他。祢衡却面不改色地当众裸体更衣，这出乎意料的举动让曹操措手不及，本来想羞辱人的，结果使自己丢了面子。

皮日休用"岑牟单绞"之典，大概是想说自己并不是个狂士，如果有机会，他还是会为朝廷服务的。

所以皮日休在隐居期间，有时也会干谒地方名士以求引荐。在襄阳鹿门山隐居如是，在后来的洞庭、寿州等地隐居亦如是。

唐懿宗咸通七年（公元 866 年），皮日休来到长安首次参加进士考试，不第。当年回到寿州，将自己的诗文编作《皮子文薮》，其间又到扬州、常州等地拜访了令狐绹、杨假等官员。次年，他再次进京参加考试，虽然最后的结果只是位列榜末，但总算及第了。

没想到，皮日休刚当上进士，就有人想给他难堪。

因为其貌不扬，又有一只眼的眼皮耷拉着，看上去就像个独眼龙，所以礼部侍郎郑愚见到他，就嘲笑道："先生你这么有才学，可怎么只有一只眼呢？"

皮日休没有忍声吞气，而是马上回击道："侍郎大人要是仅仅因为我只有一只眼，就小看我，那可是浪费了你的两只眼了啊！"

皮日休的意思是：你要是以貌取人，那就等于你瞎了两眼！

郑愚像曹操一样，纯粹是自找难看。

进士及第两年后，皮日休来到了苏州，成了苏州刺史崔璞的幕僚。在苏州，皮日休结识了诗友陆龟蒙，两人自此开始一唱一和，成了"皮陆"组合。三年后，皮日休入京，先后任著作郎和太常博士。唐僖宗乾符五年（公元878年），在毗陵（今常州）副使任上，皮日休成为黄巢起义军的俘虏。

本就对朝廷失去了信心，既然黄巢是反朝廷的，那就干脆跟着他干好了。

黄巢也正需要这样的人才，于是，皮日休就随黄巢进了京，并在黄巢的安排下当起了翰林学士。

皮日休后来怎么死的，说法不一。

其中一个说法是：皮日休是被黄巢诛杀的。

原因据说是这样的：皮日休当上翰林学士后，黄巢就想让他编些带有预言性质的文字，以迷惑天下人，好让自己这个皇帝当得理直气壮。

接到任务后，皮日休想了半天，写下了这样几句话：

> 欲知圣人姓，田八二十一；
> 欲知圣人名，果头三曲律。

"圣人"当然是指皇帝啦，皮日休想说的是：知道新皇帝是谁吗？他姓黄名巢。

这本是吉言。可黄巢却越看越觉不对劲，他认定那"果头三曲律"是在嘲弄他，因为他的头发很丑，弯曲不成样。

竟敢调侃朕的头发？黄巢一生气，就让人把皮日休的头给砍了。

皮日休生前，曾写过一首《咏蟹》诗：

> 未游沧海早知名，有骨还从肉上生。
> 莫道无心畏雷电，海龙王处也横行。

——大家都熟悉的螃蟹，骨头包着肉，样子很奇怪。不要说它没有心肠，它不仅不惧闪电，即使到了龙王爷那里也照样横行。

仔细品味一下，正直敢言的皮日休身上，是不是也有点"蟹性"？

诗人卡片

皮日休（约838—883），字逸少，又字袭美，唐朝襄阳竟陵（今湖北天门）人。早年居鹿门山，自号鹿门子、间气布衣、醉吟先生等。与陆龟蒙并称"皮陆"，主要诗作有《橡媪叹》《汴河怀古》等。

温庭筠之"月缺花残":
如果世界漆黑，其实我很美

先看两首小词。

一首是《梦江南》：

千万恨，恨极在天涯。山月不知心里事，水风空落眼前花，摇曳碧云斜。

一首是《望江南》：

梳洗罢，独倚望江楼。过尽千帆皆不是，斜晖脉脉水悠悠。肠断白蘋洲。

不陌生吧？两首词都是写思妇心中愁怨的，读来婉约、细腻、唯美。

词的作者，名叫温庭筠，字飞卿。

庭筠和飞卿，看上去都是挺有诗意的词语，用作人的名字，似乎美男子才配吧？

让你失望了，温庭筠是个标准的丑男！

有多丑？见过那个能捉小鬼的钟馗的画像吗？温庭筠的模样就是传说中的这种画风。

因此，温庭筠生前，有人曾送给他一个外号：温钟馗。

虽然长得对不起观众，可人家却是如假包换的大才子。

温庭筠年少时，就在读书习文方面表现出了过人的天赋，聪敏有悟性，走笔成万言。他还懂音乐，吹拉弹唱，样样都行。

二十来岁时，温庭筠受到庄恪太子李永赏识，曾在太子府度过几年"从太子游"的时光。

李永暴卒后，温庭筠一下子失去了依附。

其实温庭筠也算是名门之后，据说唐初宰相温彦博就是他的先祖。但二百多年过去，温氏家族的风光，到温庭筠这儿早已成了过时的风景，他身后的门第优势一点也没有了。

没了依附的温才子，开始选择走科考之路。

考试，对于温庭筠来说，那是小菜一碟。特别是写那种须押官韵的试帖诗，他把手笼在袖子里，双臂交叉，又一次就能吟出一韵，一诗八韵只需叉手八次，因此，人又送他一个外号：温八叉。

虽然他有能耐，可朝中有很多人不喜欢他，因为他性子直，说话不会看人眼色，所以经常得罪人。他还有两个突出的毛病：喜欢喝酒闹事和寻花问柳。

从太子游时，温庭筠结识了令狐绹，当令狐绹当上宰相后，他也有机会出入相府。

当时唐宣宗爱唱《菩萨蛮》词，令狐绹为讨皇帝欢心，就借温庭筠新作献上，并要求温不要泄露这个秘密。可温庭筠没能管住自己的嘴，很快就将真相说了出去。

温庭筠还说令狐绹当宰相是"中书省内坐将军"，意即令宰相是个武夫，没文化。

令狐绹因此就开始讨厌他了。

所以，在温庭筠考进士的过程中，总少不了有人从中作梗。

落榜次数多，温庭筠就对结果无所谓了。但考还是要考的，不是看我不顺眼吗？不是说我不检点吗？那就让你们在考场见识一下。

温庭筠再进考试的场屋，不是弄点小动静，就是帮周围考生答题，这让监考官很是恼火。

温庭筠就这样一直折腾到四十多岁。

朝廷被温庭筠折腾烦了，干脆直接给他授官，让他去随州当县尉去。

温庭筠岂是安心当县尉的人？没多久，他就跑到山南东道节度使徐商幕下当巡官去了。

自京城南下的途中，在经过商山的那个早晨，满怀羁旅之愁的温庭筠写下《商山早行》一诗：

> 晨起动征铎，客行悲故乡。
> 鸡声茅店月，人迹板桥霜。
> 槲叶落山路，枳花明驿墙。
> 因思杜陵梦，凫雁满回塘。

到了襄阳，当了巡官，温庭筠一抛所有不快，还如年轻时那样，整日和一帮骚客在城里吃喝嫖赌。

一天晚上，他和几个人一起在光风亭喝酒，看到有两个醉酒的妓女突然打起架来，温庭筠不仅不去拉劝，反而笑着对一个文友说："如果描述醉妓互相打脸，可用词语'疻zhǐ面'（殴伤面部），如果对句，就可用'疻面'对'捽zuó胡'（揪住头颈）。"

接着，温庭筠还煞有介事地写了一

首诗——《光风亭夜宴妓有醉殴者》：

> 吴国初成阵，王家欲解围。
> 拂巾双雉叫，飘瓦两鸳飞。

醉妓互殴的是五官，温大叔这诗毁的可是三观啊。

等徐商调回京，温庭筠又开始在江南游荡。这样游着荡着，就游到了扬州。

到了烟柳繁华地，温庭筠自然又是醉生梦死。一天晚上酒醉后，还因犯了唐朝"禁夜"的规定，挨了一顿暴打——破了相，掉了牙。

受了委屈，他便到淮南节度使令狐绹那儿告状，令狐绹不予受理。他一气之下又跑到京城长安去告。

告的结果还是不了了之。不过此次告状让温庭筠有了另一个收获——当上了国子监助教。

在国子监助教任上，他有一次主持内部的初选考试，结果出来后，他竟把前三十名考生的诗文张贴公示，以让大家评判，还把那些敢于抨击时弊的考生引为同道，大加赞扬。

温庭筠这一出乎意料的举动，一下子惹恼了相关官员。结果他立马被贬为河南方城县县尉。

这一贬就把温庭筠打倒了，不久，他就在郁闷中死掉。

温庭筠虽然长得丑，可他诗词中的女主人公却个个貌美如花，国色天香。

在放荡的一生中，他蹚过一条条的女人河，又在风花雪月的日子里揣摩着女人的心思。他在香汗脂粉中寻找寄托，也寻求解脱。

一位朋友的歌姬死了，他写诗安慰人家：

> 月缺花残莫怅然，花须终发月终圆。
> 更能何事销芳念，亦有浓华委逝川。
> 一曲艳歌留婉转，九原春草妒婵娟。
> 王孙莫学多情客，自古多情损少年。

月总要缺，花总会残，又何必为此多愁善感呢？

而他一个人的时候，何尝不是多愁善感的呢？

"小山重叠金明灭，鬓云欲度香腮雪。"（《菩萨蛮·小山重叠金明灭》）

"江上柳如烟，雁飞残月天。"（《菩萨蛮水·精帘里玻璃枕》）

"山月不知心里事，水风空落眼前花。"（《梦江南二首·其一》）

"万枝香雪开已遍，细雨双燕。"（《蕃女怨·万枝香雪开已遍》）

......

你看，温庭筠写了那么多的闺怨词，那些美丽的句子仿佛在为他代言：我很丑，也很风流，可我也真的很温柔。

如果世界漆黑，其实我很美

在爱情里面进退，最多被消费

无关痛痒的是非，又怎么不对，无所谓

如果像你一样，总有人赞美

围绕着我的卑微，也许能消退

其实我并不在意，有很多机会

像巨人一样的无畏

放纵我心里的鬼

可是我不配

丑八怪，能否别把灯打开

我要的爱，出没在漆黑一片的舞台

……

有没有觉得，薛之谦的这首《丑八怪》，唱的就是温庭筠呢？

诗人卡片

温庭筠（约812—866），原名岐，字飞卿，唐朝太原祁（今山西祁县）人。诗与李商隐齐名，合称"温李"，词与韦庄齐名，合称"温韦"。"花间词派"最重要人物，代表作《花间集》。

鱼玄机之"咫尺千里"：
放手之后，就是放纵

【成语1】咫尺千里

【释义】比喻距离虽近，但很难相见，像是远在天边一样。

【出处】唐·鱼玄机《隔汉江寄子安》诗："含情咫尺千里，况听家家远砧。"

【成语2】无价之宝

【释义】无法估价的宝物，指极珍贵的东西。

【出处】唐·鱼玄机《赠邻女》诗："易求无价宝，难得有心郎。"

唐武宗会昌年间，住在长安平康里的一户姓鱼的人家，新添了一个可爱的女娃。

女娃的父亲是个读书人，新生命的到来，让这个书生喜上眉梢，他希望女儿能顺利长大，成为一个蕙质兰心的女子，所以，他就为女儿取名蕙兰。

鱼蕙兰五岁便开始跟着父亲读书识字，几年后她就能够写诗作文了。

十来岁的小蕙兰才华初显，人也出落得越发楚楚动人，不幸的是，他的父

亲在这个时候却突然病故了。

家庭的重担压在了母亲一个人身上。有时，看着母亲操劳的身影，蕙兰真想自己能变成一个男儿，帮母亲撑起家中的一片天。

十五岁的那年春天，鱼蕙兰在长安崇真观南楼游玩时，看到一群新科进士，兴高采烈地在墙上题诗留名，她很有感慨，心想自己若是男儿身，说不定也有机会在那儿题诗了。回到家，她便写了《游崇真观南楼睹新及第题名处》一诗：

云峰满目放春晴，历历银钩指下生。
自恨罗衣掩诗句，举头空羡榜中名。

——崇真楼前，峰峦起伏，春光明媚，新科进士们以或秀美或刚劲的字体，在墙上题诗留名。恨只恨我是个女子，诗文才华无法展现，只能在这里抬头看着那金榜上的进士题名，空留羡慕之情。

鱼蕙兰虽有不能参加进士考试的遗憾，可她的诗名却并没有被掩盖，在长

安城的文人圈,她还是很受推崇的。

鱼蕙兰在崇真观南楼上所看到的题名进士中,有一个最为风光、最为得意的人,他就是新科状元李亿。

没想到鱼蕙兰会和李亿走到一起。

是一位朋友从中间牵线,鱼蕙兰才有机会和李亿相识的。

一见面,鱼蕙兰便被李亿的不俗气质吸引到了,李亿也被鱼蕙兰的美貌迷倒了。

继续交往下去,彼此都感觉离不开对方了。

尽管李亿比鱼蕙兰大了好几岁,尽管李亿已有了老婆,但在鱼蕙兰的眼中,这都不是问题。

但李亿老婆裴氏却认为:丈夫再娶另外的女人是个非常严重的问题,鱼蕙兰若想进李家门,没门!

李亿私下就对鱼蕙兰说:那你就别进我家门,我另找个住处给你住,算是咱俩的家,一样地对你好,不行吗?

鱼蕙兰完全同意这个意见。

这样,她就开始过上了"外宅妇"的生活。

虽然不能天天厮守,虽然有些偷偷摸摸的感觉,可状元郎李公子有才又体贴,谈又谈得来,相处很和谐,除此之外,还要求什么呢?

李亿要去做鄂岳观察使的幕僚了,他先和裴氏一起到地方后,又私下派人将鱼蕙兰接了过去,在汉江的对岸为她另安排一个住处。

有了官位的李亿整日公务缠身,又受裴氏约束,所以鱼蕙兰虽和他住得不远,却难得见上一面。

更多的时候,鱼蕙兰都是出于对李亿的相思之中。想念极了,就写诗:《春情寄子安》《江陵愁望子安》《寄子安》《情书寄李子安》……其中有首《隔汉江寄子安》的诗:

江南江北愁望,相思相忆空吟。
鸳鸯暖卧沙浦,鸂鶒闲飞橘林。
烟里歌声隐隐,渡头月色沉沉。
含情咫尺千里,况听家家远砧。

(鸂鶒,读 xī chì)

一江之隔,却只能隔岸相望,这"咫尺"之距,在有情人眼里,真的有如"千里"之遥啊。

相见的次数虽然少,但毕竟有相见的机会,再说距离产生美,每一次的欢聚都有新婚的效果不是?

一晃几年过去,李亿到了太原,开始在河东节度使的幕中任职了,这次,裴氏没跟来。

鱼蕙兰和李亿,便有了在太原的三年纵情欢乐的时光。

赴宴出游,游戏诗会,两人几乎形影不离。

但李亿对鱼蕙兰的感觉,却慢慢淡下来了。

当李亿回朝当上补阙后，他开始有意疏远鱼蕙兰。加上裴氏整天威胁施压，他最终决定和鱼蕙兰断了关系。

李亿把话一挑明，鱼蕙兰当时就愣了：好好的，怎么就要散了？

鱼蕙兰哀求，说好话，写情诗，终未能挽回。

书信茫茫何处问，持竿尽日碧江空。
（《书情寄李子安》）

鱼蕙兰一下子陷入茫然无助的境地。

和李亿见最后一面时，鱼蕙兰说出了要出家为道的打算。

李亿帮鱼蕙兰圆了这个"出家梦"，花钱让她进了长安城外的那个咸宜观。

当了道姑的鱼蕙兰有了道号——玄机，她还给自己取了个字：幼微。

鱼蕙兰成了鱼玄机，身份变了，环境变了，生活也变了。

再回想从前和李亿一起的那些日子，鱼玄机顿生恍若隔世之感。

原来的那些誓言呢？那些承诺呢？

还不都是骗人的！

鱼玄机为此恼火了好长一段时间，其间恰巧有一个原来住处的邻家女孩来找她诉苦，说自己被一个男人抛弃了。

鱼玄机一听就来气了，心想男人真没有一个可信的。她安慰完那女孩，就写了一首诗赠之：

羞日遮罗袖，愁春懒起妆。
易求无价宝，难得有心郎。
枕上潜垂泪，花间暗断肠。
自能窥宋玉，何必恨王昌？
（《赠邻女》）

是啊，何必为一个负心郎的背叛而伤心呢？既然自己有才有貌，想求得宋玉那样的美男子，也一点不成问题啊！

鱼玄机看开了，行动起来也就无所顾忌了。

她在道观大门口，贴了张醒目的告示，上书：鱼玄机诗文候教。

告示一出，立马应者云集。京城及周围的官员士子们，自觉肚里有点墨汁的，都屁颠屁颠地前来"请教"或"赐教"了。

来者，大多数是把"候教"的"教"理解成"睡觉"的"觉"的。

当然，鱼玄机也并不是来者不拒的，看不上眼的，自然会拒之门外。喜欢的，要么发展成情人，要么就愉快地以朋友相处。

这些人中，以李郢（yǐng）、温庭筠、左名扬、李近仁等人，最得她的心。

有时，鱼玄机想他们中的哪个了，就直接以诗表白。比如在初识李郢时，听说人家喜欢垂钓，她就赠诗曰：

无限荷香染暑衣，阮郎何处弄船归？
自惭不及鸳鸯侣，犹得双双近钓矶。
（《闻李端公垂钓回寄赠》）

诗的后两句意思是说：我很惭愧，连水中的那对鸳鸯也不如，因为你钓鱼时，它们可以双双游到你坐的石头边，而我连靠近你的机会也没有。

看她这爱的表白是不是很直接？

而对于温庭筠，鱼玄机更愿意把他当作一个倾诉的对象，一个值得信赖的大爷级的朋友。她更倾慕的是对方的才华，她乐于把自己的心事说给他听。

比如在一个人的冬夜，鱼玄机会写出这样的诗给温庭筠：

苦思搜诗灯下吟，不眠长夜怕寒衾。
满庭木叶愁风起，透幌纱窗惜月沈。
疏散未闲终遂愿，盛衰空见本来心。
幽栖莫定梧桐处，暮雀啾啾空绕林。
（《冬夜寄温飞卿》）

鱼玄机的孤独只有她自己最清楚，在每一次的欢愉过后，她心中总会涌起无尽的惆怅。

她觉得自己就像一株牡丹花，因为才高香浓才落得今天这地步。

她爱的人不爱她，爱她的人她却不爱，日子在难堪的处境中被肆意挥霍着。

又一个男人出现了，正是她中意的类型。

可没想到的是，在趁自己外出的时候，那个名叫绿翘的婢女竟会跟他搞到一起。

鱼玄机太失望了！

男人离开之后，鱼玄机瞬间失去了理智，她开始疯狂地惩罚绿翘，结果一失手，竟把绿翘打死了。

二十五岁的鱼玄机犯了罪，入了大牢。

跟她有过来往的一些权贵纷纷在暗中帮她求情，她才得以出狱。

但主审的官员是之前被鱼玄机拒绝过的一位"赐教者"，一年后，他命人再次把鱼玄机抓来定罪，并很快处斩了。

月色苔阶净，歌声竹院深。
门前红叶地，不扫待知音。
（《感怀寄人》）

知音再也不会来了，红叶还会有人扫吗？

诗人卡片

鱼玄机（约844—约868），初名蕙兰，字幼微。晚唐著名女诗人，长安（今陕西西安）人。代表作有《江陵愁望有寄》《感怀寄人》等。

聂夷中之"剜肉补疮"：
田园已远，田家苦寒

【成语】剜肉补疮

【释义】剜：用刀挖去。挖下身上的好肉来补伤口。比喻只顾眼前，用有害的方法来救急。

【出处】唐·聂夷中《咏田家》诗："二月卖新丝，五月粜新谷；医得眼前疮，剜却心头肉。"

前几年，网络上动辄有人这样抱怨：起得比鸡早，干得比牛多，吃得比猪差，睡得比狗晚。意即自己付出很多得到的却很少。

而最早发出"起得比鸡早"这样的感慨的，却是晚唐时期一个叫聂夷中的诗人。

不信，请看他的《住京寄同志》一诗：

> 有京如在道，日日先鸡起。
> 不离十二街，日行一百里。
> 役役大块上，周朝复秦市。
> 贵贱与贤愚，古今同一轨。

……

这诗是聂夷中在京城长安考中进士后写的。他在唐懿宗咸通十二年（公元871年）进士及第，也许是因为正值战乱，朝廷顾不上对新科进士进行考察授官，所以他便困居在长安，一困近十年。

同时困居的当然不只他一人，还有好多和他境况相似的人，都想通过跻身官场来改变命运，大家当然就是"同志"了。

聂夷中三十五岁才考中进士，好容易从寒门走出来，自然十分看重这身份。所以在京城困居期间，他不是在被动地等待，而是每天都要起早贪黑地奔波，一是找关系，二是谋生存。

"日日先鸡起"，不就是天天起得比鸡早吗？他名夷中，字坦之，"夷"和"坦"都有"平"的意思，但一上道，方知"平坦"只能是一种美好的心愿。

在京城的每一天都是忙忙碌碌的，每一天下来，又都是灰溜溜的。

而那些权贵家的公子哥儿们，却能在养尊处优中坐享其成。

> 花树出墙头，花里谁家楼。
> 一行书不读，身封万户侯。
> 美人楼上歌，不是古凉州。
> 　　　　（《公子行二首·其二》）

公子们可以不劳而获，可以在酒足饭饱之余，看美人歌舞，种花养鸟，他们哪能体会到下层劳动者的辛酸？

> 种花满西园，花发青楼道。
> 花下一禾生，去之为恶草。
> 　　　　（《公子家》）

在农民心目中，一株禾苗就是一种希望和收成，而在不问稼穑的花花公子们眼里，禾苗也只不过是棵影响观赏花木生长的"恶草"。

对于农人和庄稼，聂夷中生来就有着深厚的感情，他从心里希望朝廷能重视农业，珍惜粮食：

> 片玉一尘轻，粒粟山丘重。
> 唐虞贵民食，只是勤播种。
> 前圣后圣同，今人古人共。
> 一岁如苦饥，金玉何所用。
> 　　　　（《古兴》）

——民以食为天，如果没有了粟米，

即使拥有金银财宝，那又有什么用呢？

在入京前，聂夷中不止一次为农家写诗。他理解种田人的辛苦，同情他们的遭遇，在《咏田家》一诗中，他甚至向最高统治者发出了呼喊：睁眼看看种田人的苦难吧！

> 二月卖新丝，五月粜新谷。
> 医得眼前疮，剜却心头肉。
> 我愿君王心，化作光明烛。
> 不照绮罗筵，只照逃亡屋。

可是官家哪会管下层人的死活，他们只会一年又一年地收税收租：

> 父耕原上田，子劚（zhú 锄）山下荒。
> 六月禾未秀，官家已修仓。
> 　　　　（《田家》）

聂夷中现在有了晋升为官的机会，他当然要争取，他知道做一个种田人真的太难了。

他渴望着皇上能礼贤下士，重用他这样的人才：

> 燕台高百尺，燕灭台亦平。
> 一种是亡国，犹得礼贤名。
> 何似章华畔，空馀禾黍生。
> 　　　　（《燕台》）

但现实是现实，理想是理想，"长

安道"真的不是那么好走的：

> 此地无驻马，夜中犹走轮。
> 所以路傍草，少于衣上尘。
>
> （《长安道》）

官场上的人都在忙活，夜里也不闲着，路旁的草都被马踩死了，骑马人身上都沾满了尘土，真是风尘仆仆啊。

在这些会投机钻营的人面前，聂夷中又算什么呢？一个不起眼的小角色而已。

困顿之中，唯有以酒解愁：

> 日月似有事，一夜行一周。
> 草木犹须老，人生得无愁。
> 一饮解百结，再饮破百忧。
> 白发欺贫贱，不入醉人头。
> 我愿东海水，尽向杯中流。
> 安得阮步兵，同入醉乡游。
>
> （《饮酒乐》）

最后，聂夷中终于得到了一个授官机会，成了华阴县尉。

离京时，他穿着那件已破旧不堪的黑袍子，只带了一把琴一捆书，其他再无什么东西了。

那样的年月，那样的职位，聂夷中身不由己，无所作为，几年后，他便辞了官，不知所终。

他在晚年的《短歌》一诗中，这样写道：

> 无言鬓似霜，勿谓事如丝。
> 耆年无一善，何殊食乳儿。

年已花甲，鬓发如霜，再回首竟一事无成，这跟吃奶的小孩又有什么区别？

隔着一千多年的时光，仿佛还能听到聂夷中的一声叹息。

诗人卡片

聂夷中（837—？），字坦之，唐朝河南中都（今河南泌阳）人，一说河东（今山西运城）人。家境贫寒，一生坎坷。代表作有《咏田家》《田家二首》等。

许浑之"山雨欲来"：
失了心志，湿了诗句

【成语】山雨欲来

【释义】"山雨欲来风满楼"的省略，指预示有事情即将发生。

【出处】唐·许浑《咸阳城西楼晚眺》诗"溪云初起日沉阁，山雨欲来风满楼。"

有一段相声，甲说自己是个诗人，乙问甲作过什么诗，甲说他小时候经常尿床，每天早上床单都是湿的，所以说他每天都在"作湿"，乙就笑话甲，说甲原来是个"湿人"啊。

在本篇出场的这个晚唐诗人许浑，就是一个"大湿人"，这名号可是史书记载的，所谓："许浑千首湿，杜甫万古愁。"

杜甫之"愁"，我们都清楚。许浑之"湿"，怎么理解呢？

不妨看许浑的几句诗：

鱼沉秋水静，鸟宿暮山空。（《忆长洲》）

雁来秋水阔，鸦尽夕阳沉。（《寄契迎上人》）

云带雁门雪，水连鱼浦风。（《寄天乡寺仲仪上人》）

雨中耕白水，云外劚青山。（《王居士》）

一声溪鸟暗云散，万片野花流水香。（《沧浪峡》）

旧日乐贫能饮水，他日随俗愿铺糟。（《寄当涂李远》）

看出来了吗？是不是每句都带"水"字？除这些带"水"字的诗句外，还有好多带"雨""露""霜""雪""浪""波""潮"等跟水相关字眼的，这些诗句在许浑的诗作中占很大的比重，所以翻读许浑的诗卷，读者的最大感受就是——潮乎乎的、雾蒙蒙的、湿淋淋的。

许浑之所以喜欢"作湿"，那自然是有原因的：一是他的家乡是润州丹阳，那里可是地地道道的水乡泽国，这样的环境使他对水有与生俱来的深厚感情；二是他喜欢游山玩水，以水入诗当是再正常不过的了。

难怪南宋大诗人陆游要把许浑誉为"江山风月主"了。

许浑仅仅喜欢游山玩水、写写山水诗吗？当然不是这样的。

他也曾经是一个有理想、有抱负的人。

许浑青少年时期为了应举登第，曾隐居在苏州洞庭西山刻苦攻读。

宪宗元和初年，许浑离开家乡，第一次到长安投考，路过潼关时，有感于眼前的山川景象，写下了《秋日赴阙题潼关驿楼》：

> 红叶晚萧萧，长亭酒一瓢。
> 残云归太华，疏雨过中条。
> 树色随山迥，河声入海遥。
> 帝乡明日到，犹自梦渔樵。

马上要到京城了，许浑却说自己还在梦着渔樵生活呢！

他留恋田园生活是真的，希望进士及第、进入官场也是真的。

首次投考，落榜了。

虽说自己是唐初宰相许圉师的后人，但支脉已远，门荫的优待已享受不到了。许浑开始去结交那些名公大臣，以期引荐。

杭州刺史卢之辅、淮南节度使王播、河中尹杨巨源、秘书省柳璟、校书袁都、东都使君窦庠、鄜州节度使邱直方等人，都曾接受过许浑的拜访。

但许浑在科场上还是一次次地失败。他多希望自己能尽快入仕，建功立业，然后功成身退，流芳后世：

> 会待功名就，扁舟寄此身。
> （《早发寿安次永寿渡》）

眼看着一同应试的朋友都一一及第了，许浑失落又着急。

> 红花半落燕于飞，同客长安今独归。
> 一纸乡书报兄弟，还家羞著别时衣。
> （《送杨发东归》）

直到大和六年（公元832年），许浑才考中进士，又历经一番曲折，开成三年（公元838年）始入官场大门，先后担任过当涂县令、监察御史、润州司马、睦州刺史和郢州刺史等职。

一入官场，许浑才意识到官不是那么好当，功业也不是那么好建的。

也曾给皇上提过意见和建议，也曾想通过自己努力改变一下现状。

可皇上不听他的啊，官员大臣们也都忙着内斗，而自己身体又不好，所以许浑这官当得很不爽。

看着大唐王朝逐渐衰落，呈现江河日下难以挽回之势，许浑时常忧心忡忡。

宣宗大中三年（公元849年）的一个秋日傍晚，身为监察御史的许浑，登上了咸阳城西楼。

云起日沉、山雨欲来的景象，让许

浑想到了人世沧桑和朝代兴亡，在深深的忧虑中，他吟出了《咸阳城西楼晚眺》一诗：

一上高城万里愁，蒹葭杨柳似汀洲。
溪云初起日沉阁，山雨欲来风满楼。
鸟下绿芜秦苑夕，蝉鸣黄叶汉宫秋。
行人莫问当年事，故国东来渭水流。

"行人莫问当年事"，万般无奈之下，许浑连"当下事"都不想问了。

许浑年轻到过浙东天台山，接触了一些僧人、道士，那时就开始有了崇佛向道之志。如今置身官场，他隐居的欲望更加强烈了。

在官员和隐士之间，他应该觉得自己更像是一位隐士，且是一位"中隐"的隐士：

大隐住朝市，小隐入丘樊。
丘樊太冷落，朝市太嚣喧。
不如作中隐，隐在留司官。
似出复似处，非忙亦非闲。
不劳心与力，又免饥与寒。

……

拿着薪俸去隐居，既随心，又有经济保障，许浑倒挺会算计的。

还是在宣州任太平县令期间，许浑就在京口东南的茅山置田四十多亩，并建了"茅山石涵村舍"，公务之余，便到村舍闲居，流连山水，寻僧访道。

任郢州刺史时，他还专门出资建成了一处"新阳别业"，供自己隐居。

在老家丹阳，也有一处许浑专属的"丁卯桥村舍"，润州司马辞官和晚年归隐后，他都是在这里居住、编书。他的诗集叫《丁卯集》，所以，他又有个"许丁卯"的绰号。

自翦青莎织雨衣，南峰烟火是柴扉。
莱妻早报蒸藜熟，童子遥迎种豆归。
鱼下碧潭当镜跃，鸟还青嶂拂屏飞。
花时未免人来往，欲买严光旧钓矶。

（《村舍二首·其一》）

晚年的许浑，一边悠然消磨着闲散的村居时光，一边用自己的才情在诗中蓄起一汪汪"清水"。回望曾经的官场岁月，劳心费力又一事难成，他真的不想再蹚那滩"浑水"了。

诗人卡片

许浑（生卒不详），字用晦，唐朝润州丹阳（今江苏丹阳）。因曾居京口（今镇江）丁卯涧，又有"许丁卯"之称。代表作有《咸阳城西楼晚眺》《金陵怀古》等。

秦韬玉之"为人作嫁"：
不是心灵手巧，而是巧言令色

【成语】为人作嫁

【释义】原意是说穷苦人家的女儿没有钱置备嫁衣，却每年辛辛苦苦地用金线刺绣，给别人做嫁衣。比喻空为别人辛苦。

【出处】唐·秦韬玉《贫女》诗："苦恨年年压金线，为他人作嫁衣裳。"

如果没写出《贫女》一诗，秦韬玉这个名字恐怕早已被后人忘掉了。

蓬门未识绮罗香，拟托良媒益自伤。
谁爱风流高格调，共怜时世俭梳妆。
敢将十指夸针巧，不把双眉斗画长。
苦恨年年压金线，为他人作嫁衣裳。

翻译成白话文，这首诗的意思应该是这样的：我是个贫苦人家的女儿，从来没穿过那些高贵华丽的衣裳，想托个靠谱的媒人来提亲，但这会让我心里更增悲伤。谁会爱我这高尚的品格和情调？他们都喜欢时下流行的时髦装扮。

我灵巧的十指只会将针线活做得精美，决不会天天描眉画眼与人争短比长。恨只恨我年年手里拿着金线刺绣，都是在替那些富人家小姐做嫁衣裳。

表面上看，诗是替一个穷人家未嫁女子诉说心中不平，表达对不平等社会现象的不满和埋怨，传递出的是一种感伤无奈的情绪。

然而，这首诗仅仅是在为一个"为人作嫁"的贫女鸣不平吗？

要想回答这个问题，就需要来聊一聊秦韬玉这个人了。

作为一个晚唐诗人，关于他的史料记载非常少，其生卒年均不详。

秦韬玉是宣宗至昭宗年间的寒士诗人群体——"芳林十哲"中的一"哲"，应该说他在当时的诗坛还是有挺高的地位的。

而把他归入寒士之列，似乎有点牵强。

他的父亲曾是唐十二卫中军将，一个中下层的军官。而当时的京城部队多由宦官带领，这样秦韬玉就依靠父亲关系，与某带兵宦官有了接触，然后又与那个名叫路岩的宰相取得了联系。

秦韬玉是不甘屈居人下的，他有野心，但因自家门第不显赫，他必须去投靠权贵，这样，他才找到了路岩这个靠山。

秦韬玉写过一首《贵公子行》，在诗中，他非常羡慕贵公子们"斗鸡走狗家世事，抱来皆佩黄金鱼"的奢华生活，因而"却笑儒生把书卷，学得颜回忍饥面"，对苦读圣贤书、固守贫穷的书生则予以嘲笑。

但是秦韬玉最后不仅没从路岩那里得到提携，反而受到了他的牵连而一度倒霉。

因为路岩曾跟京兆尹杨损因为宅地之事产生过纠纷，自此结下梁子。当路岩在与韦保衡的权位之争中失势后，杨损迅速升迁，并开始对攀附过路岩的秦韬玉进行打击报复。

咸通十四年（公元 873 年），秦韬玉参加进士考试，在杨损的干预下，秦韬玉自然榜上无名。

此后几年，秦韬玉在考场上一直处于孤立无援的境地，无缘榜单，他在苦闷之余，就写下了《贫女》一诗。

科考前，四处奔走，攀附宦官和路岩，这做的不正是类似"午午压金钱"的活儿吗？但结果事情却向相反的方向

发展，靠山倒了台，他立即成了众矢之的，而受益及第的却是那些跟自己不合的人，原来所做的那些努力，不正是"为他人作嫁衣裳"吗？

在这样的处境下，秦韬玉的心情岂能平静？

大底荣枯各自行，兼疑阴骘也难明。
无门雪向头中出，得路云从脚下生。
深作四溟何浩渺，高为五岳太峥嵘。
都来总向人间看，直到皇天可是平。

（《问古》）

——通常来说，兴盛和败落各有路数，冥冥之中难以作出准确判定。毫无来由的风雪扑面而来，青云之路会没预料地在脚下铺开。深得像无边的四海，高得像巍峨的五岳。人世间的前行之路，只怕是到了天堂才会平坦下来。

路不平，也要走下去。路岩不能靠，那就再找新靠山。最后，秦韬玉又靠上了大宦官田令孜，当了人家的幕僚。

因为表现出色，会谄媚，善钻营，秦韬玉逐渐受到田令孜的赏识，在没取得进士身份的情况下，他也开始升官了，在尚书省任职，还掌管盐铁事务。

黄巢的军队攻入长安后，秦韬玉随着唐僖宗的车驾到蜀中避难。中和二年（公元 882 年），僖宗专门下诏赠奉韬玉进士及第，编入春榜。

被赠进士后，秦韬玉又很快被田令孜提拔为工部侍郎。

再后来呢？那就不知道了。

最后不知所终的秦韬玉，就给我们留下了"为人作嫁"这个带有委屈和怨气的成语。

郑谷之"千言万语"：
也许万句无人应，也许一字留美名

【成语】千言万语

【释义】形容说的话很多。

【出处】唐·郑谷《燕》诗："千言万语无人会，又逐流莺过短墙。"

郑谷，这名字不是太熟悉吧？

北宋的晏殊，这名字应该不陌生，他有首大家耳熟能详的《浣溪沙》词：

一曲新词酒一杯。去年天气旧亭台。夕阳西下几时回？

无可奈何花落去，似曾相识燕归来。小园香径独徘徊。

词中的"去年天气旧亭台"就是直接借用郑谷《和知己秋日伤怀》中的诗句：

流水歌声共不回，去年天气旧亭台。梁尘寂寞燕归去，黄蜀葵花一朵开。

由此可见，作为一个晚唐诗人，郑谷还是有一定影响力的。到了清代，才子纪晓岚还称郑谷为"晚唐之巨擘"呢。

郑谷是袁州宜春（今江西宜春）人，他的父亲叫郑史。

郑史曾和另一诗人司空图同在柳州做官，一天司空图来到郑史住处，见到年仅七岁的郑谷，读了郑谷写的诗赋，感慨地拍着他的肩膀说："好小子，你这是要成为'一代风骚主'的节奏啊！"

郑谷虽才气过人，成年后的科考经历却非常不顺，从二十来岁开始，折腾了十六年，直至僖宗光启三年（公元887年），才考中进士。

在郑谷投考的十多年间，整个社会环境也是兵荒马乱的。黄巢起义军攻入长安后，郑谷也跑到巴蜀、荆楚之地逃命，过着非常窘迫的日子。

黄巢被灭后，李克用、王重荣又领兵进犯长安，回到京城的郑谷又开始四处奔命。

想一想，在这样的境遇下，怀揣登科梦的郑谷会有着怎样的心情？

逃亡的途中，听到鹧鸪哀怨凄切的

叫声，他也会悲从中来：

暖戏烟芜锦翼齐，品流应得近山鸡。
雨昏青草湖边过，花落黄陵庙里啼。
游子乍闻征袖湿，佳人才唱翠眉低。
相呼相应湘江阔，苦竹丛深春日西。

（《鹧鸪》）

鹧鸪是种美丽的鸟儿，但叫声却好像人在喊："去不得也哥哥！"听了会让游子断肠，佳人神伤。

鹧鸪啼叫听不得，《鹧鸪曲》也听不得啊！郑谷在《席上贻歌者》一诗中这样写道：

花月楼台近九衢，清歌一曲倒金壶。
座中亦有江南客，莫向春风唱《鹧鸪》。

作为一个久困北方的"江南客"，郑谷听到了《鹧鸪曲》，怎能不触发心中的羁旅之情？

在乱世的春天里，那一声声燕子的呢喃，也唤不起郑谷心底的美好情思，有的只是无人理会的孤独：

年去年来来去忙，春寒烟暝渡潇湘。
低飞绿岸和梅雨，乱入红楼拣杏梁。
闲几砚中窥水浅，落花径里得泥香。
千言万语无人会，又逐流莺过短墙。

（《燕》）

"年去年来来去忙"，这就如郑谷一次次地来到长安投考，又一次次地失望而归。"千言万语无人会"，身处底层，自然人微言轻，说得再多，又有何用？

一年年地奔走，一回回地离别，心头的愁绪，何时才能烟消云散？

在淮上（今扬州），郑谷又要和朋友分手了，他要去京城赶考，而朋友则要去潇湘之地，一北一南，各奔前程。

扬子江头杨柳春，杨花愁杀渡江人。
数声风笛离亭晚，君向潇湘我向秦。

（《淮上与友人别》）

好不容易才考中进士，但过了七年后郑谷才得以授官。

及第为官后，众举子开始把郑谷当作学习的榜样。许多人慕名向他讨教，他忙着当老师，作指导，一下子就摆脱"千言万语无人会"的窘境了。

一个叫王贞白的书生，把自己的诗整理好寄给郑谷，还附了一首诗：

五百首新诗，缄封寄去时。
只凭夫子鉴，不教俗人知。

（《寄郑谷》）

只认郑谷一人，可见郑谷在王贞白心目中的地位之高。

郑谷先任京兆府鄠县尉，后又任拾遗、补阙、尚书都官郎中等职。

岁数大了，世道又不太平，郑谷开始产生了辞官归隐的心思，矛盾中，他写下了《中年》一诗：

漠漠秦云淡淡天，新年景象入中年。
情多最恨花无语，愁破方知酒有权。
苔色满墙寻故第，雨声一夜忆春田。
衰迟自喜添诗学，更把前题改数联。

朱全忠篡权后，郑谷便辞了官，开始在宜春仰山东庄的书屋隐居下来。

郑谷归隐后，依然有好多人去找他学诗，其中有个僧人，名叫齐己。

一个冬日，齐己见雪地里的一棵梅树上，有几枝已经开花了，于是就即兴写了一首《早梅》：

万木冻欲折，孤根暖独回。
前村深雪里，昨夜数枝开。
风递幽香去，禽窥素艳来。
明年如应律，先发映春台。

写完后，齐己就拿着诗稿去见郑谷，让他给提提意见。

郑谷读后，就指着"昨夜数枝开"一句说："数枝开能算早梅吗？我觉得把'数'字改为'一'字会更好，更切题。"

齐己一琢磨，感觉这一字改得实在妙，于是连忙给郑谷施礼道："您真是我的一字之师啊！"

郑谷能成为"一字师"，这与他的才华和经历分不开，更得益于他的勤奋和刻苦。他曾在好多诗中，写到他苦吟的情形：

属兴同吟咏，成功更琢磨。——（《予尝有雪景一绝为人所讽吟段赞善小笔精微……诗谢之》）

酒醒往事多兴念，吟苦邻居必厌闻。——（《结绶鄠郊縻摄府署偶有自咏》）

夜夜冥搜苦，那能鬓不衰。——（《寄膳部李郎中昌符》）

老吟穷景象，多难损精神。——（《梓潼岁暮》）

……

郑谷因《鹧鸪》一诗而得名"郑鹧鸪"，鹧鸪叫得苦，郑谷吟诗也很苦啊！

诗人卡片

郑谷（约851—910），字守愚，唐朝袁州宜春（今属江西）人。曾任都官郎中，人称"郑都官"，又以《鹧鸪诗》出名，被称"郑鹧鸪"。代表作有《淮上与友人别》《鹧鸪》等。

赵嘏之"月光如水"：
沉入岁月之河，绕不过功名这钓饵

【成语】月光如水

【释义】月光皎洁柔和，如同闪光而缓缓流动的清水。形容月色美好的夜晚。

【出处】唐·赵嘏《江楼感旧》诗："独上江楼思渺然，月光如水水如天。"

> 月光如水
> 我是鱼
> 岁月是垂钓的老人
> 你是诱饵

这是在前几年一度很火的、一个名叫王海桑的诗人的诗句，他的那本诗集名叫《我是你流浪过的一个地方》。

诗中的"月光如水"是一个成语，这一成语的创造者是中晚唐诗人赵嘏（gǔ）。

"嘏"有"福"的意思，可赵嘏一生中似乎没享几天福。

在中晚唐那样烂泥塘一般的环境中，平民家庭出身的赵嘏，要想科场得意、仕途顺畅，那也只能是痴心妄想。

文宗大和六年（公元832年）的初秋，十七岁的赵嘏从老家山阳（今江苏淮安）出发，风尘仆仆地往长安赶去，准备参加次年举行的春试。

首次进京赴试，赵嘏明显地信心不足。

当行到那个名叫齐安的地方时，赵嘏想到前些年在江南和塞北漫游的经历，又想到不确定的未来，便写下了《齐安早秋》一诗：

> 流年堪惜又堪惊，砧杵风来满郡城。
> 高鸟过时秋色动，征帆落处暮云平。
> 思家正叹江南景，听角仍含塞北情。
> 此日沾襟念岐路，不知何处是前程。

"此日沾襟念岐路，不知何处是前程。"正如诗句所言，赵嘏到了长安后，首入考场就栽了跟头，此后十多年间，他一方面积极应考，一方面主动去投靠那些达官贵人以求引荐。

牛僧孺、令狐绹、王起、李德裕等高官，赵嘏都去套过近乎。

卢中丞、韦中丞、沈大人、卢郎中等各路要员，赵嘏都给献过赞诗。

在京城，他曾一次次地在那些高官面前低头弯腰，硬着头皮追随人家，在馆阁之间出出进进，俨然人家的亲属一般。

但真正伸手扶他一把的，几乎没有。

那一年的重阳，疲惫又失望的赵嘏给自己的弟弟写了一首诗：

多少乡心入酒杯，野塘今日菊花开。
新霜何处雁初下，故国穷秋首正回。
渐老向人空感激，一生驱马傍尘埃。
侯门无路提携尔，虚共扁舟万里来。

（《重阳日示舍弟》）

赵嘏终于认识到：这么多年跟在人屁股后边跑，你再心怀感激，再委曲求全，也不会有人会真心提携你的，指望侯门，到头来只不过是虚空一场。

客居异地，屡受失败的折磨，赵嘏只能用故乡的记忆来慰藉自己，尽管那缕缕乡思中有些凄凉、有些愁苦。

有时，他会想念家乡的风景，希望回到那个熟悉的地方：

可怜时节堪归去，花落猿啼又一年。

（《忆山阳》）

有时，他会在长安的月夜和昔日友人一起谈论家乡：

今夜秦城满楼月，故人相见一沾衣。

（《长安月夜与友人话故山》）

有时，他会在梦中见到故乡：

心熟家山梦不迷，孤峰寒绕一条溪。

（《吴门梦故山》）

有时，他会用酒来消解思乡之愁：

故园回首雁初来，马上千愁付一杯。

（《途中》）

有时，树上的蝉鸣也会勾起他的思乡之情：

晚树疏蝉起别愁，远人回首忆沧洲。

（《自遣》）

那一个深秋的拂晓，赵嘏登上了长安的城楼，写下了《长安秋望》一诗：

云物凄清拂曙流，汉家宫阙动高秋。
残星几点雁横塞，长笛一声人倚楼。
紫艳半开篱菊静，红衣落尽渚莲愁。
鲈鱼正美不归去，空戴南冠学楚囚。

眼前的残星、紫菊和水中的枯荷，耳畔的长笛声，无不使诗人心生凄清之感。他想到家乡肥美的鲈鱼，觉得应该回家了，再在长安待下去似乎也没多大意义。

"早晚相酬身事了，水边归去一闲人。"（《寄归》）赵嘏每一次落第，他脑中总会首先升起"归去"的念头。

他甚至有了参禅悟道之心，并且一次次地走进寺院。但一想到功名，他依然心有不甘。

再赴考场。

又落第了。

东归回乡的途中，一天夜晚，赵嘏独自登上那座江边小楼，看着眼前如水的月光，他想起上一年与朋友共同赏月的情景，顿生物是人非之感慨，于是，当场吟出《江楼感旧》一诗：

独上江楼思渺然，月光如水水如天。
同来望月人何处，风影依稀似去年。

这一年，赵嘏回到家，纳了一个小妾。小妾很美，很得赵嘏欢心。

赵嘏又要去长安赶考了，临走时，他让小妾留在家中侍奉母亲。没想到，他走后不久，小妾和家人一起去附近寺庙游玩时，却被一官员看上了。

第二年，赵嘏终于进士及第，但不久他就听到了家中爱妾已被乡里官员强行抢走的消息。真是科场得意，情场失意！内心不好受，赵嘏就写了一首诗：

寂寞堂前日又曛，阳台去作不归云。
从来闻说沙吒利，今日青娥属使君。
（《座上献元相公》）

那官员听说这首诗后，很是惭愧，就派人将那小妾送到长安，还给了赵嘏。

赵嘏见了爱妾后，两人悲喜交加，一起住了两晚后，爱妾却突然死去了。

赵嘏悲痛万分地将爱妾葬掉。后来，他当了渭南县尉，还是不停地思念她。

据说，赵嘏临死时，眼前还出现了爱妾的美丽身影。那一年，他才四十多岁。

赵嘏和小妾，谁是谁流浪过的一个地方？

诗人卡片

赵嘏（约806—852），字承佑，唐朝楚州山阳（今江苏省淮安市淮安区）人。代表作有《江楼感旧》《长安晚秋》等。

罗隐之"云英未嫁"：
隐忍不发？我做不到！

【成语 1】云英未嫁

【释义】指女子尚未出嫁。

【出处】唐·罗隐《赠妓云英》诗："钟陵醉别十余春，重见云英掌上身。我未成名君未嫁，可能俱是不如人。"

【成语 2】呵笔寻诗

【释义】呵笔：冬天笔凉或冻结，用口吹暖气使之解冻；寻诗：寻觅诗句。用口吹暖气，使笔解冻，然后挥笔作诗。形容冬日苦吟。

【出处】唐·罗隐《雪》诗："寒窗呵笔寻诗句，一片飞来纸上销。"

生在晚唐的寒门才子，遭遇都是差不多的：累举不第，仕途坎坷。罗隐，当然也不例外。

因为到了唐末，有更多的处于社会底层的读书人，想通过走仕途摆脱贫困，所以科场的竞争就更为激烈。而社会越黑暗，科场越容易被权贵所把持，穷人子弟上升的渠道便会越来越窄。

更何况，罗隐还是一个相貌丑陋且言语尖刻的人。

他有多丑？有这样一个传说：

罗隐曾经用诗投献那个叫郑畋（tián）的宰相。郑畋有个女儿长得十分漂亮，且特别爱好读诗，一天她读到罗隐的"张华谩出如丹语，不及刘侯一纸书"这两句诗时，立即开始发痴起来，对作者罗隐顿生爱慕之心，以至到了魂不守舍的地步。

一天，罗隐忽然来拜见郑畋，郑畋女儿闻讯，就从帘后偷看罗隐。不看则已，一看吓人！

罗隐的丑相让郑畋女儿瞬间死了心。

罗隐说话有多尖刻？再看一个传说：

一个财主信奉"儿孙满堂""多子（孙）多福"的说法，在给他孙子办"满月席"的时候，上的菜大多都是偏"酸"味的，因为在当地"酸"与"孙"发音接近，"酸多"也就是"孙多"之意。

因为罗隐有文名，所以他也被财主邀去赴宴。罗隐虽一向看不惯财主的作派，但又盛情难却，只好硬着头皮前往。

席间，财主劝酒劝菜，很是热情。吃菜时，财主问众宾客："是不是酸多？"大家就齐答："酸多！酸多！"

财主很是高兴，就又问罗隐："罗公子，是不是酸多？"罗隐吃了一口菜后，马上一本正经地答道："是的，酸死了！"

财主吉利话没讨成，却讨到咒语，你说晦气不晦气？

传说不足信，但罗隐的才华那是没说的。

罗隐原名叫罗横，杭州新城（今浙江富阳）人，少时就能诗善文，与同族的罗虬、罗邺并称"三罗"。

当时还有人将他和之前的温庭筠、李商隐合称"三才子"。

宰相令狐绹的儿子令狐滈（hào）进士及第时，罗隐写诗祝贺，令狐绹对他说："我儿子考上进士我不高兴，高兴的是能得到你的一首诗。"

罗隐诗贺令狐滈，是在他二十八岁的那一年——唐懿宗咸通元年（公元860年）。他是二十六岁首次来到长安，二十七岁首考失利。

之后，罗隐又考了多次，次次落榜。

一年又一年，罗隐虽累举不第，但他依然在困窘的环境中苦吟不辍：

细玉罗纹下碧霄，杜门颜巷落偏饶。
巢居只恐高柯折，旅客愁闻去路遥。
撷冻野蔬和粉重，扫庭松叶带酥烧。
寒窗呵笔寻诗句，一片飞来纸上销。

十二年过去，又一次落第后，罗隐在去长沙的途中，经过钟陵（今江西进贤）。钟陵是他初次赴京停留过的地方，当年在那里结识了一位叫云英的歌妓，没想到第二次到这个地方，又见到了云英。

这么多年过去，云英仍没脱离风尘，还是歌妓身份，罗隐刚要发问，云英却先发制人了："罗秀才现在还没脱掉白衣啊！"

云英的话让罗隐很是羞愧，但想到云英和自个儿的遭遇，他没有反唇相讥，而是写了一诗赠给对方：

钟陵醉别十馀春，重见云英掌上身。
我未成名君未嫁，可能俱是不如人。

一个貌美未嫁人，一个才高未登科，哪是什么"不如人"的原因？分别是造化弄人啊！

什么公平公正，什么选贤任能，这科举考试还不是你们那些王公大臣玩的游戏！在罗隐的眼里，科举场简直就是混浊不堪的黄河：

莫把阿胶向此倾，此中天意固难明。
解通银汉应须曲，才出昆仑便不清。
高祖誓功衣带小，仙人占斗客槎轻。
三千年后知谁在？何必劳君报太平！

（《黄河》）

——别把澄清浊水的阿胶再朝黄河倒了，没用的，水不会变清。登堂入室走的本来就不是什么光明大道，被提拔做官的人一出手就不干不净。要到黄河变得像衣带那么窄，皇室贵族才能不霸爵位，现在求官的人想入仕途，需经他们的援引，才能青云直上。既然黄河三千年才能澄清一次，我是等不到了，也不劳驾您来报告所谓的好消息了。

对朝廷失望了，对科举失望了，对整个社会失望了。罗隐开始漫游各地，借酒消愁。

得即高歌失即休，多愁多恨亦悠悠。
今朝有酒今朝醉，明日愁来明日愁。
　　　　（《自遣》）

科场上再有谁及第的消息，他也不再像原先那样关注了：

逐队随行二十春，曲江池畔避车尘。
如今赢得将衰老，闲看人间得意人。
　　　　（《偶兴》）

他把自己的名字也由"横"改为"隐"了。

不关注科场，但看到社会的黑暗面和不公平现象，有话就要说的罗隐，还是要表态的。

看到辛勤酿蜜的蜜蜂，罗隐自然想到那些被剥削的劳动者，禁不住要为他们鸣不平：

不论平地与山尖，无限风光尽被占。
采得百花成蜜后，为谁辛苦为谁甜？
　　　　（《蜂》）

看到那种名为金钱花的植物，罗隐就想：要是这花真的是金钱做成的，恐怕豪门贵族早把它们挖光，据为己有了：

占得佳名绕树芳，依依相伴向秋光。
若教此物堪收贮，应被豪门尽劚
（zhú）将。
　　　　（《金钱花》）

长安下大雪了，那些高官富豪都在喊"瑞雪兆丰年"，而罗隐看到的却是雪中那些贫困无依的人：

尽道丰年瑞，丰年事若何？
长安有贫者，为瑞不宜多。
　　　　（《雪》）

僖宗光启三年（公元887），回到老家的罗隐投靠在杭州刺史钱镠（liú）的幕下，那一年，他已五十五岁了。

六年后，钱镠刚开始接任镇海军节度使时，他让掌书记沈崧起草奏章以谢恩，沈便在奏章中极力夸赞浙西的富饶。

罗隐看到奏章后，就说："现在我们这地方刚刚历经战乱，朝中大臣都正想索贿呢，奏章把浙西写得这么好，就不怕他们狮子大开口？"

钱镠便让罗隐重拟奏章。

之后，罗隐就成了镇海军掌书记，几年后，任观察判官。七十四岁后，罗隐又先后任司勋郎中、镇海节度判官、给事中、盐铁发运使等职。

罗隐七十七岁病逝，在整个唐代也算是一个很能活的诗人了。

虽然路不顺，虽然看不惯，但有话就说，不曲里拐弯，不藏着掖着，该放下时就放下，这也许是罗隐能够长寿的原因之一吧。

📎 **诗人卡片**

罗隐（833—909），字昭谏，唐朝杭州新城（今浙江省杭州市富阳区新登镇）人。代表诗作有《赠妓云英》《蜂》等。

韩偓之"新愁旧恨"：
不能追随，那就追念

【成语】新愁旧恨
【释义】恨：遗憾。现时的烦恼加上往日的遗憾。形容愁怨很多，难以排遣。
【出处】唐·韩偓《三月》诗："新愁旧恨真无奈，须就邻家瓮底眠。"

　　十岁裁诗走马成，
　　冷灰残烛动离情。
　　桐花万里丹山路，
　　雏凤清于老凤声。

　　上面这首诗是晚唐诗人李商隐写的，诗的题目是《韩冬郎即席为诗相送一座尽惊他日余方追吟连宵侍坐裴回久之句有老成之风因成二绝寄酬兼呈畏之员外二首》，这是"二绝"中的一首。

　　诗题中的"韩冬郎"就是指诗人韩偓（wò），冬郎是他的小名，"畏之员外"是指韩偓的父亲韩瞻。这个很长的诗题的意思是：韩偓即席作了一首诗，在场的人无不为之惊奇，几天后，李商隐再次回忆起韩偓吟的那句"连宵侍坐裴回

（徘徊）久"，很老到很见功夫，于是就写了两首绝句来酬和，寄去，想让韩瞻员外也过过目。

　　全诗的意思是：酒宴临近尾声，在这样的离别时刻，十岁的冬郎飞快地写成了一首诗。在那丹山道上，桐花覆盖，美丽异常，花丛中有雏凤清脆的叫声，也有老凤苍老的呼叫，显然，雏凤的鸣叫更为动人。

　　现在我们已经看出来了，韩偓给李商隐写诗时才十岁，但其诗才却让李商隐由衷地佩服。那么，韩偓为何要给李商隐写诗，他和父亲韩瞻到底跟李商隐有什么样的关系？

　　李商隐的岳父叫王茂元，韩瞻的岳父也叫王茂元，而这王茂元又是同一个人，所以说李商隐和韩瞻就是正儿八经的连襟关系，因此，李商隐就是韩偓的姨夫。

　　大中五年（公元 851 年）七月，李商隐要跟着东川节度使柳仲郢（yǐng）去四川当幕僚了，临行前，韩瞻摆酒与之话别，席间，十岁的韩偓借机在姨夫

面前展现了一把诗才。

自小就有过人的才华，又出身书香门第，按常理讲，韩偓的前途应是一片光明，但事实是：他太不容易了！

光是在科举场上，就浪费掉了他二十年的光阴，直到唐昭宗龙纪元年（公元889年），他才进士及第，那年，他已年近五十了。

韩偓入仕的起点倒不低：刑部员外郎。可是，没干多长时间，朝中的权臣就开始排挤他，最后把他挤到了河中节度使的幕府中。韩偓因此耿耿于怀，专门写了一首诗记下了这事。

尽管几年后，韩偓又回到了朝中，且昭宗也非常赏识他，但在唐末那样的动乱年代中，韩偓虽有心有才，最终又能有什么作为呢？

乾宁二年（公元895年）七月，河东节度使李克用发兵直逼京师，宦官李继鹏将昭宗劫持到凤翔，韩偓随昭宗出京，路上他亲眼目睹战乱给百姓带来的灾难，心痛不已，他不知道何时才能再次迎来和平岁月。

乱，一直在持续着，朝中宦官作乱，藩镇诸侯作乱，在这样的环境中，昭宗也不过是宦官和一些节度使手中的棋子。尽管如此，韩偓还是紧紧追随在昭宗左右，他希望能用自己的忠心为皇上分忧，也期待着朝廷能重回风平浪静。

光化三年（公元900年），身为左右神策军中尉的宦官头子刘季述发起宫廷政变，废掉昭宗，立太子李裕为帝。韩偓对此事岂能坐视不管？他协助宰相崔胤很快平息了这次政变，使昭宗得以复位。六月，韩偓被授予翰林学士，并升任中书舍人，自此，他与昭宗的关系更为密切，他本人也在朝中度过一段相对春风得意的日子。

韩偓和崔胤在保昭宗这方面是同心协力的，但后来却在如何消除宦官祸患的问题上产生了分歧：崔胤主张把朝中宦官一网打尽，全部剪除，而韩偓却认为做得这样彻底，会引起动乱。天复元年（公元901年）六月，崔胤的计划在实施前意外泄露，宦官韩全诲气急败坏，意欲起兵给昭宗颜色看，崔胤慌忙带兵勤王。宣武军节度使、梁王朱全忠乘机向关中大举进兵，韩全诲把昭宗劫往凤翔。

昭宗再次被劫持，韩偓依然无怨无悔地追随左右。念其忠心不二，昭宗不久就把韩偓提为兵部侍郎。天复三年（公元903年），昭宗回到长安。这年二月，韩偓因为推荐王赞、赵崇两人为相，结果朱全忠恼羞成怒，极力反对，且扬言要杀韩偓。为了保全韩偓的性命，昭宗只得将韩偓贬为濮州司马。

赴濮州前，韩偓和昭宗秘密话别，昭宗握着韩偓的手，流泪叹道："我左右无人矣！"由此可见，韩偓在昭宗心中所占的无可替代的地位。

韩偓离开了朝堂，但他岂能忘记昭宗的知遇之恩？在贬谪的途中，他也在时刻关注着京城的动静，并期待着有重新回去陪伴昭宗的一天。天复四年（公元 904 年），朱全忠杀死崔胤，逼迫昭宗迁都洛阳，不久又杀了昭宗，立昭宗的儿子李柷（chù）为帝，并把国号改为天祐。

韩偓得知朱全忠弑君篡位的消息后，悲愤万分，此后再写诗，诗题只用甲子纪年，再不用年号。朱全忠也曾招韩偓入朝任职，但韩偓根本不为所动，坚决拒绝。

因为当时的闽王王审知对朱氏政权是抵制的，所以晚年的韩偓就投靠在王审知的门下。但当后梁王朝逐渐稳定后，王审知对朱全忠又开始妥协。韩偓因此非常失望，此后虽没有离开福建，但已渐渐和王审知疏远，并以一个唐朝遗民自居，在山水田园中寻找慰藉。

这样的心境下，韩偓还能高兴得起来吗？在一个冬去春来的三月天里，他写下了《三月》这首诗：

辛夷才谢小桃发，
蹋青过后寒食前。
四时最好是三月，
一去不回唯少年。
吴国地遥江接海，
汉陵魂断草连天。
新愁旧恨真无奈，

——辛夷花谢了，桃花开了，又到了四季中最美的三月，春去春会来，但人生的青春年少却是一去不回来了。想象着遥远的吴地江海和长安汉陵，禁不住黯然神伤。新愁旧恨缠绕心头，消解之法，唯有一醉。

韩偓就这样怀着满腔的故国之思，在失望和无助中慢慢走到了生命的尽头。据说在韩偓去世后，他的儿子韩寅亮为他整理遗物，发现他生前烧残的蜡烛上，还留着新的泪痕，说明他在临死前还在为已不复存在的唐王朝而流泪，当时在场的人，看了之后无不动容。

忠心耿耿的韩偓，生前还写过很多艳情诗，后都编在了《香奁（lián）集》中，其中有一首《自负》是这样写的：

人许风流自负才，
偷桃三度下瑶台。
至今衣领胭脂在，
曾被谪仙痛咬来。

可以做个假设，如果韩偓生活在盛唐时期，那他人生后半部分的"新愁旧恨"，是不是都要被诗酒风流来取代了？

诗人卡片

韩偓（约 842—约 923），小名冬郎，字致光，号致尧，晚年又号玉山樵人。唐朝陕西万年县（今西安市长安区樊川）人。有晚唐"一代诗宗"之誉。代表作《惜花》《三月》《晓日》《永柳》等。

贯休之"闲云野鹤"：
出世的情怀入世的梦

【成语】闲云野鹤

【释义】闲：无拘束。飘浮的云，野生的鹤。旧指生活闲散、脱离世事的人。

【出处】宋·尤袤《全唐诗话》卷六（贯休语）："州亦难添，诗亦难改，然闲云孤鹤，何天而不可飞。"

柴门寂寂黍饭馨，山家烟火春雨晴。

庭花蒙蒙水泠泠，小儿啼索树上莺。

（《春晚书山家屋壁二首》）

这首诗的内容是：静悄悄的山野柴门内，有阵阵饭香飘来；炊烟袅袅中，春雨渐停，天空转晴。院落里的花儿像蒙上了一层轻纱，附近山溪传来泠泠的流水声；有鸟儿在树上欢快啼叫，逗得树下的那个小孩儿，哭闹着要捉鸟来玩。

多么清新安静的山居环境，多么恬淡闲适的农家生活！诗的题目叫《春晚书山家屋壁二首》，这是其中一首，是诗人于某个春日傍晚，在某户山野人家作客后写的一首题壁诗。

诗作者是晚唐五代时期的一位诗僧，名叫贯休。

贯休俗姓姜，婺州兰溪（今属浙江）人。他出生于一个破落的士大夫家庭，七岁时即被家人送入家乡的和安寺，跟高僧圆贞长老学佛。

小贯休很聪明，能日诵佛经一千字且过目不忘，也很早就学会了作诗。当时邻近寺院有个和他年龄相仿的小沙弥，名叫处默，两人经常在一起诵经赋诗。

贯休十五六岁时，在兰溪一带就颇有诗名了。

到了二十岁，贯休受了戒，就开始到各处漫游。先是在离家乡不远的五洩山内修禅十年，其间还到过处州（今浙江丽水）等地。咸通初年（公元860年），年近三十的贯休又开始到洪州（今江西南昌）游学，并居住于钟陵山。

此后二十年间，贯休一直在钟陵山、毗陵（今常州）、庐山等地活动，除了与地方官员和僧道们交游唱和外，更多的时间里，他都是在山林间过着与世无争的隐居生活。

休话喧哗事事难，山翁只合住深山。
数声清磬是非外，一个闲人天地间。
绿圃空阶云冉冉，异禽灵草水潺潺。
（《山居诗二十四首》）

渴饮山泉，饥食山果、野蔬，每日里的快乐就是赏松竹、听流水，或观晓烟晚霞，或吟风弄月。

偶尔也会有山下农人或山中小兽不约而至：

野人爱向庵前笑，赤玃（jué 猿猴）频来袖畔眠。
（《山居诗二十四首》）

但"野人"和"赤玃"是不会理解贯休的，所以贯休常常陷入"高奇章句无人爱"的孤独。

是是非非竟不真，桃花流水送青春。
姓刘姓项今何在，争利争名愁杀人。
（《偶作因怀山中道侣》）

贯休不屑于世俗名利之争，但他毕竟没有完全脱离于尘世之外，他有着很强烈的济世情怀，内心深处也有着一幅理想国的图景。

所以贯休在隐居期间，也会主动和

一些地方官员接触，在帮助他们建功立业的同时，也使自个儿的理想得以实现。

但贯休终究是个僧人，他没有入仕愿望，功利心当然也不会那么重，所以与官员接触的过程中，虽有奉迎之词，但态度却是不卑不亢的。

昭宗时期，钱镠（liú）因平定董昌之乱有功，而被授予镇东军节度使，因此自称为吴越王。

贯休当时住在灵隐寺，听到钱镠荣升的消息后，他就前往钱府献诗祝贺：

贵逼人来不自由，
龙骧凤翥（zhù）势难收。
满堂花醉三千客，
一剑霜寒十四州。
鼓角揭天嘉气冷，
风涛动地海山秋。
东南永作金天柱，
谁羡当时万户侯。
（《献钱尚父》）

献诗当然是赞美钱镠的，说他战功赫赫，威猛无比，而今作一方之主，笑傲东南，令人羡慕！

钱镠看了献诗，自是高兴得不得了，但当时正处于被胜利冲昏头脑的膨胀期，他认为自己这个吴越王还须占据更人的地盘，所以看到"一剑霜寒十四州"时，他觉得这"十四州"远远不够，于是就命人将贯休喊来，要贯休将"十四

州"改为"四十州"，不然，他就不会
再见贯休。

其实改了也就改了，举手之劳而已，
但贯休却较起了真，不仅不改诗，还给
钱镠丢下了一句话：

"州是不能再添，诗也不会更改
的！我就是闲云野鹤一般的人，哪儿的
天空都是可以飞翔的！"当天贯休就整
理衣钵，到别处云游去了。

后来，贯休来到了荆南。他开始与
贬官至此的诗人吴融交往唱和，其间，
结识了荆南节度使成汭（ruì）。

贯休不仅诗写得好，其书、画水平
也是相当高的。一次，成汭想跟贯休讨
教书法方面的问题，贯休觉得成汭不是
那块料，于是就语带讥讽地说："学字
这事必须设坛登拜才可传授，怎能随随
便便回答呢？"

这一说不要紧，成汭当下就恼羞成
怒了，心想：我是谁？你又是谁？竟敢
这样对我说话！

结果怀恨在心的成汭把贯休赶出了
荆南。

在弟子们的劝说下，贯休又来到了
四川。

见四川是个富庶安宁之地，贯休
便想接近蜀王王建，帮他把这个小王国
治理得更好。于是，贯休又给王建献了
一诗：

河北江东处处灾，唯闻全蜀勿尘埃。

一瓶一钵垂垂老，千水千山得得来。
奈苑幽栖多胜景，巴歈陈贡愧非才。
自惭林薮龙钟者，亦得亲登郭隗台。
　　（《陈情献蜀皇帝》）
　　（歈，读 yú；隗，读 wěi）

入蜀时，贯休已经年过古稀了，所
以他才称自己是"林薮龙钟者"。他在
垂暮之年，翻越千山万水来到蜀地，就
是为登上王建招贤纳士的"郭隗台"，
以发挥"余热"啊。

王建虽出身草莽，目不识丁，但他
却是一个爱才惜才之人，因为他需要人
才来帮他巩固自己在四川的统治。

贯休的到来，让王建十分高兴。王
建平时对贯休敬重有加，时常向他讨教
治蜀之策。贯休也因此频繁地得到王建
的赏赐。

当王建建立前蜀、自立为帝后，有
一天到贯休所在的龙华寺游览，休息时，
他召贯休念写的新作给他听。

见前蜀国的许多亲王和贵戚都侍坐
左右，贯休意欲劝诫他们，于是就读了
《公子行》一诗：

　　锦衣鲜华手擘鶡，
　　闲行气貌多轻忽。
　　稼穑艰难总不知，
　　五帝三皇是何物！

诗中的公子既招摇轻慢，又懒惰无

知，这是赤裸裸的嘲讽！王建听后，心内虽有不快，但对贯休的敬重却没一点儿改变，还赐给他"禅月大师"的名号。

贯休是看不惯贵族子弟的轻薄行为的：

斗鸡走狗夜不归，一掷赌却如花妾。

惟云不颠不狂，其名不彰，悲夫！

（《轻薄篇二首》）

对贪官污吏更是满怀憎恨之情：

吴姬唱一曲，等闲破红束。

韩娥唱一曲，锦缎鲜照屋。

宁知一曲两曲歌，曾使千人万人哭。

（《酷吏词》）

贯休既恋山林，也乐于涉足官场，山林安放情怀，官场则安放理想。

这个自谓闲云野鹤的僧人，其实一直在寻找心灵的真正归宿。

前蜀永平二年（公元 912 年），八十一岁的诗僧平静地圆寂后，王建还特意下诏为他修建了灵塔。

诗人卡片

贯休（832—912），唐末五代前蜀僧人，擅诗、画。俗姓姜，字德隐，婺州兰溪（今属浙江）人。代表作有《春晚书山家屋壁二首》等。

韦庄之"光阴似箭"：
李唐成过去，西蜀我来也

【成语】光阴似箭

【释义】形容时间消逝得很快。

【出处】唐·韦庄《关河道中》诗："但见时光流似箭，岂知天道曲如弓。"

　　盛唐时期，韦氏绝对是长安一带的名门望族，可是安史之乱一来，韦氏一族很快就风光不再了，但这也成就了一个诗人——韦应物，动荡的时局使之由京城恶少转变为有情有义的高士，让人感叹。

　　韦应物去世四十余年后，他的四世孙韦庄来到了人间。此时的韦家更是衰败不堪，韦庄一问世，身上便只能贴上寒门子弟的标签。

　　虽然出身寒微，且父母早亡，但韦庄聪明、好学，年纪轻轻就显现出过人的才华。

　　有才华的韦庄也是有志向的，他希望自己能凭才华登堂入室，成为一个有作为的人。

　　因为时局动荡，年轻时韦庄不断变换住处，先是在长安杜陵，又到华州下卦（今属陕西渭南市），后又回到家乡，咸通初年曾入昭义军节度使幕府，大约在咸通七年（公元866年）移居虢州（今河南灵宝），在那儿隐居十年后，方回京参加科举考试。

　　在从虢州去长安的路上，韦庄写下了《关河道中》一诗：

> 槐陌蝉声柳市风，
> 驿楼高倚夕阳东。
> 往来千里路长在，
> 聚散十年人不同。
> 但见时光流似箭，
> 岂知天道曲如弓。
> 平生志业匡尧舜，
> 又拟沧浪学钓翁。

　　——野外槐树上的蝉儿在声声叫着夏天，柳枝轻摇送来阵阵清风，夕阳的余晖映照着驿站的高楼。几千里的道路上，行人来来去去，人走了，路却默默长存；当年的故人聚聚散散，漫长的十年时光，让身边人换了又换。人们只看到时间如箭一般迅速流逝，哪知道天道却像弓一样弯曲。我今生的志向就是能够辅助尧舜一般的贤君，若这个志向不能实现，那就效仿沧浪水边的钓鱼人，去过独善其身的逍遥生活好了。

想入仕，入仕不成就当个隐士，这就是年已四十的韦庄的内心想法。为何四十多岁才去参加科举考试？这其中的原因，只有韦庄自己心里清楚了。在关河道中，来来回回，不知不觉，几十年就过去了，难怪韦庄要发出"时光流似箭"的感慨。

僖宗乾符五年（公元878年），韦庄首次步入进士考场，结果以失利告终。

一次失败不能就这样算了，既然心怀"匡尧舜"的志向，那就从头再来，继续考。

广明元年（公元880年），韦庄再次应考，没有迎来金榜题名的好消息不说，倒是把黄巢大军迎来了。

本来就不安稳的世道，此时更乱了。战乱中，韦庄无所适从，最后跟弟弟妹妹也失散了。

京中硝烟四起，尸横处处，几如人间炼狱。抚今思昔，他写了这首《忆昔》：

昔年曾向五陵游，
子夜歌清月满楼。
银烛树前长似昼，

露桃花里不知秋。
西园公子名无忌，
南国佳人号莫愁。
今日乱离俱是梦，
夕阳唯见水东流！

想当初，贵族公子们无所忌惮，歌姬舞女们无忧无虑，而今，所有的繁华欢愉都要随水东流了。

两年后，韦庄才寻找到逃离京城的机会。那一天，他一路向东，直奔洛阳。

韦庄曾亲眼看见起义军给京城带来的震荡，在赴洛路上又听到了许多逃难者的诉说，甚至还听到黄巢官兵吃人心肝的传闻，他眼前呈现出的简直就是一幅末日图景。

到洛阳后，韦庄情不能自己，他想写一首长诗，记述这两年来那些令人怵目惊心的见闻感受。

动笔前，韦庄的脑海中出现了一个美丽女子的形象，那女子很像长安城中某大户人家的一个侍女。韦庄想象着她被黄巢士兵掳走，又在兵营中经历了一个个难熬的日日夜夜，后来在东逃的途中，与他相遇了。

对！就以这个假想中的女子为倾诉者，让她来帮助完成这首新作吧。韦庄想到此，过去两年的一幕幕便在眼前浮现出来。

这样，一篇长达238句、共1666字的《秦妇吟》便在不久之后大功告成了。

此诗一出，立即在民间流传开，人们不仅争相传诵，而且有的还将其制为屏风、幛子悬挂起来。

《秦妇吟》后半部分有这样两句诗："适闻有客金陵至，见说江南风景异。"这其实是韦庄本人在路上听到的消息：江南相对平静多了，那儿风景也好得多！

那就去江南吧。

中和三年（公元883年），韦庄携着刚完成的《秦妇吟》来到浙西，开始在镇海军节度使周庆幕府中任职。

两年后，韦庄曾有一次奉命北上迎驾的经历，没有迎成，他便准备返回浙西。

归途中，又听说周庆被叛军所逐，已逃往常州。无所依附的韦庄便折首往北，在太行山、长城一带游历将近一年，直到僖宗光启四年（公元888年），才又辗转回到原来在浙西的居住地衢州。

此后几年，韦庄一直在江南生活，足迹遍及金陵（今南京）、婺州（今浙江金华）、信州（今饶州）、鄱阳、宜春、耒阳等地。

江南风光好，韦庄也在漫游中写了好多描写优美自然风光的诗作，比如下面这首《西塞山下作》：

> 西塞山前水似蓝，
> 乱云如絮满澄潭。
> 孤峰渐映湓城北，
> 片月斜生梦泽南。

> 爨动晓烟烹紫蕨，
> 露和香蒂摘黄柑。
> 他年却棹扁舟去，
> 终傍芦花结一庵。
>
> （爨，读 cuàn）

韦庄在诗中说要在山下傍着芦花盖一草庵，这说明他是非常喜爱江南风景的。写这诗时，他已经五十五岁了，他真的要当隐士了吗？

不是的。昭宗景福三年（公元893年），五十八岁的韦庄再次来长安考进士，还是没考上，直到第二年才得以上榜。

年近花甲，韦庄终于挤进了官场，成为秘书省的一位校书郎。

乾宁三年（公元896年），昭宗让韦庄以节度判官的身份，配合谏议大夫李询入蜀，去劝西川节度使王建与东川节度使顾彦晖和解。

这样，韦庄就和王建见了面。

讲和的事暂且不论，反正是这次入蜀让韦庄受到了王建的赏识。再回京，韦庄由校书郎升为左补阙。

到了光化三年（公元900年），朝中宦官闹事，囚了昭宗，并假传圣者，欲立太子李裕为帝。这一闹，韦庄的心彻底凉了：宦官把持朝政，再在宫里待着，还有啥意思？蜀地相对平和安静，自己又得王建看重，不如去那里吧。

韦庄真的就来到了蜀地。王建喜出望外，立即将他拉到掌书记的位子上。

王建对韦庄十分信赖，韦庄对王建也是尽忠尽责。

公元 907 年，李唐王朝灭亡。朱全忠建立后梁，韦庄便率将领们拥戴王建即皇帝位，从而使前蜀政权得以建立。

王建成了前蜀皇帝，韦庄也于次年成了前蜀宰相。那时，在韦庄的心中，"匡尧舜"的志向，好歹也算实现了吧？

来到蜀地的韦庄，一开始住在成都西郊的浣花溪畔，他是奔着一向崇敬的诗人杜甫去的，他把杜甫草堂进行改建后，就在那里过起自己的诗意生活，他的诗词集就叫《浣花集》。

【菩萨蛮】人人尽说江南好，游人只合江南老。春水碧于天，画船听雨眠。垆边人似月，皓腕凝霜雪。未老莫还乡，还乡须断肠。

【上行杯】芳草灞陵春岸，柳烟深，满楼弦管。一曲离声肠寸断。今日送君千万，红缕玉盘金缕盏。须劝！珍重意，莫辞满。

过去的岁月难忘怀。韦庄在前蜀虽算"功成名就"，但离他的初衷依然所距甚远。在京城，在江南，每一次聚散离合的记忆，都会让他有"断肠"之感。

前蜀武成三年（公元 910 年）八月，七十五岁的韦庄在成都花林坊去世。

最后再提一下：暮年岁月中的韦庄，很忌讳别人谈及他的那首《秦妇吟》。尽管他曾因此诗获得过"秦妇吟秀才"的美誉，尽管这是一篇史诗般的力作，但因诗中"内库烧为锦绣灰，天街踏尽公卿骨"等涉及政治避讳的语句，他不得不忍痛割爱，连他的《浣花集》都未收录此诗，以至于之后的宋元明清几代，人们只知《秦妇吟》诗名，却未能得见其诗，直至将近一千年后的 1900 年，《秦妇吟》写本才在敦煌藏经洞被人发现。

后人将《秦妇吟》与《孔雀东南飞》《木兰诗》并称为"乐府三绝"。

韦庄与温庭筠都是花间词派的代表人物，两人并称"温韦"。

诗人卡片

韦庄（约 836—910），字端己，唐朝长安杜陵（今陕西省西安市东南）人。诗以《秦妇吟》著名，人称其为"秦妇吟秀才"。词有《浣花集》，花间派代表人物之一。

参考文献

[1] （宋）计有功 . 唐诗记事 [M]. 上海：上海古籍出版社，2013.

[2] （唐）段成式 . 酉阳杂俎 [M]. 北京：中华书局，2017.

[3] （元）辛文芳 . 唐才子传全译 [M]. 李立朴，译注 . 贵阳：贵州人民出版社，1995.

[4] （清）彭定求 . 全唐诗 [M]. 北京：中华书局，1999.

[5] (后晋) 刘昫，等 . 旧唐书 [M]. 北京：中华书局，1975.

[6] （宋）欧阳修，宋祁 . 新唐书 [M]. 北京：中华书局，1997.

[7] （唐）张鷟，范摅 . 朝野金载 云溪友议 [M]. 上海：上海古籍出版社，2012.

[8] （五代）王定保 . 唐摭言 [M]. 上海：上海古籍出版社，2012.

[9] （唐）孟启 . 本事诗 [M]. 董希平等，评注 . 北京：中华书局，2014.

[10] （清）蘅塘退士 . 唐诗三百首 [M]. 北京：十月文艺出版社，2016.

[11] 俞平伯，等 . 唐诗鉴赏辞典 [M]. 上海：上海辞书出版社，2013.

[12] 丁启阵 . 诗歌与人生 [M]. 北京：东方出版社，2005.

[13] 雅图辞书编委会 . 成语大词典 [M]. 长春：吉林出版集团有限责任公司，2013.

[14] 谭其骧 . 简明中国历史地图集 [M]. 北京：中国地图出版社，1991.

[15] 王曙 . 唐诗的故事 [M]. 北京：北京工业大学出版社，2007.

[16] 项楚 . 寒山诗注 [M]. 北京：中华书局，2000.

[17] 陶敏，易淑琼 . 沈佺期宋之问集校注 [M]. 北京：中华书局，2001.

[18] 闻一多 . 唐诗杂论 [M]. 太原：三晋出版社，2011.

[19] 冯至 . 杜甫传 [M]. 北京：人民文学出版社，1952.

[20] 施蛰存 . 品唐诗 [M]. 武汉：华中科技大学出版社，2015.

[21] 尚永亮 . 诗映大唐春 [M]. 北京：北京大学出版社，2017.

[22] 石继航 . 唐朝入仕生存指南 [M]. 广州：广东人民出版社，2016.

[23] 李国文 . 说唐 [M]. 北京：人民文学出版社，2012.

[24] 马汉麟 . 中国古代文化常识 [M]. 北京：新世界出版社，2007.

[25] 沈起炜，徐光烈 . 简明中国历代职官辞典 [M]. 上海：上海辞书出版社，2014.

[26] 刘初棠 . 卢纶诗集校注 [M]. 上海：上海古籍出版社，1989.

[27] 易风 . 中国历史年代简表 [M]. 北京：文物出版社，2001.

附 录

唐朝皇帝列表

庙号	谥 号	姓名	在位年限	陵寝	年 号
唐朝 618—690 年					
高祖	神尧大圣大光孝皇帝	李渊	618—626 年（8 年）	献陵	武德 618—626 年
太宗	文武大圣大广孝皇帝	李世民	627—649 年（23 年）	昭陵	贞观 627—649 年
高宗	天皇大圣大弘孝皇帝	李治	650—683 年（24 年）	乾陵	永徽 650—655 年 显庆 656—661 年 龙朔 661—663 年 麟德 664—665 年 乾封 666—668 年 总章 668—670 年 咸亨 670—674 年 上元 674—676 年 仪凤 676—679 年 调露 679—680 年 永隆 680—681 年 开耀 681—682 年 永淳 682—683 年 弘道 683 年
中宗（被废）	大和大圣大昭孝皇帝	李显	684 年	定陵	嗣圣 684 年

庙号	谥　　号	姓名	在位年限	陵寝	年　　号
睿宗（禅位）	玄真大圣大兴孝皇帝	李旦	684—690 年（6 年）	桥陵	文明 684 年 光宅 684 年 垂拱 685—688 年 永昌 689 年 载初 690 年
武周 690—705 年					
则天顺圣皇后		武曌	690—705 年（16 年）	乾陵	天授 690—692 年 如意 692 年 长寿 692—694 年 延载 694 年 证圣 695 年 天册万岁 695—696 年 万岁登封 696 年 万岁通天 696—697 年 神功 697 年 圣历 698—700 年 久视 700 年 大足 701 年 长安 701—705 年
唐朝 705—907 年					
中宗（复辟）	大和大圣大昭孝皇帝	李显	705—710 年（5 年）	定陵	神龙 705—707 年 景龙 707—710 年
恭宗	殇皇帝	李重茂	710 年		唐隆 710 年
睿宗（复辟）	玄真大圣大兴孝皇帝	李旦	710—712 年（2 年）	桥陵	景云 710—711 年 太极 712 年 延和 712 年
玄宗	至道大圣大明孝皇帝	李隆基	712—756 年（44 年）	泰陵	先天 712—713 年 开元 713—741 年 天宝 742—756 年
肃宗	文明武德大圣大宣孝皇帝	李亨	756—762 年（6 年）	建陵	至德 756—758 年 乾元 758—760 年 上元 760—761 年
代宗	睿文孝武皇帝	李豫	762—779 年（17 年）	元陵	宝应 762—763 年 广德 763—764 年 永泰 765—766 年 大历 766—779 年

续表

庙号	谥 号	姓名	在位年限	陵寝	年 号
德宗	神武孝文皇帝	李适	780—805 年 （26 年）	崇陵	建中 780—783 年 兴元 784 年 贞元 785—805 年
顺宗	至德大圣大安孝皇帝	李诵	805 年	丰陵	永贞 805 年
宪宗	圣神章武孝皇帝	李纯	806—820 年 （15 年）	景陵	元和 806—820 年
穆宗	睿圣文惠孝皇帝	李恒	821—824 年 （4 年）	光陵	长庆 821—824 年
敬宗	睿武昭愍孝皇帝	李湛	824—826 年 （2 年）	庄陵	宝历 824—826 年
文宗	元圣昭献孝皇帝	李昂	826—840 年 （14 年）	章陵	宝历 826 年 大和 827—835 年 开成 836—840 年
武宗	至道昭肃孝皇帝	李炎	840—846 年 （6 年）	端陵	会昌 841—846 年
宣宗	圣武献文孝皇帝	李忱	846—859 年 （13 年）	贞陵	大中 847—859 年
懿宗	昭圣恭惠孝皇帝	李漼	859—873 年 （14 年）	简陵	大中 859 年 咸通 860—873 年
僖宗	惠圣恭定孝皇帝	李儇	873—888 年 （15 年）	靖陵	咸通 873—874 年 乾符 874—879 年 广明 880—881 年 中和 881—885 年 光启 885—888 年 文德 888 年
昭宗	圣穆景文孝皇帝	李晔	888—904 年 （16 年）	和陵	龙纪 889 年 大顺 890—891 年 景福 892—893 年 乾宁 894—898 年 光化 898—901 年 天复 901—904 年 天祐 904 年
景宗	昭宣光烈孝皇帝	李柷	904—907 年 （3 年）	温陵	天祐 904—907 年